面向教化的经学

兴泰

双江刘止唐先生八十九岁遗像

洞 见 人 和 时 代

题 记

有穷人间煌煌意,无尽风雨润物心

——戴森宇

戴森宇 著

面向教化的经学

刘沅经学思想研究

四川人民出版社

图书在版编目(CIP)数据

面向教化的经学：刘沅经学思想研究 / 戴森宇著. — 成都：四川人民出版社, 2023.12
ISBN 978-7-220-13559-0

Ⅰ.①面… Ⅱ.①戴… Ⅲ.①刘沅-经学-研究 Ⅳ.①B249.95

中国国家版本馆CIP数据核字（2023）第248508号

MIANXIANG JIAOHUA DE JINGXUE：LIUYUAN JINGXUE SIXIANG YANJIU
面向教化的经学：刘沅经学思想研究
戴森宇 著

出 版 人	黄立新
策划统筹	封 龙
责任编辑	封 龙 苏 玲
封面设计	周伟伟
版式设计	张迪茗
责任印制	周 奇
出版发行	四川人民出版社（成都三色路238号）
网 址	http://www.scpph.com
E-mail	scrmcbs@sina.com
新浪微博	@四川人民出版社
微信公众号	四川人民出版社
发行部业务电话	（028）86361653 86361656
防盗版举报电话	（028）86361653
照 排	四川最近文化传播有限公司
印 刷	成都东江印务有限公司
成品尺寸	140mm×210mm
印 张	10.25
字 数	220千
版 次	2023年12月第1版
印 次	2023年12月第1次印刷
书 号	ISBN 978-7-220-13559-0
定 价	76.00元

■版权所有·侵权必究
本书若出现质量问题，请与我社发行部联系更换
电话：（028）86361656

序 一
吾妻重二

一

本次戴森宇先生的大作——《面向教化的经学——刘沅经学思想研究》即将出版，我衷心地表示祝贺。

我和戴森宇老师缘分不浅。准确来说是在2018年秋天，当时还是北京大学哲学系博士三年级学生的戴老师，给我发来了想到日本的大学院进行研修的电子邮件。我因曾在北京大学留学，对北京大学有感恩之情，所以答应了他。他在2019年4月以"外国研究员"身份进入关西大学大学院东亚文化研究科，到2020年3月为止整整一年的时间都是在我身边进行研究的。

戴老师在关西大学时的研究题目是"刘沅的经学思想

研究",根据当时他提交给本校的文件,其研究概要记录如下:

刘沅(1768—1856)是清代后期活跃于四川的学者,近年来其学术思想备受关注。其思想特色在于以儒教为中心引入道教、佛教的三教融合方面,拥有许多信奉者。民国时期活跃的史学家刘咸炘是他的孙子,刘沅的巨著由刘咸炘整理成178卷的《槐轩全书》流传下来,在2006年由中国的巴蜀书社进行了出版。

特别引人注目的是其经学研究,在修正了宋明理学(朱子学及阳明学)主观性解释的同时,并没有陷入当时迎来鼎盛时期的清朝考证学的繁琐之中,而是提出了自己的解释,在经世论和教育论上给出了独特的见解。关于刘沅的经学,2016年出版的标点本《十三经恒解(笺解本)》是其基本资料。以此为基础,在考虑其他著作的同时,希望对以下6点进行研究,以完成博士论文:

1. 先行研究与问题点、展望
2. 刘沅思想的源流与形成
3. 刘沅经学的周边
4. 刘沅经学的分析
5. 经世论与教化论的特点

6.对后世的影响与意义

以上是按当时提交的文件基本上原封不动地抄录下来的。现在回头来看，戴老师几乎是完全按照这个概要和计划稳步地进行了研究。他是一位认真且灵活思考的优秀青年学者，在日本孜孜不倦地对博士论文的原稿进行撰写、逐步积累。在我的课堂上，他的积极发言与反复讨论成为非常美好的回忆。

并且，作为他在关西大学的钻研成果而发表的论文《刘沅经学著作概述与解经原则探析》（《东亚文化交涉研究》第13号，2020年3月），也成为他博士论文的核心成果。

戴老师在回国后，按计划向北京大学提交博士论文，现为四川大学哲学系副教授、四川省中国哲学史研究会理事。

二

我想在这里写几个小故事作为纪念。

（一）与刘咸炘（1896—1932）的关系

如前所述，我从1981年到1983年博士课程在籍时，留学北京大学哲学系学习中国哲学史。当时，我在北京大学图书馆查阅了迄今为止有关中国哲学、宗教的重要著作与论文，并将必要之物进行了复印。虽然无缘现在的数字化时代，但是我还是非常感激于在申请后就能得到复印。其中，就有如下新中国成立前的刘咸炘的论文：

刘鉴泉遗稿《道教征略》上、中（《图书集刊》第7期，1946年10月，四川省立图书馆）共73页。

刘鉴泉遗稿《道教征略》下（《图书集刊》第8期，1948年6月）全13页。

这里的刘鉴泉就是指刘咸炘，当时我在复印页的空白处写上了"刘咸炘未刊稿"。

戴森宇老师来到日本后，我在谈话中得知刘沅是"刘咸炘"的祖父。我记得"刘咸炘"这个名字，经过查阅在书架里面出现了上述的复印件。这是近40年来第一次看到。我把这个也拿给了戴老师看，实在让人颇有兴致。

刘咸炘的这篇论文，在当时是一篇珍贵的道教研究论文，而且可以称之为力作。在《图书集刊》上还有蒙文通的论文，所以引起了注意。我在后来虽然没能将这篇刘咸炘的论文用于研究，但由于戴老师来日本的机缘，使我重新认识了刘咸炘和刘沅。

（二）诸桥文库、静嘉堂文库等

说起与日本的关系，光绪三十三年（1907）刘沅的弟子颜楷在日本东京以铅字本出版了《大学古本质言》，这点在本书的第一章中也有所提及。但是，还需加上一点，该书最初出版于咸丰二年（1852），其原刻本被东京都立中央图书馆的诸桥文库收藏。诸桥文库是诸桥辙次的旧藏书，诸桥是《大汉和辞典》（全十三卷）的作者，是为人所熟知的代表性日本汉学家。

其次，日本静嘉堂文库中有光绪刊本全册《槐轩全书》，日本好像只有这里收藏了光绪原刻本。静嘉堂文库的藏品是以清代大藏书家陆心源的藏书为中心的，在其中藏有《槐轩全书》是值得注意的地方。

此外，在"全国汉籍数据库"中查询可知，刘沅的著作以《四书恒解》《大学古本质言》为首，出乎意料地被日本很多大学、研究所收藏。详细情况有待于今后的调查和研究，不过可以得知的是刘沅在日本也得到了一定的关注。

三

那么，就本书而言，在第一章《导论》中，详细介绍了刘沅其人与以往的先行研究。第二章《刘沅学术思想的渊源及其命运——兼谈槐轩学走向衰落的几个原因》论述了刘沅的思想和生活方式，与蜀学风气的关系等。

其次，第三章《刘沅经解著作概述》对刘沅的经学著作进行了全面性的考察。第四章《刘沅的解经原则及其背后的重要理念》围绕"以圣人之道定百家"的方针，阐明了其学问特点。第五章《刘沅经解体例的基本特点》以《大学恒解》和《大学古本质言》为中心具体梳理了解经的方式。

最后第六章《对宋明理学的反思与纠补——刘沅经解中的儒家义理与三教融通论》指出，它与宋明理学的关系，以及与儒佛道三教的融合阐明了其独特的学问思想。全书所用资料的丰富、论述的清晰，实在令人敬佩。

戴老师也言及，刘沅活跃的时代正值清朝后期的道光、咸丰年间，考据学全盛时期已过，进入了汉学与宋学进行对接后兼修的时期。这个时期正如道光二十年（1840）爆发的鸦片战争所象征的一样，在与西欧的对抗中，中国的国家社会发生了很大的变动，在那个时代如何应对其变动成为人们所关注的问题，学问也不再是安枕于"象牙塔"的自闭性学问。不拘泥于学派、追求与现实相对应的学问——春秋公羊学的兴起，就是对这种前所未有之现实的反应之一。

读了戴先生的这本著作，很好地传递出了刘沅提出的"圣人之道"所认真对待现实的想法。换句话说，将其以"圣人之道"为中心的"经世济民"的志向，反映得淋漓尽致。刘沅学问的汉宋兼学之处、三教融通倾向等都是超越学派差异，面对不断变化的时代和如何对待人民的现实课题的结果。本书标题中的"面向教化"，可以说很好地捕捉到了刘沅的这种实学倾向。

一直以来，刘沅都是"知道的人才知道"的存在，绝非著名人物。但是，通过本书的考察和张目，首次阐明了其具有个性的学问及其特色。我愿将此书作为优秀的著作，广泛推荐到学界江湖之中。

2023年6月7日于日本关西大学

序 二

李景林

儒家的学说，以"教化"为根本。传统上"儒"和"师"常常联系在一起，故有"师儒"之说。《周礼·地官·大司徒》："四曰联师儒。"郑玄注："师儒，乡里教以道艺者。"贾公彦疏："云'师儒，乡里教以道艺者'，以其乡立庠，州、党及遂皆立序，致仕贤者使教乡间子弟，乡间子弟皆相连合，同就师儒，故云'连师儒也'。"宋初著名教育家胡瑗《松滋儒学记》亦说："致天下之治者在人材，成天下之材者在教化，职教化者在师儒。""师儒"承担着教育教化的职责。周代学在官府，官师治教合一，而从"乡里教以道艺者"的职任来看，"师儒"的教育功能，与宗族乡间社会生活是密切相关的。孔子所创儒学，乃由周代师儒制度发展而来，其对社会教化的注重，与此亦有相当的关系。

"儒"，在孔子之前，本为有术、艺者之称谓。《说文》："儒，柔也，术士之称。"《周礼·天官·大宰》："三曰师以贤得民，四曰儒以道得民。"郑玄注："师，诸侯师氏有德行以教民者。儒，诸侯保氏有六艺以教民者。""师"和"儒"，在这里是分而为二的。师，所重在德行；儒，所重在术艺。这"儒以道得民"的"道"，指的就是"礼乐射御书数"六艺或者"道艺"，偏重在知识技艺一边。前引《周礼》大司徒之职的"师儒"，其主辞是"儒"，"师"则是一个修饰辞。所以，郑玄谓"师儒"是"乡里教以道艺者"，与其说"儒"是"有六艺以教民者"一致，其教的内容，偏在术艺一面。

孔子论"儒"，则区分"君子儒"与"小人儒"。《论语·雍也》："子谓子夏曰：女为君子儒，无为小人儒。"何晏《集解》："孔曰：君子为儒将以明道，小人为儒则矜其名。"邢昺疏谓"矜其名"，即矜其"才名"。孔子此语，是有针对性的。子夏于孔门四科属"文学"，所长在文献、才艺。故能以"道"贯注于"术艺"者，为"君子儒"；而拘拘于"才艺"者，则只能是"小人儒"。孔子讲"士志于道"（《论语·里仁》），"君子不器"（《为政》），又讲"志于道，据于德，依于仁，游于艺"（《述而》），强调以"道"（或道、德、仁）贯注于术、艺而为其本，斯为儒家之所谓"儒"。

孔子生当春秋季世，删定六经以为教典，开私学教化于民间，有教无类，诲人不倦，弟子三千，贤者七十，其身份是"师"，被后世尊为"至圣先师""万世师表"。儒家重教化，儒者亦自觉肩负着"师"的责任，故亦以"师儒"自任。不过，儒家"师儒"的观念，虽源自周代，却被赋予了新的内涵。儒家之"儒"，是"道"或"道统"之传的担当者，其作为"师"的职责，亦在于"传道"。韩愈作《师说》，对这个"师道"，说得最为明白："师者，所以传道、受业、解惑也……生乎吾前，其闻道也，固先乎吾，吾从而师之。生乎吾后，其闻道也，亦先乎吾，吾从而师之。吾师，道也……是故无贵无贱，无长无少，道之所存，师之所存也。"为师者要"传道、受业、解惑"，可见儒家并不忽视知识技艺的传授。但这三者非平列的关系，其中"传道"一项，最为根本。无论贵贱、少长，能闻道、得道者，即可为"吾师"。这里的"师"，被理解为"道"的担当者，甚至可以说就是"道"的化身。《论语·里仁》："子曰：朝闻道，夕死可矣。"儒家以闻道、达道为人生的最高目标和形上学的根据。其所谓的"师儒"，与周官不同，乃以"师""儒"为一体，儒者的"道义"担当，规定了"师"之所以为师的精神本质。

儒家的"道"，其内容即"仁义"的道德规定。《论语·述而》："子曰：德之不修，学之不讲，闻义不能徙，不善不能改，是吾忧也。"《论语·学而》："子曰：弟子入则孝，出则悌，谨而信，泛爱众，而亲仁。行有余力，则以学文。"《论语·述而》："子以四教：文、行、忠、信。"小程子解释此"四教"之关系云："教人以学文、修行而存忠信也。"儒家的讲学和教化，与现代意义的教育不同，它不否认艺文或知识技艺的创作和传授，然其目标，却首在于德性人格的养成和信仰、价值系统的确立。儒家所秉持的这一"师儒"精神，是它能够将其教化的理念（"道"）落实于社会和民众生活，构成为每一时代活的文化和精神传统的一个重要原因。

现代以来，儒学的社会文化角色和思想学术形态发生了重大的变化。现代中国社会制度和大众生存样态的巨变，使儒学失去了其关联于社会生活的制度性依托。同时，在中国传统思想学术研究的现代转型过程中，儒学的研究亦趋于学院化和知识化而与社会生活相脱节，削弱甚至失却了它的教化的功能。因此，在中国文化当代复兴的历史进程中，如何重建儒学与社会生活的内在联系，以使之成为一种活在当下的文化精神，乃是我们面临的一项重大课题。对此，传统儒学的"师儒"观念、讲学精神和经典传习方式，仍具有重要的借鉴意义。戴森宇博士所著《面向教化的经学——刘沅经学思想研究》一书，着重从刘沅作为一位民间"师儒"的教化关切与其对"四子七经"经解的内在关系入手，对刘沅的经学思想及其在经学史和巴蜀儒学中的定位，做了较系统和深入的研究。此书不仅对刘沅及槐轩学派研究的深入具有积极的推进作用，作者独特的研究视角，也使其对理解传统儒学的教化精神及其现代价值，颇具启发性的意义。

刘沅是生活在清嘉道间的一位"通儒"。这个"通"字，不仅仅是说他一生遍注"四书七经"，著成《十三经恒解》，也不仅仅是说他的学术能够以儒为宗，兼通佛、老。钱穆先生曾用"通人通儒之学"来概括中国传统学术的精神特质。钱先生对这个"通"字，做了一个很有趣的解释：中国古人为学，乃"以人为学之中心，而不以学为人之中心"，"贵其学之能专，尤更贵其人之能通"。故其"尚通"，并非不讲专门之学，特因其"以人为学之中心"，重在"能完成人人之德性"，故其所"专"不碍其能"通"。刘沅之学，亦颇符合钱穆先生所提揭的这一"通儒"的精神。《面向教化的经学——刘沅经学思想研究》一书，正是由此切入，从刘沅践行圣道，躬亲教化的师儒人格和价值指向对其经解经说之内在精神指引的角度，来展开对刘沅经学学术的研究和阐述的。作者指出，刘沅不仅明确以"师儒"自认，躬行担当师儒教化的责任，而且对师儒的教化精神有透彻的理解和理论的自觉。刘沅对"师儒"与"君相之儒"作了明确的区分，认为"三代之前，道在君相；三代以后，道在师儒"。孔、曾、思、孟，皆为师儒，师儒担道，圣经载道，道不离人伦日用，师儒教化，行在民间，对于儒家的教化而言，更具有本质性与普遍性的意义。刘沅以这一"师儒"教化的精神贯注于其经解经说，使其经学研究更具有一种切合世道人心的真实性，和不囿于流俗成见的学术独立性。刘沅的经学思想出于宋学，又能超越汉宋之争，兼采古今"真伪"之众长，甚至具有一种以儒为宗，兼通佛、老的兼容性特质，都与此有关。

作者所贯彻的这一研究思路，视角新颖，眼光独到，切合实际，使本书不仅在刘沅经学学术的个案研究上具有较高的学术价值，同时也具有了一种关涉文化现实的思想维度。此外，本书在刘沅解经原则、经注特色、思想哲理、学术渊源及其在经学史、蜀学史中的定位等问题上，都提出了不少有价值的观点。

森宇君是北京师范大学哲学学院中国哲学专业2015年的硕士研究生，我曾给他们讲授过"中国哲学方法论研究"的课程，平时在中国哲学研究所的活动中也有不少接触，对他的好学勤思，思想活跃，有很深的印象。我2022年初来四川大学哲学系任教，在平常的教学、学术活动和生活上，得到森宇君很多热情的帮助，可以明显感受到他在学术和生活上的成长。森宇君硕士毕业后考入北京大学哲学系师从王博教授读博，我也曾参加他的博士论文答辩，本书在其博士论文基础上修订而成，其中吸收了不少权威意见，其结构和内容也更加充实和完善了。

本书付梓之际，森宇君索序于我，我既得先睹之快，也从中学到了不少的东西。于是写了以上这些感想，以为本书序言。

癸卯夏序于北戴河新区海岸国际寓所

目 录

绪 言 001

第一章 004
导论
  第一节　经学不离人伦教化
      ——刘沅经学思想的价值与意义 004
  第二节　刘沅及其学说的研究史回顾 008
  第三节　先行研究评述 021

第二章 029
刘沅学术思想的渊源及其命运
      ——兼谈槐轩学走向衰落的几个原因
  第一节　引论 030
  第二节　易学为主的家学渊源 032
  第三节　与丹道结缘
      ——命运与学术的转折 034

第四节　师儒身份，面向教化　036
第五节　学教并行，教代学兴　040
第六节　与主流相悖的思想主张
　　　　——对理学的批判及对汉学的否定　050
第七节　蜀地学风的转向　054

第三章　063
刘沅经解著作概述
第一节　经著概况　063
第二节　"恒"之释义　070
第三节　经书选择与参考底本　074

第四章　085
刘沅的解经原则及其背后的重要理念
第一节　引论：经书与圣人　085
第二节　"以圣人之道定百家"的解经原则　088
第三节　清代经学汉宋关系的再讨论　097
第四节　刘沅经解原则背后的三个重要理念　107

第五章　140
刘沅经解体例的基本特点
第一节　辨理精详　140
第二节　一体通贯　153
第三节　注重辞气　161

第六章　167
对宋明理学的反思与纠补
——刘沅经解中的儒家义理与三教融通论

第一节　明清之际理学的境遇与反道统思潮　167

第二节　身心性命之理
　　　　——"先天后天说"框架下的理学本体论省思　182

第三节　存养省察之功
　　　　——存心养性即存神养气　226

第四节　返归圣经，纠补理学　252

附　论　254
刘沅经解中的"亲民"与"师儒"

结　论　259

附录一　266
清处士刘止唐先生墓志铭

附录二　269
槐轩部分师友、后学的介绍与相关记载

参考文献　285

后　记　297

绪　言

刘沅是清嘉道间一通儒。其一生践履儒者教化之责，并以一己之力遍解群经，力避空疏与私见，兼融佛老，唯求合于圣人之道，形成了自己的经学诠释特色，可谓清代思想史上的一颗遗珠。由于种种原因，刘沅的身份自近代以来说法不一，近年来学界才肯定其儒家学者的身份。这种身份定位上的模棱两可，正是对作为刘沅学术思想核心的经学思想未能明通所致。目前关于刘沅经学的研究文献无论是针对单经的还是从整体论述的，都还停留于浅层的介绍分析，刘沅经学思想的研究工作尚未全面铺开。

刘沅学术创作的高峰期正值乾嘉朴学由盛而衰的阶段，远离当时学术中心的刘沅以毕生精力投入儒家民间教化事业当中，并在此过程中完成了对儒家几乎所有经书的重新注解工作。其注经以汉宋兼采为特色，见解多有独到之处，可以说其全部学术思想都蕴含在他的经解中。同时，刘沅的经学也是整个清代蜀学的一大关节，对近代蜀学影响甚深。本书以问题为导向，立足文献，结合时代背景与学术史，对刘沅经学思想作系统全面的梳理和探究，希望能以此促进刘沅学术思想获得学界应有的重视，更为近代蜀学研究补上一块重要的思想资源。

全书主体部分分六章，大旨如下：第一章是导论，包含研究综述。鉴于刘沅及其学说湮没不彰百有余年，本文的研究综述首先对刘沅研究百年历史作简单回顾和梳理，把刘沅学术的研究与传播分成四个阶段，即"整理传播期""学说广布期""'教主说'主导期"和"师儒正名期"，以求明晰刘沅事迹及其学说的认知史与接受史。第二部分再对当前研究中典型的观点如"新理学""新心学""三教合一"等进行述评。

第二章的重点是通过对体大思精的刘沅及其槐轩学说为何百年来湮没不彰的思考和探究，了解刘沅及其学说所经历的内部学术通俗化、宗教化，以及其主张不偏宗汉宋，又受蜀地学风的转变等外部影响，最终导致没落的原因。并通过这种方式展开对刘沅学术背景与思想渊源的全方位探求。

第三章通过解释刘沅《十三经恒解》之"恒"的含义一窥刘沅经解之目的。而后通过对体例、经书选择、所参底本的梳理辨析，初步了解其经解基本情况和经学观。尤其是对刘沅经解所参取底本的考察，明确经解底本主要以朱子及其后学的经解与清代的官方御纂注疏为主。

第四章提出刘沅"以圣人之道定百家"的解经原则，以及支撑这一原则的三大解经理念，并通过对清代汉宋关系的再讨论，证明清代汉宋学共存与交替兴盛的相反相成关系，进一步说明刘沅回归孔孟的解经意图与作为一名民间师儒对教化的重视。

第五章以大量刘沅经解的实例说明刘沅面向教化的经解在体例方面的三个特点：1. 详尽精审，反对添字解经；2. 注重经文间的通贯性；3. 平常经解中极少重视的经文间辞气，在刘沅看来则是通达圣人之意的关键信息。

第六章说明刘沅经学思想是对宋明理学的反思与纠补。这部分前人多有论及，但本文着重于呈现刘沅对经文的义理阐释与传统理学之不同，主要从"身心性命之理"与"存养省察之功"两方面进行论述，深入探讨贯穿刘沅经解与学术思想的"先天后天说"之理论基础与融通儒道的修养工夫论。

由于本书是以2020年提交的博士论文为基础，现在回看起来，书中的行文、观点、论证都还有不少可商榷和完善的地方，所以恳请大雅君子对拙作不吝赐教。

第一章
导论

第一节 经学不离人伦教化——刘沅经学思想的价值与意义

经学是中华传统文化的根干,又长期作为中国传统士人注释、学习、传承儒家经典的学问,其主要涉及训诂注释、义理阐释以及学派、演变、传承等方法与内容。正如孔子所谓"道不远人",对儒家经典的阐释与研究中,经文本身所承载的人伦教化之道都应作为探讨的最高价值予以关切与关怀。但无论是经学的理学形态还是朴学形态,其后期似乎都越来越脱离经文本身的意义与价值探讨,沦于空洞或支离。所以徐复观先生在论西汉经学时说:"若

第一章 导论

经学无意义,则其传承亦无意义。经学的文字是客观的存在,但由文字所蕴涵的意义则须由人加以发现,而不是纯客观的固定的存在。……中国过去涉及经学史时,只言人的传承,而不言传承者对经学所把握的意义,这便随经学的空洞化而经学史亦因之空洞化,更由经学史的空洞化,又使经学成为缺乏生命的化石,……即使不考虑到古代传统的复活问题,为了经学史自身的完整性,也必须把时代各人物所了解的经学的意义,作郑重的申述。这里把它称为'经学思想'。此是今后治经学史的人应当努力的大方向。"① 故而现今对于经学的研究,更多应该详明各人物的经学思想本身及其所承载的思想文化意义。否则,经学就会如朱维铮先生所说"已成为历史"。近年来关于经学的研究已不再是一个偏于文献学、考据学的领域,同时也受到思想界的青睐。这得益于近年来中国传统人文学科试图摆脱西方学术研究范式的"思想解放"。在这一建立自身话语权的背景下,对一些我国古代经学家、思想家的经学思想进行研究,其意义便显得颇为重要。

另外,关于儒家"教化",在如今语境下,"教育"一词似乎非常宽泛,且含有浓厚的将主体对象化的色彩;"教学"一词又长期被窄化为师生之间在知识层面的授受关系或过程。而"教化"则不同,它既是儒家知识分子践

---

① 徐复观:《中国经学史的基础:周官成立之时代及其思想性格》,九州出版社,2014,第192—193页。

行圣人之道的最高方法论,也是儒学社会性、民间性本质的显现。不得不说,这比君相之儒所致力的政治教化更接近孔孟。而刘沅经学的特征就是既有着面向民间社会的教化维度,又保持着传统经学的学术性。

刘沅(1768—1856),字止唐、一字讷如,号槐轩、又号清阳先生,四川双流人,清代嘉道间思想家、教育家。乾隆五十七年,由拔贡中式举人;道光六年,选授湖北天门县知县。不愿赴任,改授国子监典簿。刘沅一生几未涉足政治,开创了槐轩学派,学术自成一家,著述宏富。他用宋学的方法遍注群经,即"四子六经"《恒解》以及《孝经直解》《大学古本质言》,后人合称为"十三经恒解",这在当时朴学盛行的学界可谓独树一帜。其思想不落程朱窠臼,亦不陷空疏之风,绍述孔孟,学贯三教而服膺圣学。他亦被刘门奉为始祖,门人弟子广众,遍及巴蜀,远至闽浙、台湾,乃至海外,被时人称为"川西夫子"。刘沅以师儒的身份遍解群经,以教化为目的打破学术藩篱。他在中国经学史与思想史上的登场恰逢中国学术转型的变革,而研究他的经学思想也对走出当前的经学彷徨期有重要助益。2006年,收录刘沅经解、语录、杂著、诗文等内容的《槐轩全书》问世;十年后的2016年,刘沅经学著作集十卷本《十三经恒解》整理出版。刘沅的儒家学者身份逐渐广为人知,并获得普遍认可。回顾刘沅相关研究兴起的十多年,因为其身份的多样性,尤其是对其经学研究的浅尝辄

第一章 导论

止，导致始终无法对其学术思想有清晰的定位和正确的认知。无论说刘沅学术思想是"新理学""新心学"还是"三教合一"，都或有标新立异之嫌，或有妄为比附之忧。笔者认为只有对占刘沅著述一半多的经解文献作深入全面的研究，才能把握刘沅学术思想的内核。刘沅以个人之力，举数十年之功为几乎所有儒家经书作注解。除力辟前人传注之讹，亦显其作为一师儒的责任心与使命感。刘沅经解"平实而不平庸"，虽时有一空前贤之论，但均有所据。其经解多依文立义，不喜改经附会，多引用前人传注，但并不拾人牙慧，一以圣人之道为判。又因其沉潜经义数十年而以伦常实践体证之，故对前人经解多有纠补。乾嘉时期，汉学兴盛，而刘沅独以宋儒"以理释经"之体例遍解群经，后被清廷准入国史列传，足见其深厚功力与独特的价值，这不能不勾起了解其人其学之念想。目前关于刘沅经学的研究数量稀少且多流于浮泛，所以对刘沅经学思想作全面系统的研究，可补前人研究之偏狭；同时，刘沅作为一名欲使经文"明白易晓"的师儒，一名一生都未涉足政治而力主回归孔孟的经学家，对其经学思想作深入系统的考察，当可见庙堂之下与门户之外的面向教化的独特经学内涵。

本书以经学史与思想史为背景，立足文献，探究刘沅的经学思想，以求在经学史的研究框架下对刘沅经学思想作全面系统的梳理和深入的考察。本书内容遵循以下原则：1. 不站在任何学派立场立论，以求尽量避免先入为主之见；2. 以问题与思想主旨为纲目，统摄各章，而不分经论述，以免支离琐碎、浮于表面；3. 立足研究所得进行论述，力求主题自然展开、结论自然呈现，避免论证牵强附会。主要参考的刘沅经解底本为2016年巴蜀书社出版的《十三经恒解（笺解本）》。

第二节　刘沅及其学说的研究史回顾

后世学界截至目前虽没有给刘沅太多的关注，但我们仍能从有限的史料和研究成果中梳理出刘沅及其学说发展与研究历程。据此大致可以将之分为四个阶段。

一、整理传播期

这一阶段从刘沅晚年持续到1905年，研究主体主要是槐轩的子弟门人，内容为注释刘沅撰著的杂著以及对刘沅遗著的编辑整理和大量单行本的问世，例如其孙刘咸荥为刘沅所写《豫诚堂家训》作注。另外，福建人侯官林鸿年咸丰中为云南布政使，到蜀地得刘沅书，遂服膺槐轩之学，因受业于槐轩高足刘芬，回福建后在当地传播槐轩学说，"川西夫子"之名由此而彰。[①]而此一时期对刘沅经

[①] 刘沅：《附录二·国史馆本传》，《十三经恒解（笺解本）》卷之十，谭继和、祁和晖笺解，巴蜀书社，2016，第256页。

解的关注，据目前所知，主要有晚清的道学大师黄元吉在其著作《道德经注释》中多引刘沅《孟子恒解》中的说法。黄元吉于1874年至1883年间，在四川富顺县乐育堂授徒讲学，[1]他应该是在这期间接触到刘沅经解的。需要注意的是，清人戴纶喆所撰《国朝四川儒林文苑传》[2]收录了刘沅，只是附于杨甲仁传后。[3]其赞刘沅曰："自经史以及百家众流之学，罔不综贯。"可谓得之，但又说他"九十余岁重宴鹿鸣而卒"，又称其"学近姚江"。此当是对刘沅生平及其学说的理解有误。因为刘氏享年八十八岁，何来九十余岁之说；而"学近姚江"亦是误解，此不赘述。综上，这一时期刘沅研究的特点是以门人弟子和贤士对刘沅著作的整理和传播为主，而对刘沅经学的关注范围极小，研究甚少。应该说这一时间段并未对刘沅学说形成系统的研究和讨论，传播范围也限于西南省份及福建，传播内容除了刘沅所撰《拾余四种》《子问》等杂著，亦有其作序的劝善书和宗教类书籍。

二、学说广布期

这一时期约从1905年到1949年。1905年（光绪三十一

---

[1] 黄元吉：《道德经注释》前言，蒋门马校注，中华书局，2012，第2页。
[2] 暂不知作于何时，因作者主要活动于晚清，故归入此一阶段。
[3] 戴纶喆：《四川儒林文苑传》，民国十一年綦江东溪慈善会刻本，李勇先、高志刚主编《蜀藏·巴蜀珍稀传记文献汇刊》，成都时代出版社，2015，第130页。

年），光绪帝批准刘沅入国史列传。同年，首套《槐轩全书》刊刻出版（即光绪本）。槐轩学说逐渐获得川外学界的关注；1907年，槐轩弟子颜楷在日本东京刊刻《大学古本质言》，应为槐轩学在日本传播的开始，原本现收藏于东京大学综合图书馆南葵文库。

1910年，清末名宦吴郁生为《重刻子问又问》作序，其先批评训诂词章家"忘本不知性命之精微"，继而认为当时之问题也在于宋明理学家妄解经书，导致学圣者无从入手。国政民风的颓败便因此而起。在吴氏看来，刘沅"得孔孟之真传"，其经解等书"辨先儒之谬误，阐大道之根源。"刘沅从理学桎梏中成功"救出"孔孟，重光孔孟之道。[①]而吴氏也希望通过刘沅的书，警醒那些溺于新学而弃置中学的人，勿"抛却自家无尽藏"。平心而论，这篇序言难免有夸大之嫌，但也说明正值西学与中学之争胶着之时，刘沅对各经的全面重释与平实的解经风格于后世之力求返本以自救的部分中国学人提供了不止于文献的支撑。

1916年，服膺槐轩学说的段正元[②]在北京成立"道德

[①] "孔孟之道尘封数千载，至先生出始大明。"引自吴郁生《重刻子问又问序》，宣统三年刻印本。

[②] 段正元，四川威远县人，1912年在成都创办人伦道德研究会，1916年在北京创办道德学社，其宗旨是"阐扬孔子大道，实行人道贞义，提倡世界大同，希望天下太平"（鞠曦主编《段正元语要》，吉林文史出版社，2003，第1页）。观其书，无论圣人观、道德观，与刘沅多一致，如"大道至平至常"等语直接采自刘沅。

第一章 导论

学社"，1922年，北京道德学社刊印大量刘沅著作。槐轩学说开始在全国广为流传，而刘沅经解虽亦随之为人们所注意，但其影响仍限于部分维护儒家文化的知识分子与军政界人士中；此一时期的经学著作如马其昶《周易费氏学》、马振彪《周易学说》、黄节《诗旨纂辞》、程树德《论语集释》等尝采刘沅经说。其中马振彪尤好引刘沅《周易恒解》，[1]而程树德对刘沅《论语恒解》颇有微词；[2]刘沅孙刘咸炘[3]也于20世纪30年代亲校并出版西充鲜于氏特园本《槐轩全书》和辑校《槐轩杂著外编》等刘沅著作。刘咸炘承其祖父之学，博通经史文章，成为当时槐轩学派之中流砥柱。刘氏虽以讲习为主，但在其《推十书》中常引其祖经说，与其他诸说互参，并多公允精到的评论。他也是对刘沅经学有系统研习且较有成就的第一人。

另外，此一阶段还有《续修四库全书总目提要·经部》（稿本），收录刘沅全部经解并作提要。为其作提要者，皆当时硕学鸿儒。如伦明为《大学古本质言》《四书恒解》《孝经直解》作提要；吴廷燮为《仪礼恒解》《礼记恒解》《周官恒解》作提要；江翰为《书经恒解》《诗经恒解》作提要；杨钟羲为《春秋恒解》作提要；尚秉和

---

[1] 马振彪遗著《周易学说》，花城出版社，2002，第8页。
[2] 程树德：《为政下》，《论语集释》卷四，程俊英、蒋见元点校，中华书局，1990，第109页。
[3] 刘咸炘（1896—1932），字鉴泉，著名学者，刘沅之孙，曾任尚友书塾少学塾师。

为《周易恒解》作提要。其中，除尚秉和对《周易恒解》多加贬斥外，其余大都对刘沅经解的价值持肯定态度。①

综上，这一阶段对刘沅及其学说的关注有显著提升，但引述者多而研究者寥寥。道德学社等带宗教色彩的组织积极宣扬槐轩学说，以刘咸炘为代表的槐轩后学有所作为但影响不及前者。学界大致认为刘沅为一儒者，民间与政界则多认为其是一宗教家。

三、"教主说"主导期

约从1949年至2006年。新中国成立后，刘门急速衰落。带有民间宗教家标签的刘沅形象在大众视野中隐遁，学界也对其少有论及，这一阶段的前半段，大陆方面，仅见张舜徽先生《清人文集别录》收其《槐轩杂著》并加以品评，《续清史稿艺文志补编》收录其书目，而关于刘沅的经学研究则几乎不见。《清人文集别录》中称刘沅为"塾师之雄"，但对其《杂著》中部分究考觉其未尽，但同时又承认其"老于掌故，闻见亲切，言之多得其实"。②

这一时期，学界首重刘沅研究价值的是台湾学者萧天

---

① 《古本大学质言》，第894页；《四书恒解》，第978页；《孝经直解》，第828页；《周官恒解》，第483页；《仪礼恒解》，第519页；《礼记恒解》，第562—563页；《诗经恒解》，第392页；《书经恒解》，第242页；《春秋恒解》，第767页；《周易恒解》，第126页。见中国科学院图书馆整理《续修四库全书总目提要·经部》，中华书局，1993。
② 张舜徽：《槐轩杂著》，《清人文集别录》卷十二，中华书局，1963，第331—332页。

石。他把在青城藏经阁所搜集到的刘沅著作带到台湾,并在1982年出版的《道海玄微》中专辟一章,名为《刘止唐与四川刘门道》。此文一开头便对刘沅大加赞叹,其言"止唐先生则为川中近三百余年来特立独行博通三家之大儒。其学既直探洙泗心传,复深得玄门秘钥,融道入儒,援儒说道;复会通禅佛,并涉密乘,博学多方。虽较庞杂,然以其能障百川而东之,汇万流于一海,故最后仍归本于儒,不失孔门矩矱"。[①]虽然萧天石先生承认刘沅是一位大儒,但仍然认为刘沅更"纯是一道家人物",根据在于其说刘沅"修炼功夫,以道家为本",主张融通三教。萧先生作为一道教学者,深究"刘门"与道教之关系,说刘门可与"青城派"抗衡,把刘沅俨然当作一教主似的人物,最后称刘沅性命功夫论都是学道家。这显然是未明刘门的学术本质,而只是观其外在,由部分门人所行扶箕斋醮之术而具有之印象造成的。

此一种论调所代表的认知,即"宗教教主说"影响巨大,传播甚广。以至于开放后的大陆学术界亦受其影响。[②]持此说法的代表人物有萧天石、南怀瑾,以及马西沙等。1992年,马西沙与韩秉方合著的《中国民间宗教史》出版,其中的《刘门教与济幽救阳》一章专门论述刘沅及刘

[①] 萧天石:《道海玄微》,华夏出版社,2007,第514页。
[②] 新中国成立后,刘门被认为带有宗教特征而遭到取缔。加固了人们对于刘门是一民间宗教教派的认识。

门，①该书概述了刘沅家世和家承，明确刘沅思想实际受到内丹道的影响，是儒家伦理与内丹道的结合。同时，书中认为教法科仪著作《法言会纂》乃刘沅口授，由其弟子刘芬记录整理，故而得出刘沅及其思想与道教关系密切的结论。但是，通过学者赵均强的研究，刘沅并非《法言会纂》的主要作者，此书乃由其门人陶元庆编纂，另一名弟子樊道恒刊行，刘沅只是作了序以及一些"增省"的工作。②另外，此书又认为刘沅属于陆王心学一脉，此论实失之武断。通观刘沅的主要著作，虽然有暗合心学要旨之处，但无论经解抑或文集，均可见其推尊上古圣王与孔孟之言，而论述陆王心学处不多。虽然他对陆王时有赞叹，③但谈不上以陆王心学为旨归。况且，刘沅虽常常对程朱理学表达不满，亦多在著述中对朱子观点进行指正。但无论是在经解作品中仿朱子经解体例，还是在其重要的纲领性著作《周易恒解》与《四书恒解》中大量引述朱子的内容等等，均可见程朱理学对其影

---

① 马西沙、韩秉方：《刘门与济幽救阳》，《中国民间宗教史》，上海人民出版社，1992。此书有一处知识性错误。在写到刘沅随兄赴京途中遇见静一道人时，书中误把陕西的紫柏山当作"湖北当阳紫柏山"。经查，紫柏山位于今陕西汉中市，而不在湖北当阳；而有意思的是，夏广兴先生的《宗教视域下的中国文化散论》一书写到此处时，作"湖北当阳紫盖山"，虽紫盖山确实在当阳，但据《刘沅先生年谱》："清嘉庆元年，丙辰（1796），二十九岁……先生丙辰会试不中……紫柏山遇静一道人，谈修养之道……"可知当为紫柏山。
② 赵均强：《〈刘门与济幽救阳〉正误三则兼与马西沙、韩秉方先生商榷》，《宗教学研究》2009年第2期。
③ 刘沅：《正讹》卷八，豫诚堂藏版，咸丰四年刻本。

响之显著，而刘沅也始终不避谈周、程、朱、张对儒学的贡献。此一见解亦可在蔡方鹿先生的《朱熹与刘沅》一文中得到确证，更说明刘沅的思想不受门户所限的事实。

进入新世纪，又有濮文起先生所著《秘密教门：中国民间秘密宗教溯源》①一书，其中有《刘沅与刘门教》，仍然是从民间宗教的角度去介绍刘沅及其思想的概述性文章，也延续了《中国民间宗教史》一书中的认识。此一阶段，对刘沅的研究大多从民间宗教的角度来考察，虽有一些进展，但对刘沅的认识还未脱离宗教家的范围。由于当时大陆的学术观念仍遗留较重的意识形态痕迹，民间宗教研究尚未受重视，被定性为宗教家的刘沅自然也很难得到关注。

四、师儒正名期

从2006年至今，学界对刘沅及其学说的认知进入新阶段。这一年，巴蜀书社以民国时期西充鲜于氏特园本《槐轩全书》为底本，增补再版了《槐轩全书》。刘沅的儒者本色和他的经学思想引起更多关注，有关槐轩学说和刘门的研究开始摆脱民间宗教的固有认知，相关研究成果呈井喷式增长，研究涉及中医学、经学、道教、儒道关系、地方文化等领域。

这一阶段，更多的刘沅著作被整理出版，有关刘沅

---

① 濮文起：《刘沅与刘门》，《秘密教门：中国民间秘密宗教溯源》第四章，江苏人民出版社，2000。

的研究专著也相继问世。截至2020年，已出版的刘沅著作和相关研究专著有8种，[1]以研究刘沅为主的论文上百篇。尽管有关刘沅及其思想的研究成果越来越多，但对刘沅学说核心，即"十三经恒解"的相关研究仍然较少。目前所知唯一一本论述刘沅及刘门的外文专著是由德国东方学家欧福克（即欧理源，Volker Olles）教授所作。欧福克教授主要从道教的角度发掘、研究刘沅思想的价值和刘门的宗教一面，他还发表了多篇有关刘沅与刘门、法言坛的研究论文。他的专著*Ritual Words: Daoist Liturgy and the Confucian Liumen Tradition in Sichuan Province*曾荣获2013年德国东方学会（Deutsche Morgenlandische Gesellschaft）的研究论著大奖。海外的关注虽然集中在宗教领域，但也可见槐轩学术的研究价值具有多个面向。

值得注意的是，巴蜀书社版《槐轩全书》（2006）出版的同年10月，台湾高雄师范大学经学研究所所属《经学

---

[1] 分别是：1. 刘沅：《槐轩全书》，巴蜀书社，2006；2. 刘沅：《十三经恒解（笺解本）》，谭继和、祁和晖笺解；3. 刘沅：《大学古本质言》，华东师范大学出版社，2012；4. 双流县社会科学界联合会双流传统文化研习会编撰《槐轩概述——川西夫子刘沅与槐轩学说》，上海图书馆、上海科学技术文献出版社，2015；5. 赵均强：《性与天道 以中贯之：刘沅与清代新理学的发展》，杨永明主编，河南人民出版社，2011；6. 刘沅、刘梖文：《火神之祖——槐轩医学全书》，申子注，中国中医药出版社，2013；7. Volker Olles, *Ritual Words: Daoist Liturgy and the Confucian Liumen Tradition in Sichuan Province (Abhandlungen für die Kunde des Morgenlandes)*, Harrassowitz, 2013, pp. xviii, 253；8. 赵敏：《由人而圣而希天——清儒刘沅学术思想研究》，社会科学文献出版社，2018。

研究集刊》以《春秋恒解》《诗经恒解》《书经恒解》等多部经解为主题，①集中刊发数篇探讨刘沅经学的学术文章，可见台湾学界经历了"宗教教主说"的阶段，也已开始关注刘沅的经学领域。自此，两岸学界有关刘沅的专著与专论文章纷纷涌现。稍有不同的是，当前大陆的刘沅研究涉及领域广，但关于其经学的研究则占比较少，约一至两成。而台湾地区有关刘沅的研究虽然总数不如大陆，但关于其经学的研究占多数。从时间上来看，台湾比大陆的相关研究起步更早。

以下是笔者目前（2020）搜集到的这一阶段大陆（内地）专门研究刘沅经学的学术论文与同期港台及海外地区比较，按发表时间顺序排列如下：

大陆：

赵均强：《以"中"贯之：刘沅学术思想研究》，四川大学2009年博士论文。

赵均强：《〈易〉贵中正：刘沅〈周易恒解〉研究》，2009，期刊。

蔡方鹿：《朱熹与刘沅》，2011，论文集。

谭继和：《〈十三经恒解〉——清代儒学转型时期新心学的标志性文献》，2014，期刊。

---

① 均刊发于台湾高雄师范大学经学研究所，《经学研究集刊》2006年第2期。

柴方召：《刘沅〈诗经恒解〉文献学研究》，广西大学2015年硕士论文。

陈海恋：《刘沅先后天视域下的易学思想研究》，山东大学2015年硕士论文。

吴晓欣：《刘沅"〈易〉教人德"说》，2016，期刊。

刘平中：《尊孔与重经：郭沫若对刘沅经学的发挥与超越》，2017，期刊。

刘平中：《刘沅与儒学元典体系重建探析》，2017，期刊。

刘平中：《刘沅经学诠释的特点》，2017，期刊。

于潇怡、汪启明：《槐轩易学发微——写于〈十三经恒解·周易恒解〉刊后》，2017，期刊。

李科：《刘沅〈周官恒解〉研究》，2017，期刊。

单晓娜、涂耀威：《贯通儒道——刘沅对儒家经典〈大学〉的创造性诠释》，2018，期刊。

台湾地区：

黄忠天：《刘沅〈周易恒解〉述要》，2006，期刊。

蒋秋华：《刘沅〈书经恒解〉研究》，2006，期刊。

陈明义：《刘沅〈诗经恒解〉初探》，2006，期刊。

刘德明：《刘沅〈春秋恒解〉初探》，2006，期刊。

卢鸣东：《刘沅礼学中的儒道关系》，2007，期刊。

杨志刚：《刘沅〈仪礼恒解〉初探》，2007，期刊。

廖家君：《刘沅〈大学〉思想体系探微》，2008，期刊。

蒋秋华：《刘沅〈书经恒解〉对〈古文尚书〉的护卫》，2009，期刊。

廖家君：《川西夫子——刘沅学庸思想研究》，台湾成功大学2009年硕士论文。

卢昭蓉：《刘沅〈论语恒解〉思想研究》，高雄师范大学2011年硕士论文（全文未见）。

林彦廷：《中层与中介：刘沅之〈四书〉学研究》，台湾成功大学2019年博士论文。

香港地区：

范旭艳：《和会三教：刘沅与晚清儒学的转变》，香港浸会大学2017年博士论文。

从时间上看，在2006年巴蜀本《槐轩全书》与2016年《十三经恒解（笺解本）》分别出版后，有关刘沅及其经学的研究出现了一个高潮，虽然相对来说仍并不算多，但有增强的趋势。此前对刘沅纯是一宗教家的认识受到颠覆，目前学界对于刘沅的关注越来越多，恰能说明其研究价值逐渐获得认可。尤其是他的经学，应该说是一座蕴含丰富的宝库，有待进一步挖掘。

随着刘沅研究第四阶段的深入，越来越多的人认识到刘沅学说体大思精，且儒学思想才是刘沅学术思想的内核与灵魂。另一方面，百年来刘沅学说及刘门虽然式微，但其生命力仍然顽强。现在四川仍有一些服膺槐轩学说者恪守师说、弘扬槐轩之学，其杰出代表当属不久前离世的刘沅四世孙、刘咸炘长子刘伯谷先生，其一生弘扬槐轩之学、推阐孔孟之道，躬行教化不辍，为功甚大。可以说，正因为刘沅既是师儒（传道与理论建设者），又是善士（伦常实践者）；既奉孔孟为宗，又融通三教的思想，刘沅与刘门留下的文化思想遗产才会具有如此广泛且长久的影响力。在长达一百多年的时间里，刘沅虽然背负着很多本不属于他的声名，但现在其作为一名大儒和师儒的身份已是毋庸置疑的，学术界应该给予他更多的关注，尤其是在思想领域。刘沅在学术思想史上的意义可以说是中下层的知识精英打破上层知识精英和统治阶层对经典解释与思想意识形态的垄断与裹挟，是儒家内部的师儒向君相之儒即官僚型儒者提出的挑战。恢复刘沅学说的本来面目，才能更准确把握其思想，为进一步研究打好基础。对刘沅及其思想的进一步研究也会促使当前儒学研究更多面向社会与人文教化。

第三节　先行研究评述

一、研究现状概述

第一章第二节对关于刘沅的研究历史作了回顾。下面对刘沅经学研究现状作简要的评述。首先，通览目前关于刘沅经学的研究成果，总体上存在两个问题。

（一）相关研究较少，研究深度不够

有关刘沅的经学研究成果逐渐增多，研究也逐渐深入、细化。无论是大陆（内地）还是港台，对于刘沅经学的研究都由对一部经解概述性、总论性的探讨逐渐展开到对各部经解的原则、特点以及其义理等的具体分析。同时，研究刘沅经学的硕博论文也逐渐增多。但是，就刘沅经学著作的规模与研究价值而言，目前的相关研究仍然较少，研究总体上仍不够深入。

（二）缺少对刘沅经学的全面系统研究

遍览当前有关刘沅的研究，或以具体概念为中心，探求刘沅思想体系，如赵均强从其博士论文修改而成的专著《性与天道　以中贯之：刘沅与清代新理学的发展》；或以儒道、三教关系为切入点，会通其思想与实践工夫，如《和会三教：刘沅与晚清儒学的转变》《贯通儒道——刘沅对儒家经典〈大学〉的创造性诠释》等；或以诠释学为方法，对刘沅"由人而圣而天"的逻辑径路进行探讨和阐发，如专著《由人而圣而希天——清儒刘沅学术思想研究》；或以文献学的研究方法对单经进行概论性质的梳理，如《刘沅〈诗经恒解〉文献学研究》《刘沅〈周官恒解〉研究》。但是，对于有着完整经解体系的刘沅经学，目前缺少全面系统的研究。

二、先行研究述评

由于有关刘沅经学的研究还处于起步期，加上刘沅著述的庞杂以及槐轩学派身份的复杂性，目前的研究总体还比较粗糙。这里以当前刘沅学术思想研究具有代表性的几个观点及代表作品、经学相关文献作主要评述，其余文献从略。

（一）"新理学"

学界第一本全面系统研究刘沅的专著是《性与天道　以中贯之——刘沅与清代新理学的发展》，这是学者赵均强在其2009年撰写完成的博士论文《以"中"贯之：刘沅学术思想研究》的基础上修改而成。此书分八章，前

第一章 导论

三章概述刘沅所处时代背景与人物生平，介绍其学术活动和著作；后四章分论刘沅的性理说、修养工夫论、礼学、三教观与"新理学"；附录有民国时期《续修四库全书总目提要》对刘沅经学著作所作提要。赵君最主要的观点，即认为刘沅的学说是"特立独行的新理学"，是"乾嘉新理学的继续"。但其所谓"乾嘉新理学"只是考据与义理的结合，其称为"汉宋兼采的实证新理学"，"新"在何处未能说明。清代理学之不兴，原因复杂，但其中之一便是由于其未脱出宋儒理学的框架。更何况以考据求义理，是否就比宋儒之法更能得圣人之真尚需探讨。但无论从事实还是理论来看，考据之兴确实对清代经学义理之建构与发挥有所阻碍。不知二者之结合如何能出现"新理学"？全文未有令人信服的论证。更何况刘沅本不喜"理学"之名，正在于其认为这会无形中让人觉得天下至理都掌握于少部分人中，从而形成对圣人之意解释的垄断。若以"新理学"为标榜，有悖于刘沅本意。

应该说，这本书有较多主观臆断和逻辑牵强之处。例如其论刘沅经学，前文刚说"刘沅学术思想，其所谓道……是身心实践与经典学习互证的产物"。[1]随后，在没有举证的情况下，把黄宗羲评价王艮的"以经证悟，以悟释经"的治学方法安在刘沅头上，并指为刘沅经学的

---

[1] 赵均强：《性与天道　以中贯之——刘沅与清代新理学的发展》，河南人民出版社，2011，第423页。

"本质特征"。①而身心实践与经典互证不知与"悟"有何联系？其前后逻辑多有类此跳脱的情况。

总之，此书为研究刘沅第一本专著，奠基之功不可抹杀，且对刘沅事迹之梳理较为详尽。但其行文不够严谨，标"新理学"之名，又多附会。有关刘沅经学的论述则舛误颇多。

（二）"新心学"

"新心学"的提法来自谭继和先生的《〈十三经恒解〉——清代儒学转型时期新心学的标志性文献》一文。此文发表于2014年，是作为谭先生主编的刘沅经学作品集《十三经恒解（笺解本）》的总纲，影响甚大。在谭先生看来，刘沅学术思想的创造性在于其批判朱子，回归陆王，并超越陆王，建立了"新心学"。在文中，他说刘沅批评宋儒之说"严重脱离孔孟的真实文本和原真面目"，②因为"人心即道心"，民彝、民生就是"人心之公理"与天理之当然。"不能外民彝而别有是非"，所以日用伦常实践才能使天人通体一贯，不能外伦常而谈心性。谭先生认为这番理论"为把握本质来分析，是回归'心学'，又超越'心学'，比陆王心学更重视人的本

---

① 赵均强：《性与天道 以中贯之——刘沅与清代新理学的发展》，第423页。
② 谭继和：《〈十三经恒解〉——清代儒学转型时期新心学的标志性文献》，四川省社会科学院、四川省人民政府文史研究馆主办《国学（第一集）》，2014，第150页。

第一章 导论

质、价值和尊严,并把人的价值和尊严放到与天地同心的神圣地位"。①

接着,他以人必然遇到现实问题的"历史空间",对此引出"思考的空间",进而进入到对终极价值、人生价值等追问的"文化空间"。刘沅通过对这三大空间的探索,提出了"心源"的概念。谭先生在后来的《十三经恒解·总叙》中引用"外师造化,中得心源"(笔者按:此唐张彦远《历代名画记》所载张璪论画语)一语释"心源"为以精神修养为源。②据此他提出"从人学到心源学,这就是刘沅对传统心学加以升华的贡献,可以称之为'新心学'"。这一观点目前得到研习刘沅学术思想门人的部分认可。

实际上,刘沅在自己的著述中较少提到陆王。其《正讹》一书,主要就周、程、朱、张、邵等人的文章多有臧否,于最末一章附论陆王。其言"陆王与程朱皆以心为性",并认为朱陆"本相契",抬其地位与程朱等同,最后为陆王不被时人尊为圣贤而抱不平。③通览"附论"全文,只觉刘沅以第三者之态度平议陆王与程朱之同异。其评"程朱陆王皆以心为性",乃在于其自身主张心有先天

---

① 谭继和:《〈十三经恒解〉——清代儒学转型时期新心学的标志性文献》,第150页。
② 刘沅:《总叙》,《十三经恒解(笺解本)》卷之一,第13页。
③ 刘沅:《正讹》,《槐轩全书》卷九,第3620—3621页。

后天之分。①且认为陆王所主张的"静心"其实是养虚灵不昧之心,乃禅学宗旨,也是告子之"不动心"。②可见其对陆王所倡"心学"并不尊奉。

又刘沅在经解中凡论及后世传注之谬,直接以孔孟之言行为判说。从未以陆王为依归,故不存在"回归陆王"一说。另外,考察《周易恒解》序文中使用"心源"的语境,③刘沅本只是为了说明在未有规范以前,圣人设卦观象,意在发蒙。经书中出现的那些名象皆蕴含圣人创作之心,体现圣人教化之一贯。这与后世抽象的心性之学似无多大关系。刘沅论"心"与阳明、朱子有所不同,但并不能凭此便可说自成一学问体系。更何况,刘沅遍解群经,与陆王"六经注我"之意判然。故所谓刘沅之学术思想为"新心学"的论断还需更充分的证据支撑和进一步研究。

谭继和先生与祁和晖教授贤伉俪耗费心血主编的十卷本《十三经恒解》是继巴蜀书社版《槐轩全书》之后,又

---

① "盖心在先天,浑然无为,即心即性也;迄乎后天,纷然有觉,心不尽性也。"参看刘沅《附录一·拾余四种》,《十三经恒解(笺解本)》卷之十,第59页。
② "然象山、阳明、朱子皆以心为性者也,其教人则象山欲人先静心,朱子欲人先穷理,后遂判为两途。然心之私妄不除,安能穷理?故陆、王较朱子之功为捷要,但其所谓静心者,只是养虚灵之心,资质轻清者,静则生其明慧,而实后天之阴神,非先天之阳神,此禅家宗旨,告子之不动心也。"参看注释①。
③ 《周易恒解》序"心源"一词的出处原文:"夫礼乐教化,唐虞三代之法已详,而伏羲以前,尚无规范。《易》之设卦观象,固为后世发其蒙也。《诗》《书》名象,悉由继起,穷神知化,必有心源。"参看刘沅《周易恒解》序,《十三经恒解(笺解本)》卷之五,第3页。

一大型槐轩文献整理工程。此书于2016年出版,这对刘沅经学及槐轩学派的进一步研究与传播来说,为功甚大,本书写作也得益于此,只是"新心学"的提法值得商榷。

(三)其他重要的先行研究

1.《槐轩概述——川西夫子刘沅与槐轩学说》

2015年,由刘伯谷先生为主审,谭继和、祁和晖贤伉俪以及槐轩门人、学者等组成的编委撰写的《槐轩概述——川西夫子刘沅与槐轩学说》问世。该书从刘沅的生平事迹,槐轩学说的思想观点、基本体系、主要贡献、社会影响,槐轩诗文与名胜古迹等多个方面概述刘沅以及槐轩学派。附录有刘沅先生的年谱、传记、墓志铭、刘氏世系图等,是一本资料丰富、内容全面的概述性文献。其学术贡献主要为以刘沅为主的槐轩学派的学说建立了一个清晰完整的框架。又由于编写者都是熟习槐轩学的族人、门人以及资深学者,很多文献资料都是首次披露,且其资料来源的可靠性与撰述的专业性都有保障。此书在总结归纳刘沅及槐轩学说的内容、意义、价值等方面,有相当的参考价值,只可惜关于刘沅经学的部分则一笔带过。可以说,这是一本刘沅研究绕不过去的基础性参考文献。

2.《由人而圣而希天——刘沅学术思想研究》

目前最新研究刘沅的专著当属《由人而圣而希天——刘沅学术思想研究》一书,作者是中国社会科学院世界宗教研究所的赵敏先生。其书以宏阔的思想视野,"以刘沉所关怀之社会历史问题为轴心展开探讨",意图把刘沉学术思想纳入中国思想乃至整个人类思想的维度中进行考察。从西方与东方的历史哲学、政治哲学视角切入,"依循现代哲学诠释学的原则展开"[1]对刘沉学术思想的深层含义与价值进行剖析。赵先生借用徐梵澄先生"精神道"的提法,明确指出:"槐轩学不仅超派别(释、道、儒),甚至超学理,实为既包摄知识谱系又超出思智范限的'精神之道'的学问。"[2]据实而言,在槐轩之学及其研究价值仍处于尚未被学界充分挖掘,作为其学问主体的儒学思想研究尚处于散而浅的现状下,此一说法有将槐轩之学过度拔高之嫌。作者这样的写作尝试纵然可佩,方法也无可厚非。但是囿于叙事框架与"以西释中"的理路,对于刘沉学术思想核心的经学思想的研究与对文献的解读难免显得匮乏。

---

[1] 赵敏:《由人而圣而希天——清儒刘沉学术思想研究》前言,第3页。
[2] 赵敏:《由人而圣而希天——清儒刘沉学术思想研究》,第4页。

第二章

刘沅学术思想的渊源及其命运
——兼谈槐轩学走向衰落的几个原因

刘沅的经学思想是其学术思想的核心，故而其学术思想的渊源，即可代表其经学的渊源。段渝先生认为刘沅学术的渊源主要来自四个方面：（1）"仰承庭训"；（2）究心儒学元典，"以孔孟为师"；（3）受陆王影响，针对宋代理学；（4）随野云老人修习。[1]但是，这种看法并不准确。所谓渊源，乃指其所由来，而非其所呈现。所以"以孔孟为师"与"受陆王影响"并不能算作其学术思想的渊源。笔者以为，刘沅的学术思想主要来自家学、蜀学、理学、道教内丹学四个方面，这与其经历、身处环境

---

[1] 段渝：《一代大儒刘沅及其〈槐轩全书〉》，《社会科学战线》2007年第2期，第142—145页。

等因素分不开。本章通过追述刘沅家学渊源,人生重大转折以及其殁后事迹与学说不被学界主流重视的原因,从正面、侧面、人事变迁等全面探究刘沅学术思想的特殊性。

第一节　引论

2006年,巴蜀书社出版《槐轩全书》,前有萧萐父先生题词"阐三教之精微",亦有李学勤先生题词赞曰:"双流刘止唐先生于清嘉道间,授学川西,一本儒宗,兼通二氏,影响深远。"[①]由此可知,刘沅绝非一平庸的儒家学者,无论从其宏富的著作还是深广的影响来看,都足以在清代学术史上留名。但纵览《清史稿》《清儒学案》《皇清经解全编》《续皇清经解》《国朝宋学渊源记》,甚至清末时由本地学者所编专述蜀地学者的《蜀学编》等书都未著录刘沅的传记和著作。即便是近人研究梳理清代学术的经典名作,如梁启超《清代学术概论》《中国近三百年学术史》以及钱穆本的《中国近三百年学术史》、当代专论清代理学的《清代理学史》等均未提及刘沅,更遑论评述,此一情况实在令人费解。另外,刘沅去世后,其人颇受争议。推崇其学者,言其著作"无不匠心

---

① 刘沅:《槐轩全书(增补本)》卷一,第2页。

第二章
刘沅学术思想的渊源及其命运——兼谈槐轩学走向衰落的几个原因

独运，透肤存髓，独辟蹊径，不落前人窠臼，而能自成一家言者。"①非难者说他："其人盖有得于道家言者，故极推尊老子。惟满纸先天后天无极太极，一派模糊影响之谈，不止空疏已也。间有与朱子立异，亦皆前人所已言者。"②对于刘沅及其学说，后世学人为什么会有如此截然相反的评价？槐轩学说在民间影响甚广并留传至今，而长期以来学界对他的研究又为何寥寥无几？经深入研究后发现，刘沅及其学术在百年间经过了较大波折。晚清民国时期，刘沅及其学说经历了宗教化、通俗化等重大变迁，再加上蜀地学术风气转变和社会思潮的剧烈变革等外因，导致后世对其认知变得模糊进而走向分化。因此，对其事迹和思想的认知与定位，后世学界很长一段时间模棱两可，莫衷一是。目前对刘沅思想的研究多流于表面，也产生很多讹误，正在于对其学术思想百年来的变迁不甚了了，对其核心著作与思想缺乏全面系统的研究。故在探讨刘沅经学之前，须对刘沅及其学说的变迁史、认知史作一番回顾。在深入阅读文献的基础上，结合刘沅的思想特点和刘门的开展，分析刘沅及其思想在晚清民国时期湮没不彰的原因，拨开迷雾，展现时代大变迁中的刘沅认知与研究。同时，就这一问题，进一步展开对刘沅的学术背景与渊源的考察。

---

① 萧天石：《道海玄微》，第516页。
② 程树德：《为政下》，《论语集释》卷四，第109页。

第二节　易学为主的家学渊源

北宋程伊川曾说："易学在蜀。"[1]这话不仅适用于当时，自西汉严君平开蜀地易学滥觞以来，深厚的易学传统也一直是蜀学鲜明的特色之一。唐以后，蜀地也陆续出了诸多精研易学的人物，如唐李鼎祚作《周易集解》，宋苏轼作《东坡易传》、张栻作《南轩易说》、魏了翁作《周易要义》，明来知德作《周易集注》等。甚或宋元之际，遭兵祸反复蹂躏，荒野千里的蜀地，在元代也出了精"覃思之学"的黄泽，《易学滥觞》是其代表作之一。至清代，虽经明末大乱，连年战争，蜀地学术花果凋零，但易学传统未见衰微。据《四川通史》所述："有清一代，川人研究五经最多的就是《易经》。"[2]刘沅就出生于一个以易学传家的书香世家。据记载，刘沅祖父刘汉鼎（字君谟）"好读《易》，著有《易蕴发明》一书"，[3]可惜不传。但书虽不传，刘沅父亲仍记得一小部分，并把它传授给了刘沅。据《刘氏族谱》中载：

---

[1] 脱脱：《宋史·谯定传》卷四五九《列传第二百一十八》，清乾隆武英殿刻本。
[2] 吴康零主编《四川通史》卷六，四川人民出版社，2010，第570页。
[3] 双流县社会科学界联合会、双流传统文化研习会编撰《槐轩概述——川西夫子刘沅与槐轩学说》，第1页。

第二章
刘沅学术思想的渊源及其命运——兼谈槐轩学走向衰落的几个原因

  先君子犹记其一二以训沅等。有云："乾坤坎离，是一是二。乾坤在天地之初，阳健阴顺，即是太极之体。乾坤在坎离之后，阳施阴育，即是太极之用。先天后天，止一太极。理、气、象、数，绎之万端，括之浑然。"其语至精，惜不复睹其全书矣。①

从这段话中，已可见刘沅的"先天后天说"自有其家传易学的传承。到刘沅的父亲刘汝钦（字敬五），也是"幼承家学，精通《易经》。"据《国史馆本传》载：

  父汝钦，精易学，洞彻性理，谓："河出《图》，洛出《书》，圣人则之，实天启圣人以明道化，不仅在数术也。伏羲主乾南坤北，文王主离南坎北，即先天后天所由分。且《连山》首艮，《归藏》首坤，艮止坤藏之义，即《大学》止至善、《中庸》致中和之学，文王之缉熙敬止、成王之基命宥密胥不外此。"②

刘汝钦肯定《河图》《洛书》是"明道化"之书，具有义理价值；以"乾南坤北"说为"先天"，以"离南坎北"

---

① 刘沅：《刘氏族谱·君谟公讳汉鼎》，转引自赵均强《性与天道 以中贯之——刘沅与清代新理学的发展》，第39页。
② 刘沅：《刘氏族谱·敬五公讳汝钦》，同上。

说为"后天";又将"艮止坤藏"之义与《大学》"止至善"、《中庸》"致中和"等义互通。这不仅将其父的理论更加精细化,也显示出了将易理"先天后天"之分与人的道德实践相结合的倾向。正是有此一家学传统,到了刘沅那里,才有融通儒道,言乾坤变坎离即先天变后天,并提出一套动静交养、内外兼修的修身工夫。也才有独特的以易学为根基的学术思想体系。

第三节　与丹道结缘：命运与学术的转折

"宝剑锋从磨砺出,梅花香自苦寒来。"与许多有成就者一样,刘沅也曾因不凡的遭遇与困苦而导致其人生与思想产生重大的转变。

嘉庆元年,刘沅兄刘濖中进士出任翰林院庶吉士散馆,刘沅与其一同北上。途经陕西紫柏山时,遇见了一位隐居于此的"静一道人",并与之交流修养之道,刘沅"讶其与吾儒同"。那道人临别时赠与刘沅一本吕纯阳所注的《道德经注》,刘沅当时并未太在意,"益疑方外假托多多"。[1][2]

---

[1] 双流县社会科学界联合会、双流传统文化研习会编《槐轩概述——川西夫子刘沅与槐轩学说》,第5页。
[2] 刘沅:《槐轩杂著·自叙示子》,《槐轩全书》卷九,第3473页。

第二章
刘沅学术思想的渊源及其命运——兼谈槐轩学走向衰落的几个原因

嘉庆二年，刘沅经历了三次春闱不售后，又遇侄儿殇逝，自家祖茔被侵占，母亲忧愤成疾。原本体弱多病的刘沅不堪操劳疲惫，自己也形如枯槁，自觉不久便要"早归大暮"了。正当此困苦艰难之际，刘沅于市集偶遇一卖药老人，据《年谱》载：

> 形容殊异，心爱敬之，求示延年之方。老人曰："人身自有长生药，尔知否？"曰："不知也。"老人曰："先天虚无一气，天之所以为天，即人之所以为人。存神养气即存心养性。歧而视之，是以仁者寿、大德必寿之理不明，而却老独枉（笔者按：巴蜀书社本《槐轩全书》卷九《自叙示子》中"枉"作"在"）神仙尔，返而求诸身心可也。"先生拜而受教，茌苒八年。①

这位老人就是被刘沅称为"野云老人"的李果圆。他的这些主张，具有浓厚的道教内丹思想，如"人身自有长生药"便出自张伯端《悟真篇》中"人人本有长生药，自是迷途枉罢抛"，②而"先天虚无一气"也与《悟真篇》中之"道自虚无生一气"③意义相近。与野云相遇并随之修习，使得刘沅身体渐渐好转，并日益健旺，也让刘沅对学问与人生有了更多

---

① 双流县社会科学界联合会、双流传统文化研习会编《刘沅先生年谱》，《槐轩概述——川西夫子刘沅与槐轩学说》附录，第138页。
② 张伯端：《悟真篇集注》，仇兆鳌集注，上海古籍出版社，1989，第77页。
③ 张伯端：《悟真篇集注》，第141页。

更深的思考。野云辞别后，刘沅继续勤勉自修，六十岁后连得八子，令人惊叹。由于这一系列遭遇过于传奇，甚至引起了张舜徽先生等学者的质疑，被张先生认为是"复假托身遇异人"。①另外，这一命运的转折也为刘沅整体学术思想的形成奠定了基调。其中"先天虚无一气"成为后来刘沅理气论的根据，"存神养气即存心养性"以及"仁者寿，大德必寿"两句也成为刘沅修养论的基石。这反映出当时蜀地儒道融合之风气对刘沅个体生命的影响。

自此，刘沅"以儒为宗，不斥佛老"，且常与道教亲近。刘沅与成都青羊宫、青城山上清宫等道观关系密切，又因他懂得道家静养的功夫，并以之授徒，亦不避讳。于是，时人与后世学者多以此认为刘沅亲近道教，甚至直认其为一宗教家，便不足为怪。这一认知贯穿百年，影响甚大。刘沅及其思想在民间有广泛的流传，开枝散叶，甚至形成槐轩学派与刘门，至今不坠，却较少为当时上层儒家知识分子们所重，也有此一层缘由。

第四节　师儒身份，面向教化

刘沅一生除几次赴京考试，一直都在蜀地传道授业，

---

① 张舜徽：《槐轩杂著》，《清人文集别录》卷十二，第331—332页。

第二章 刘沅学术思想的渊源及其命运——兼谈槐轩学走向衰落的几个原因

以师儒自居。自乾隆五十一年（1786）训徒讲学起，凡七十年，"以课徒乡里终其身。"①被张舜徽先生称为"塾师之雄"。刘沅极为看重师儒的身份和作用，在他的著作中随处可见其把先儒误入歧途的重要原因归结为"未遇明师"。他曾在论述"明师"在学道中不可或缺的地位时说：

> 圣学必由师授，且其功夫次第，非一朝夕。孔子十五志学，七十而后从心，何况凡人？以为学圣可以无师，又或得其一节，即自谓已足，托于圣人，实未通乎全体大用。后学相沿，修齐治平之道，旷世难践，由斯故也。②

其认为学儒家圣人之学，如果没有明师指引，则易迷失方向，迷失自我。一旦陷于自矜，则愈学离圣愈远。若再以错误或偏私之教以为圣学之全，就会使圣人之道真义晦暗，最终贻误后人。因此在刘沅看来，师儒对于孔孟之道传承的意义要大于所谓君相之儒。他以曾子、子思、孟子三人为例，说："此三人者，天生以衍孔子之传，然后前圣后圣学术归于师儒。即圣道有时不在君相，而匹夫亦可参赞化育。"③强调圣学非只有上层儒家知识精英与权贵

---

① 张舜徽：《槐轩杂著》，《清人文集别录》卷十二，第331—332页。
② 刘沅：《附录一·子问》，《十三经恒解（笺解本）》卷之十，第150页。
③ 刘沅：《附录一·又问》，《十三经恒解（笺解本）》卷之十，第193页。

可学，圣人之教化是人人可受，人人可学的。

刘沅虽中过举，但由于其未尝为官，又长居蜀地，自然与身在庙堂的官员学者们来往甚少。这样的学术身份与所处环境自然有不同于"君相之儒"的学术优势。归纳起来，其优势有四：

（1）学术环境相对单纯和宽松，更易集中精力和保持学术独立性；

（2）讲学问难数十年，对儒家经典义精理熟；

（3）非书斋型学者，重实践力行；

（4）面向民间，重人伦教化。

前两点很好理解。相对乾嘉时期汉学兴盛，四川地处偏狭而封闭，仍保有自己独特的学术形态。再加上刘沅的学术活跃期，"文字狱"高潮已过。故而学术环境相对独立宽松。第二点乃是纯粹师儒的优势。刘沅气度宏阔加上自身勤奋，没有官场习气熏染与政务缠身，故可于儒家经典专心致志、优游涵泳；第三，主张实践力行圣人之道是刘沅思想的重要特征之一。他说自己："第幸生昭代，又得明师，究心圣道，由实践而证以诗书，五十八年矣。觉圣人如生，圣人之书，字字可以见诸施行，非徒诵读。"[①]可见其很重视经典义理之间、义理与实践之间的互相发明与贯通。刘沅著作中一多半是对儒家经典的注解，而其经解主要特点之一就在

---

① 刘沅：《附录一·又问》，《十三经恒解（笺解本）》卷之十，第148页。

第二章
刘沅学术思想的渊源及其命运——兼谈槐轩学走向衰落的几个原因

于他不拘泥于汉宋任何一方，在回到经典文本本身以及认真考察学术史的基础上，逐字逐句地研读经典，与学生等问难，沉潜经义数十年，"以圣人之道定百家，不以百家之谬溷圣贤。"[①]同时，他认为圣人之言不能只是记诵，须要力行。他在《说道说》一文中开头便道："道非徒论说而已，说之既不可胜说，而愈说愈多。愈说愈支离。"[②]其认为道在日用伦常中，若不倡力行，就是未得圣人尽性之学。第四点关于刘沅学术的面向，由于刘沅不处庙堂而作为一师儒，其学问自然面向学生与乡民，其动机与目的在于教化。又正因刘沅熟谙与服膺孔孟之道，所以他并非一迂腐卫道士，其学说以儒为宗，不斥佛老，并深信老子为孔子之师。当时蜀地全真道龙门派碧洞宗兴盛，刘沅作为赫赫有名的师儒，常受人之托为大量道经、佛经、劝善书等文献作序作注。为化民成俗、以圣学教化百姓，他便以儒家圣人之义训释这些经文书录，[③]以求救"真义将晦"之际。百姓感恩戴德，遂有"教主"[④]等称呼。

---

① 刘沅：《槐轩全书（增补本）》卷十，第3716页。
② 刘沅：《槐轩全书（增补本）》卷十，第3693页。
③ 可参看刘咸炘所编《槐轩杂著外编》，其中收录大量刘沅所作佛道经文之序，序中多言作序之意图在希此能化民。
④ "（沅）作《道德经注》《大洞经注》，或戏呼为通天教主，蜀中真留心学问人，时下应首屈一指。"参看王培荀《听雨楼随笔》，魏西尧点校，巴蜀书社，1987，第265页。

第五节　学教并行，教代学兴

刘沅门人弟子既众且优，[1]但构成亦复杂。弟子及再传弟子中有善士、儒士、道士、武士、医者、官吏、商人等不一而足。[2]槐轩学派中也因之形成各类机构团体，其中以教育、学术、慈善、宗教、医家等团体为最盛。[3]刘沅自己的学说主要以儒学为主轴，辅以道教的内丹功夫修养论，倡导虚无清净、存心养性，以达到"本末兼修，动静交养"[4]的至善之道。刘沅殁后，刘门便由民间活动与学术教化并行传播其说。为了便于门人理解和学习，刘沅晚年对自己的经学著作进行了通俗化的工作，而在后来法言坛与道德学社的助推下，刘沅及其学说被包裹上了一层宗教的神秘色彩。

---

[1]　"平日裁成后进，循循善诱，著弟子籍者，前后以千数；成进士、登贤书者百余人，明经贡士三百余人；薰沐善良，得为孝子悌弟、贤名播乡闾者，指不胜屈。"刘沅：《十三经恒解（笺解本）》卷之十，第256页。

[2]　槐轩弟子中，除自家子弟及刘芬、颜楷、刘鸿典、郑钦安、钟瑞廷等著名弟子外，贤名播乡里者如陶会元、余俊元、杨钰、周维新、贾万钊、樊志升、刘泰械、杨义宣等皆在教育、学术、慈善等方面卓有成就。参见刘佶修、刘咸荥纂《双流县志四卷》卷三，民国十年修二十六年重刊本；余震续纂《巴中县志四编》第二编《人民志上》，民国十六年石印本；伍彝章修、曾世礼纂《蓬溪县志近志14卷》卷四之一，民国二十四年刻本。

[3]　如教育、学术方面有明善书塾、尚友书塾，宗教有法言坛，医家有郑钦安所开创之"火神派"。

[4]　刘沅：《槐轩全书》卷九，第3422页。

第二章
刘沅学术思想的渊源及其命运——兼谈槐轩学走向衰落的几个原因

一、经学著作通俗化

讲授有年,刘沅眼见儒家圣人之学在民间遭到僧羽之流及其他民间宗教的挤压逐渐被边缘化,深感自己有责任让儒家经典的解释权不被部分儒家学者垄断,亦不忍见孔孟之道因程朱理学在意识形态领域的支配而被曲解、埋没。为了使儒家经典中的圣人本义能通过自己的注解重新显现,圣人之道能行于世,他开始系统注解"四子六经"以及《大学古本质言》与《孝经直解》,并亲自加以审定。他试图拨开加在儒家经典上的种种或夹带私意、或偏离圣道的迷雾,正本清源,同时也希望这些经典能恢复教化功能,所以他在《周易恒解·义例》中解释了他注解"四子六经"的方法原则:"注经之法,取其简要,郭象注《庄》,前人以为至妙,然此特为智者言耳。愚意欲令下愚皆晓,故不以简直玄妙之语求悦高明,而避词费以滋众疑焉。"①此可见刘沅注解儒经"欲人人皆晓而不使视为畏途"(《周易恒解·序》)的用心良苦。但如此良苦用心,虽为有志于道者指引了为学路径,但也埋下了隐患。

就学术教化而言,刘沅的"四子六经"《恒解》是他沉潜数十年集大成之作。但无奈大多数门人弟子或因蒙昧、或因畏难,对此兴味索然。为了传圣道、明天理,刘

---

① 刘沅:《周易恒解》,《十三经恒解(笺解本)》卷之五,第8页。

沅"不得不更为之赘言"。①于是把所作"四子六经"《恒解》，一再进行总结提炼，作为讲授的讲义或精编，继而被门人撰辑成《恒言》《俗言》《下学梯航》等集册广为传播，②③其中大部分得刘沅认同，于是后世门人更多接触到的是这类精简浓缩后的通俗本。从刘沅的动机来看，他这样做是有鉴于佛教佛后无佛，后人便多附会之说的问题。所以他说："愚注四子六经，又为《子问》《大学古本质言》等书，详言为人之理，要皆发明孔孟，不敢以他说乱之，而妄作者太多，恐子弟不察，沿俗见而转，荒圣人之言。"④一方面，这确实有助于子弟理解师说和开展伦常实践，槐轩学说也因此得以在民间更好地传播；但另一方面，刘沅本人用力最深的"十三经恒解"，却反被束之高阁。再加上后来尊经书院的建立，张之洞、王闿运等人

---

① "问：'然则子之所为，固为来学计也。而《恒解》等书，文烦绪多，苦难得其要领，请为分端言之，俾有所遵循焉。'……'尔等幼穉，存其说以待将来，而又苦其文烦，则不得不更为赘言之矣。'"引自刘沅《附录一·子问》，《十三经恒解（笺解本）》卷之十，第149页。
② "四子六经义蕴精微，繁赜难究"（《子问》），而"此书（《下学梯航》）人人易于学步，故僭拟之，然果能力行无忝，则四子六经亦在其中，勿忽视也。"刘沅：《十三经恒解（笺解本）》卷之十，第108页。
③ "愚无知也，因读书多年，颇有所见，故详释孔孟遗书，名曰《恒解》。……而儿辈苦其繁也，不得已，又为《子问》《正讹》《下学梯航》《古本大学质言》四端，使其易晓。而卷帙既多，弥增之惑，乃复撮其大要更为此编。"刘沅：《十三经恒解（笺解本）》卷之十，第219页。
④ 刘沅：《正讹》卷一，豫诚堂藏版，咸丰四年刻本。

第二章
刘沅学术思想的渊源及其命运——兼谈槐轩学走向衰落的几个原因

把湖湘经学风气带进蜀地，力斥刘沅学说，①这些发明义理，不重词章考据的经解就更鲜有人问津了。以至于19世纪末，蜀人高赓恩等编纂以"敦崇四教，以上溯邹鲁渊源"（伍肇龄撰《蜀学编·光绪十四年序》）为主旨的《蜀学编》时竟未收刘沅，这是刘沅无论如何想不到的。直到光绪三十一年，刘沅之子刘桢文等收集之前已刊行于世的刘沅著作单行本，加以整理校订，编出《槐轩全书》（即光绪本），刘沅学说才首次整全地为世人所知。此书共二十三种、一百七十八卷，全收刘沅的四子七经《恒解》及《孝经直解》《大学古本质言》，而未收录《法言会纂》《佛说阿弥陀经注》等佛道及民间宗教类序注，当是为了彰显刘沅学说的儒家本色，亦符合槐轩学术的本质。自此，刘沅思想的学术价值开始受到更多关注并得以延续。槐轩学术一脉经其弟子刘芬、颜楷、钟瑞廷等接续，后有其孙刘咸荥、刘咸焌创建并掌教书塾，②而集大成于刘咸炘。③此一

---

① "常清世蜀学晦塞。有刘沅者，自谓通三教，取俗所传文昌《阴骘文》教士，号'文昌教'。其子适官翰林，蜀人靡然从之，几无通士。闻先生说，乃幡然改习注疏、诸史、文选之属。"引自费行简《近代名人小传》，中国书店，1988，第4页。
② 即明善书塾，为刘咸焌于1915年在成都纯化街延庆寺内创办，1918年改名为尚友书塾。
③ 刘咸炘曾说："吾教诸生，即以儒、道二家所传之大义为要领。……吾塾（指尚友书塾）奉槐轩以为宗。《四书恒解》为吾塾第一典。"（刘咸炘：《推十书（增补全书）·巳辑》，上海科学技术文献出版社，2009，第118页）尚友书塾在刘咸炘任塾师期间进入蓬勃发展时期，有《尚友书塾学报》刊行，刘咸炘去世后停办。

时期，无论是赞同其说，还是多有驳难，学界对刘沅的关注都掀起了一波小高潮。从前文所述马其昶、马振彪、程树德等人多所采撷便能看出。但作为刘沅学问裔嗣的刘咸炘一生很少出川，且英年早逝，加上当时既有社会西化风潮的席卷与西方学术的强势冲击，又有四川学风向实学转变的趋势愈发明显等因素，学术教化一途势单力薄，终是没落了。

二、民间活动宗教化以及道德学社的助推

就宗教活动而言，槐轩学派的主体刘门由于扎根民间，奉刘沅为创派祖师，以槐轩门人编撰、刘沅亲序的《法言会纂》为依据，借道教龙门派碧洞宗之势，[①]形成了一个槐轩修养功夫论结合道教科仪法式与民间信仰的宗教形态——法言坛，时常行一些斋醮祈福仪式，颇有影响。后人有记曰：

> 近世羽士建修道场有两派，……一为法言坛，则开派于双流举人刘沅。沅初本儒者，别有得于丹家之传，遂谓玄牝之门即儒之至善；道家修炼即儒之克

---

① 刘门一直与成都青羊宫、二仙庵以及青城山上清宫等道教龙门派碧洞宗道观交好。刘沅不仅作为一师儒，也是一乡之善士。曾主持和参与重建青羊宫、武侯祠等重要历史文化地标，协同道观筹募善资。现于青羊宫内仍存《重建青羊宫碑记》，刘沅也曾亲自撰写《碧洞真人墓碑》纪念碧洞真人陈清觉。

第二章
刘沅学术思想的渊源及其命运——兼谈槐轩学走向衰落的几个原因

已,其真窍非遇名师不传。其立教若此,士人从之者颇盛。吾邑胡清妙字观无,得沅混剖图之传,为刘门高足周清志亦从之游。唐喆亲炙尤久,喆得其传,以授袁承祖,承祖以授罗育仁,育仁弟子新繁胡志仁为志其墓,称其师善诱门士,如孟子所称可欲、有诸已者数十人,其几大化者二十余人,其盛若此。①

更为重要的是,1916年与刘沅同为四川老乡的段正元②在北京成立道德学社,③弘扬孔子大道,受到很多中央及地方军政大员崇信。段正元因曾受教于刘沅之徒颜紫澜,④且服膺刘沅三教同源与修身实践说,遂以道德学社为平台大量刊印刘沅著作,一时北洋与国民党军政要员对槐轩学说多有敬奉。如国民党政要何键曾拜师段正元。受其

---

① 张骥修,曾学传纂《温江县志十二卷》卷四,民国九年刻本。
② 段正元,四川威远县人,1912年在成都创办人伦道德研究会,1916年在北京创办道德学社,其宗旨是"阐扬孔子大道,实行人道贞义,提倡世界大同,希望天下太平"(鞠曦主编《段正元语要》,第1页)。观其书,无论圣人观、道德观,与刘沅多一致,如"大道至平至常"等语直接采自刘沅。
③ 道德学社于1916年12月31首立于北京,时任北京政府参谋总长的王士珍为首任社长,段正元为社师,宣扬孔孟之道。
④ "(杨)献廷问道:'先生(指段正元)乃从刘止唐先生之教乎?'夫子:'我曾拜刘止唐之高足颜紫澜为师,受教颜之门下,并未亲聆刘老先生之教。'……接着,与献廷谈及无极,澜子良在旁,当即插嘴:'舅父,刘止唐、颜紫澜乃蜀中一代名儒,你是他的学生,何以刘老先生讲太极,你偏讲无极,岂不是目中无师?'夫子道:'以尔之言,父亲不曾考上状元,如儿子考上状元则为不孝?而人皆以为儿子光耀门庭,祖宗有德。刘老先生讲太极,我在刘老先生之后讲无极,正是我尊师之处。'"引自路石《段正元传》,世界知识出版社,2015,第75—76页。

影响，20世纪30年代时常拜读刘沅著作，其所作《礼经大学古本讲义》①就多引刘沅经说并主之。记录显示，"1931年3月，他（何键）开始读《大学恒解》《周易恒解》等书"。②关于政、军界人士对刘沅的敬奉，清末民初的学者、藏书家徐兆玮在其日记中也有记载：

> 《甲寅日刊·京门闻见录》云：蜀人段正元于去年春夏间来游都下，倡为万教合一之说，其论至庞杂，大抵多本之其乡人刘止唐所著书曰《圣学发微》，冗漫不可卒读。……参谋部局长雷多寿为之立道德学社，敛万金以奉之。于西单牌楼某胡同内赁大屋为会所，日集数十人，讲说无倦，听者多为军人。记者尝造其内室，见四壁悬三教中神圣画像殆遍。……正中则置孔子神牌及段正元之画像焉，意为其徒礼拜之所。近刊《道德学杂志》，多支离谬悠之谈。……按：此盖大成教之支裔，暇当求其书阅之，可考见彼中之旨趣也。③

又当时名记者兼作家曹聚仁也有关于段正元的记录：

---

① 何键：《礼经大学古本讲义》，商务印书馆，1945，第3、5、19、20页等。
② 罗玉明：《二十世纪三十年代湖南尊孔读经之研究》，复旦大学博士论文，2003，第40页。
③ 徐兆玮：《徐兆玮日记》，李向东、包岐峰、苏醒等标点，黄山书社，2013，第1758页。

第二章
刘沅学术思想的渊源及其命运——兼谈槐轩学走向衰落的几个原因

王位诚家中，也供奉着段师尊的玉照，我是眼见的。他还拉了许多亲友，做段正元的信徒，也是焚香跪拜，朔望讲道如仪；他们所讲的道，大概是"一贯道"一类之道，我只看过一部《论语恒解》，那是道德学社所印行，四川双流刘沅所注，并没有什么新义。①

此外，冯玉祥、莫德惠等国民党高官也都曾拜读过刘沅的著作。②③从以上可以看到段正元的思想与刘沅确实有不小的联系，槐轩学说的影响也通过道德学社的助推，由平民阶层进一步深入当时的政治精英阶层。④但影响扩大的同时，也带来了误解和批评。这一时期的学界和舆论界倾向仍然是主张"新文化"。作为这些领域的新派人士，徐兆玮和曹聚仁对刘沅及其学说的态度是否定的，这一误

---

① 曹聚仁：《我与我的世界》，生活·读书·新知三联书店，2014，第32页。
② 《冯玉祥日记·民国十三年二月》载："六日，七点醒，看易经；……九点半，看《周易恒解》。"冯玉祥：《冯玉祥日记》第1编，卷五，民国史料编辑社，1932，第26页。
③ "余于抗战期间在川全部购得（刘沅著书），并加涉猎，一直携带珍存，拟予影印，以广流传。获读其书，果别具卓见，对复兴中华文化，甚有价值。"莫德惠：《双城莫德惠自订年谱》，（台湾）商务印书馆，1968，第38—39页。
④ 道光六年，刘沅被选授为湖北天门县知县，但其不愿外任，于是改授国子监典簿；光绪三十一年，时任四川总督锡良携士绅一道奏请光绪帝为刘沅于国史馆立传，获得光绪帝批准。这两次可算是刘沅作为师儒与善士获得认可。而此次，其学说因受段正元与道德学社等名人、团体的推崇，而获得省外军政界要员的尊奉，可说是其学说与思想进入全国视野，具有了更普遍的影响力。

解较为典型。徐兆玮认为段正元之思想主张多本于刘沅，且认为段、刘之说乃是大成教（即太谷学派）的一支，而曹聚仁则认为段氏属于一贯道。实际上，经韩星先生的考察，段正元的思想渊源应为龙元祖的修身思想，与刘沅之说有类似之处。虽然段氏曾拜颜紫澜为师，但他真正服膺的是槐轩学说而不是他的老师。[①]至于太谷学派与刘门，夏广兴先生对其有一段评述，他说：

> 三教（笔者注：三一教、太谷学派、刘门）的教团最初都是由学术团社转化形成，三者都是由倾向王阳明心学而又主张三教融合的著名学者所创立的学术团社，逐渐演化发展为宗教的。其成员多为学者，著书立说，探究学术。三者所攻之术乃为宋明理学中陆王心学一脉，以释道之理为基，讲究心性即天理，人人可通过修养道德、修炼内功而得"圣道"，以成圣成贤。同时，三者实即带有宗教色彩的民间学术团体，思想体系中三教归儒的倾向比较明显。这一学术团体随着成员的不断扩大，影响日益广泛。[②]

这段评述虽有些许可商榷之处，但大体上是中肯的。虽然

---

① 韩星：《段正元思想学说渊源探析》，《蜀学·湘学与儒学学术研讨会论文集》，线装书局，2018年4月。
② 夏广兴：《宗教视域下的中国文化散论》，上海三联书店，2015，第154页。

第二章
刘沅学术思想的渊源及其命运——兼谈槐轩学走向衰落的几个原因

刘沅与刘门的理念与太谷学派有互通之处，但刘门继承了传统蜀学的特征，与太谷学派差异还是明显的。而一贯道则属于民国时的秘密宗教性质组织，与刘门其实扯不上关系，但亦可见作为刘沅思想传播的载体，刘门宗教化的印象也传开了。

综上所述，正因为刘门在宗教方面的活跃，于是给世人留下的更多是宗教团体的印象。法言坛等民间教派在新中国成立后被禁止活动，进而组织遭取缔，刘门迅速走向衰落。刘门带有传统蜀学驳杂的特征，既不属于纯粹的学术团体，也不属于纯粹的宗教团体。[①]刘咸炘去世后走向没落的槐轩学派也随着刘门的衰落而一蹶不振。在台湾以及大陆后来对刘沅的认识与研究中，之所以更多地把他当作一位民间宗教创派领袖，就在于学者们把"刘门是民间教派"作为认知基础，而刘沅自然成了"刘门教"第一任教主。刘沅主张"三教一源"，并尝试儒道融通，让自己及槐轩学派成了非儒、非佛、非道的身份。直至近十多年，随着《槐轩全书》的再版，学者们渐渐地关注到他的"四子六经"恒解，才恢复了对他作为一名"以儒为宗，兼及佛道"的学者的认识。那么，以儒为宗的刘沅到底有怎样的主张，何以不为后世儒门所重呢？

[①] 夏广兴先生认为刘门与三一教、太谷学派类似，"是学术团体而兼宗教的性质，其学更以儒为主，故可视为儒教的一种形态。"夏广兴：《宗教视域下的中国文化散论》，第160页。

第六节　与主流相悖的思想主张——对理学的批判及对汉学的否定

刘沅学宗孔孟，虽然对待宋儒的态度总体上是积极的，但也正是凭着对孔孟思想义精理熟的自信，以及受身份、立场和环境的影响，他并不以程朱为尊，反而于其著作中随处可见对以程朱为代表的理学家们曲解孔孟的批评。这一思想主张集中体现在他的《正讹》一书中。在这本书中，刘沅从两个方面来批判理学。一个是从理学的理论基础，一个是从理学的历史合法性基础。在此之前，刘沅首先申明其为何要力辟理学之讹：

> 愚详注四子六经等书……出以浅显之言，辟流传之误，非好辨也，痛中庸之道入于神奇，而人不知修身。……世人恪守先儒，反不尊孔孟之说，将道说得太远，将学圣说得太难，人不知圣人从何学起，以为必如先儒始可学道，即如先儒亦不能至圣，于是以先儒为别有奇妙，圣人更不待言。……在先儒著书立说，未尝非觉世牖民之美意。然未得圣师，徒以天资之美、学识之优，研精覃思，规摹圣人，以一节遂为全体，执私见以妄测圣人，而实

第二章
刘沅学术思想的渊源及其命运——兼谈槐轩学走向衰落的几个原因

践未能,所言皆谬。欲彰圣人,反失圣人之真;欲觉斯民,反为斯民之累。①

刘沅痛陈当时宋儒著书立说虽为传圣道,但难免曲解圣义。而且把圣人之道说得太高深玄妙而不可即,只能让人敬而远之。虽然赞扬宋儒靠自己的勤奋、才智与天赋在儒学的理论建构上做出了前无古人的卓越贡献,但也诟病这种大贡献带来的对后人的遮蔽和局限。以至于后人容易把周程朱张等理学家所言当成孔孟的本义,结果使他们与"彰圣道""觉斯民"的目标南辕北辙。

力陈程朱理学之弊后,刘沅便开始批评理学的理论基础,主要是"理学"之名的荒谬。刘沅从理学的本体论出发,说:

道只天理二字,天之理而人得之以为性。在天名曰太极,……;在人名曰良心。②

继而他把天理良心合起来讲:

天之理始为心之良,心之良始为天之理。天理良心,人人有之,人人可为圣人。……圣人以道教

---
① 刘沅:《槐轩全书》卷九,第3480页。
② 刘沅:《槐轩全书》卷九,第3481页。

> 人，止是欲人全此天理良心。……人人有天理，则人人在道中。①

这里拿理学家的逻辑来说理的普遍性，并引入"良心"一说，强调天人一贯，又认为人靠圣人之教来尽良心达天理，又说：

> 学而至于念念天理、事事天理，……非理何以为学？非学理何以为人？无端而标理学之名，似天下人不尽有天理，凡人皆不可学圣，遥遥千古，止有数人能学理，其薄视群人，等凡民于贱恶，抑又甚焉。②

这几句以程朱理学家主张的观念去反驳理学的概念。表明天理以良心呈现于人，人人本有，不需去学理，有理才有学，批评"理学"之名的确立客观上把儒家学圣的门槛陡然加高，圣人之道掌握在了少数知识分子的手里，而造成底层知识分子或民众误认为天理难及、圣人难学。所以最后乃说："故修其在己，无愧为人便好，不必高理学之名。"③刘沅以理学自身的逻辑批判理学之名，在这一过程

---

① 刘沅：《槐轩全书》卷九，第3481页。
② 同上。
③ 同上。

第二章
刘沅学术思想的渊源及其命运——兼谈槐轩学走向衰落的几个原因

中,把"天理""良心"做了融通,强调了人的价值。

以此为基础,刘沅接着对道统之名也提出了质疑,他认为"理学道统说"源于韩愈,宋儒推崇之,但道统说只言统绪,并未言明所传何事。①"理学道统说"在刘沅看来只是宋儒自是之妄念的产物,而真正所谓"道统"乃是"以天为统",他说"必求道之所统,其惟天地乎?"②又说"道非无统,统于天,统于圣道"。③刘沅认为道确有其统,但并非宋儒所定之理学道统,而是天理流行。

接下来,刘沅又对理学的历史合法性基础进行批判。在《正讹》一书中,他从韩愈开始,先后对周敦颐、张载、邵雍、程颢、程颐、朱熹等"道统"中的重要人物进行了专题式点评。他对于宋儒有功于圣学处毫不吝啬地赞叹,也对宋儒之误亦毫不客气地批评。他在《子问》中曾说:

> 宋人理学,本周子濂溪师海岩(寿涯)和尚,得僧流空空养心之法,而不得圣人尽性之学;程、朱相沿,本原既误,故一切皆非。④

刘沅对理学的历史合法性基础给予如此评断,犀利程度可见一斑。

---
① 刘沅:《槐轩全书》卷九,第3481页。
② 刘沅:《槐轩全书》卷九,第3482页。
③ 刘沅:《槐轩全书·道统理学论》,第3365—3366页。
④ 刘沅:《附录一·子问》,《十三经恒解(笺解本)》卷之十,第148页。

另外，刘沅对汉学也采取"以圣人之道权衡之"的态度。虽然那时候汉学对蜀地学术影响有限，故而刘沅所论不多，但其注解"四子六经"所用体例皆依宋学，且其有言："汉儒笃实多重力行，不专以文字求知。"此处虽然在评论汉儒，但可见刘沅对力行之重视而对纯文字求知的不认可态度。且在谈到是否用古音韵来读《周易》卜辞的时候，他说："今世古音已晦，学者勉强求叶，必至迁就义理以就音韵，其失转甚。"①综上可知，刘沅的经学思想主张与汉学寻章考据一派也是迥异的。

概而言之，刘沅在经学思想上不囿汉宋，无谓师法家法，不专宗任何一派，博采众说又驳斥正统，这样自然不会被任何一派视为"自己人"，也会遭到主流儒家学者的忽略与驳难。这也是刘沅不为后世儒者所接受的一大主因。

第七节　蜀地学风的转向

一、经学不振，理学蔚盛

蜀地之学，前人多所论述。约言之，"大在文史"②而经学不振，多会通而深玄。蜀学相对其他地域性学术来

---

① 刘沅：《周易恒解》，《十三经恒解（笺解本）》卷之五，第8页。
② 刘咸炘：《蜀学论》，《推十书·推十文集》卷一，成都古籍书店，1996年影印本；舒大刚：《巴蜀文献》第4辑，四川大学出版社，2018，第17页。

第二章
刘沅学术思想的渊源及其命运——兼谈槐轩学走向衰落的几个原因

说,由于地理条件较闭塞和偏远,其学术特征具有更大的独立性和特殊性。而当其他地区战乱之时,蜀地又常作为避难地,接收了很多来自中原或江南等学术繁盛之地的学者,所以也多有自身学术与外地学术的交流融通。也正由于地理所造成的隔绝,当中原与南方等学术中心区域产生并流行新学术时,蜀地往往仍以旧有学术为主。这虽然会表现出一定的滞后性,但对于保存文献,延续学脉等则为功甚大。当下一轮外来迁徙潮到来,新的学术又与固有的学术发生激荡,这也便是蜀学常常融会而显示出博杂特征的原因之一。

刘沅著述、讲学的活跃阶段正是嘉道时期。其时,以"无征不信"为治学原则与方法的"汉学"正如日中天,成为乾嘉时期引领学术之主要思潮。而以惠栋、戴震、焦循、全祖望为代表的吴、皖、扬州、浙东四派,则为当时汉学之主要派别。而此时的宋学派也从被全面压制的局面开始复起,但多仍以程朱之说为尊,[1]对儒家经典之诠释未出多少新意。尽管如此,由于四川距离当时的学术中心过于偏远,又因明末清初的兵祸与"湖广填川"。乾嘉时期蜀地的主流学风仍然是以明末学术为主,而理学蔚盛。黄开国教授在《巴蜀哲学发展略述》一文里明确指出:"在张之洞督学四川以前,巴蜀完全停留在宗奉程朱的阶

---

[1] "道咸以下,则汉宋兼采之说渐盛,抑且多尊宋贬汉,对乾嘉为平反者。"引自钱穆《中国近三百年学术史(一)》引论,九州出版社,2011,第1页。

段，学子只知宋学，而不晓汉学。"[1] 又据嘉庆《四川通志》中所记清代四川学者传记，传主多研习理学。兹列举部分如下：

1. 成都唐甄："其学以良知为宗。"
2. 华阳顾汝修："晚精宋儒之学。"
3. 新繁费密："晚年往苏门谒孙钟元，称弟子，究心性之学。"
4. 新繁傅飏言："关闽濂洛之学……靡不究心。"
5. 新都杨凤庭："六岁就塾……爱玩周子《太极图说》，于阴阳化生万物之旨，一一皆如凤悟。"
6. 巴县傅良辰："少游盩厔李二曲之门，复受业射洪杨愧庵，得闻道……邑人冯鼎心异之。同郡蒋祕、邓应宿，泸州林中麟，峨眉张天衢，群相讲学，推辰为祭酒。出所著《困学录》，与诸子相切劘。"
7. 巴县曹坤："通性命之源，达程朱之蕴。"
8. 西充杜永昌："自撰《易经图说》，于天人心性之学，颇有所发明。"
9. 营山陈怀玉："诵法程朱……力持正学。"
10. 富顺李谟："平居言动不苟，教授生徒，每以收放心为务。又谓圣狂之别，须于起念处省察。"

---

[1] 黄开国：《国学与巴蜀哲学探索》，巴蜀书社，2008，第135页。

第二章
刘沅学术思想的渊源及其命运——兼谈槐轩学走向衰落的几个原因

11. 富顺周天任:"日设行稿自省。"

12. 南溪郭城:"从泸州林中麟游,探讨心性之学。"

13. 云阳闵士瑶:"笃志圣贤之学,寡言笑,慎取与。"

14. 云阳鄢绥:"研精理学。"

15. 万县沈复瑛:"潜心理学。"

16. 冕宁陈我颜:"于宋儒性理诸书,无不研究。"

17. 荥经游于夏:"潜心理学。"

18. 成远倪象恺:"寻绎洛闽诸子书,穷性命之原。"

19. 三台张佐维:"生平非礼不道,非礼不履,跬步必严,有大儒者风度。授生徒数十人,悉以修身养性为本。"

20. 遂宁张鹏翮:"圣祖仁皇帝尝以理学称之。"

21. 渠县李溆芳:"一生讲宋儒学问。"

22. 大竹周国器:"尝作《谦德铭》以示教,时人比之濂溪,著有《桂湖讲义》。"

23. 资阳鲁洙文:"研究理学。"

24. 仁寿游文璿:"晚年崇尚理学,于濂洛关闽之书,俱能析其奥。"

25. 丰都熊兰徽:"其讲学则宗金溪、姚江云。"[1]

---

[1] 内容摘自(嘉庆)《四川通志》卷一五三、一五四,清嘉庆二十一年木刻本,具体出处按编号分别为:18450、18476、18480、18482、18491、18507、18511、18554、18559;刘复生、徐亮工、王东杰等:《近代蜀学的兴起与演变》,四川大学出版社,2017,第35页。

此外，书院教育亦可说明问题。清代四川书院很多，但在尊经书院以前，领其风骚者当属康熙年间建立的锦江书院。作为当时成都最大的官办书院，其以什么样的学术理念为主导，是有引领与模范作用的。而能成为锦江书院山长的，一般都是时人公认之大才，所以书院山长在学问与教育观念上的倾向能一定程度上反映书院乃至整个蜀地学术的风气。从刘沅出生前的高辰（掌院时间1755—1760）、彭端淑①（掌院时间1761—1766，1770—1777），刘沅出生时的顾汝修（掌院时间1767—1769），之后的敬华南（掌院时间1777—1785）、姜锡嘏②（掌院时间1789—1804）等都是对理学有一定造诣的山长。③锦江书院山长大多以宋儒义理之学与实学授徒。可以说，锦江书院一直以来都保持授讲宋儒理学的传统。

再反观当时以汉学为尊的经学，在蜀地几乎未掀起波澜。清代蜀人张祥龄的《翰林庶吉士陈君墓志铭》说："川省僻处西南，国朝以来，不知所谓汉学。"④杨世文教授也在评述乾嘉时期的蜀地经学时说道："这个时期，就全国而言，考据之风极盛。四川经学虽有所恢复，但与

---

① 彭端淑虽以诗文名世，但其前半生长于制义之学，其文学思想也受到程朱理学的深刻影响。
② 著有《四书解义》。
③ 刘平中：《锦江书院山长考》，四川大学硕士论文，2007，第17—19页。
④ 廖幼平编《廖季平年谱》，巴蜀书社，1985，第16页。

第二章 刘沅学术思想的渊源及其命运——兼谈槐轩学走向衰落的几个原因

江苏、浙江、安徽等学术文化发达地区相比，差距甚大。四川经学还没有融入全国的主流，考据学虽在四川地区有所反应，但没有掀起波澜。四川地区的经学仍然比较衰微。"① 而到了道咸时期，蜀地经学学术虽有起色，但依然不振。② 这一状况一直到何绍基出任四川学政（1852）之后方有所改善。③

以下是清代四川经学著述数目的统计表。是把嘉庆《四川通志》中所载经学著述与杨世文先生所撰《清代四川经学著述简目》所列经学著述作比较：

表2.1 清代四川经学著述数目统计表④

类别	嘉庆《四川通志》	《清代四川经学著述简目》
易	18	110
书	2	35
诗	3	46
礼	7	87

---

① 杨世文：《清代四川经学考述》，《西华大学学报（哲学社会科学版）》第29卷第2期，2010。
② "道、咸二朝……考据学在四川地区出现了一定的响应，但影响不大，考据水平也并不高。今文经学还没有在四川引起共鸣，四川经学相对来说还比较保守。"据杨世文《清代四川经学考述》，《西华大学学报（哲学社会科学版）》第29卷第2期，2010。
③ "蜀自何公后，蜀人始知治经。"出自戴纶喆《王劼传》，《四川儒林文苑传》，民国壬戌刻本。
④ 摘自《论清代四川学风》，赵灿鹏：《汉宋相假：中国学术思想史论集》，中国社会科学出版社，2017，第125—126页。

续表

类别	嘉庆《四川通志》	《清代四川经学著述简目》
春秋	6	57
孝经	1	18
五经总义	3	69
四书	22	108
乐	0	0
小学	9	83
合计	71	613

此表反映出四川经学著述风气在清前中期的淡薄与中晚期的勃兴。而有关易学与四书的著述，无论前中后期，都占绝对的多数。经学不振而理学蔚盛的情况，于此可见一斑。

总的来说，乾嘉时期的四川学术仍处于战乱后的恢复期，又未染汉学风气，民间宗教兴盛，程朱理学仍为主导，蜀学学术显现出驳杂的特征。刘沅的学术思想就是根植于这样的土壤之上。

二、尊经书院的建立与学风的转变

同光时期，蜀地学术迎来一大转折。光绪元年（1875），时任四川学政的张之洞有感于蜀地学问"鄙俚拉杂"，在薛焕的提议下与时任四川总督的吴棠一同发起成立

第二章
刘沅学术思想的渊源及其命运——兼谈槐轩学走向衰落的几个原因

尊经书院，目的"以通经学古课蜀士"。①1879年，王闿运入川任尊经书院山长，"王（闿运）先后主讲席8年，唯以经、史、词章等实学教诲诸生。"②当时蜀地读书只为科业应试的风气③因此而得扭转。而依傍传统蜀学而起的槐轩学说与湖湘经学也是扞格不入。有人总结道："蜀学杂采三教，……湘学则杂采古今。"④"张之洞主学四川，新建尊经，礼聘江浙学派二钱主讲，其目的也是想用学术主流的乾嘉朴学来改变蜀中学风。"⑤这一举措亦收效明显，蜀人"闻先生（王闿运）说，乃幡然改习注疏、诸史、文选之属。"⑥学风的改变，使蜀中经学逐渐融入全国经学学术之主流，而槐轩之学术则受到沉重打击。一方面，此时以王闿运、张之洞为代表的实学派已经不主张纯粹的考据学，在全国范围内，朴学逐渐衰微，而"汉宋兼采"逐渐成为主流。

---

① 张之洞：《四川省城尊经书院记》，胡昭曦：《四川书院史》附录，四川大学出版社，2006，第352页。
② 季啸风编撰《中国书院辞典》，浙江教育出版社，1996，第292页。
③ "四川在王主讲尊经书院之前，学术风气是比较闭塞的。士子们毕生精力困在八股试帖之中。这从当时成都书铺的情况，可以看得很清楚。当时除了学道街志古堂一家书店是出售古典书籍如《十三经》《四史》《汉魏丛书》《古诗源》）和一些古人诗文集，以及东桂街的尚友书房是出售刘止唐先生的《十三经恒解》这类书外，其余所有书铺，多是出售《十三经备旨》高头讲章和述德斋等类时文选集：《试帖诗选》《古文观止》《赋学正鹄》《唐诗三百首》）之类。"引自中国人民政治协商会议四川省委员会文史资料研究委员会《四川文史资料选辑》第24辑，四川人民出版社，1981，第28页。
④ 张远东、熊泽文编著《经学大师廖平》，上海书店出版社，2015，第79页。
⑤ 张远东、熊泽文编著《经学大师廖平》，第79页。
⑥ 费行简：《近代名人小传》，第4页。

以倡导实学为宗旨的尊经书院在官方的主导和推动下，在蜀地逐渐确立其权威地位；另一方面，随着1886年王闿运的学生廖平完成《今古学考》，提出今古文之别主要在制度而不在义理。学界为之震动，蒙文通说此书之意义与贡献堪比顾炎武对唐韵之离析、阎若璩对古文尚书的辨伪。①蜀地学术，尤其是经学自廖平而受到全国学界的关注，廖平及其弟子蒙文通一脉开始活跃于学界。廖平的经学遂成为晚清蜀学的代表，崇尚经今文学的廖平亦被冯友兰先生称为"经学时代的终结者"。②这也意味着廖氏的经学已融于主流的经学研究，围绕其学术的讨论也在主流学界广泛开展。这两个方面的冲击对极具传统蜀学特征的槐轩学说来讲无异于雪上加霜，槐轩学术在巴蜀逐渐被边缘化，传统蜀学进入低迷期。

刘沅及其思想为历史的尘埃掩盖，四个原因并非截然分开而是互相关联。刘沅开放包容、融通三教的理念打破了门户之见；师儒的身份与重伦常实践的主张扩大了他和槐轩学说的影响力，同时也为后来刘门的宗教化、通俗化提供了理论来源和榜样的力量。实学风潮的席卷与学术风向的转变促使刘门与槐轩学最终走向衰落；后世学界对刘沅的认知经历了由宗教家向学问家，道教向儒家的转变，刘沅及槐轩学说的面目越来越清晰。

---

① "故其初出，论者比之亭林顾氏之于古音，潜丘阎氏之于古文《尚书》，为三大发明。于是廖氏之学，自为一宗，立异前哲，岸然以独树而自雄也！"据廖幼平《廖季平年谱》，第178页。
② 冯友兰：《中国哲学史》，中华书局，2014，第889页。

第三章

刘沅经解著作概述

清人经解，或尚郑孔，或附程朱，亦有喜自立说而排斥他人注疏者。但其说能有所据，又能阐发前人余蕴者不多，刘沅可以算其中之一。本章从刘沅主要经学著作"十三经恒解"的分析入手，对刘沅经著作概况作一全面了解。

第一节 经著概况

一、《槐轩全书》概况

刘沅现存著作后被子孙与门人结集为《槐轩全书》，[1]

---

[1] 先后有光绪三十一年家刻本、民国扶经堂重校本、民国鲜于氏特园本、2006年巴蜀书社本。

各个版本的书目基本一致。其中最佳版本乃由其孙著名史学家刘咸炘于民国二十年至二十三年亲校，由鲜英[①]出资刊行的西充鲜于氏特园本。收刘沅书二十二种，计一百七十七卷，一百零六册。2006年巴蜀书社本即以此为底本整理出版，上有萧萐父先生与李学勤先生等人的题词。其著作列表如下：

表3.1 《槐轩全书》著述列表

书名	卷数	类别
四书恒解	十四卷	经解类
诗经恒解	六卷	
书经恒解	六卷	
礼记恒解	四十九卷	
周官恒解	六卷	
仪礼恒解	十六卷	
周易恒解（易经恒解）	六卷	
春秋恒解	八卷	
孝经直解	一卷	
古本大学质言	一卷	

[①] 鲜英，字特生，号鲜于道充，西充县太平乡鲜家沟人。民盟创始人之一，著名民主人士。1929年在重庆嘉陵江南岸建鲜宅，沿用西充旧宅之名曰"特园"。曾拜刘梖文为师而入槐轩门下。

第三章 刘沅经解著作概述

续表

书名	卷数	类别
槐轩约言	一卷	杂著类
槐轩杂著	四卷	
俗言	一卷	
正讹（正伪）	八卷	
拾余四种	八卷	
子问	二卷	
又问	一卷	
蒙训	一卷	训蒙类
下学梯航	一卷	
史存	三十卷	文史类
明良志略	一卷	
埙篪集	十卷	

注：此表据西充鲜于氏特园本《槐轩全书》

于表中可见，刘沅的经学类著作从规模上占了其所有著作的大半。而就重要性言，经类著作囊括了刘沅的思想精华。[①]可以说是整个槐轩学术体系的纲领性著作，常被

---

① 沅子崧云等于《又问》正文前作识曰："大人著四子六经恒解、《孝经直解》，发明圣学，可谓备矣。"据刘沅《附录一·又问》，《十三经恒解（笺解本）》卷之十，第175页。

刘沅自己及后人概称为"四子七经恒解"。

二、经序时间与早期版本

由于刘沅经解大多是在讲学过程中随文诂解，槐轩全书刊刻前亦有多种单行本，所以目前未能明确各经成书时间，但依《十三经恒解》及参考他书中自撰作序时间以见其大概，整理后列举如下：

表3.2 各经著作序时间表

书名	作序时间		
诗经恒解序	嘉庆十年	乙丑仲春	1805
周易恒解序	嘉庆二十五年	庚辰年九月初一日	1820
礼记恒解序	道光八年初夏日	戊子	1828
周官恒解序	道光十九年	阳月穀旦	己亥1839（日本佛教大学藏《周官恒解》6卷，封面记述："道光辛巳（1821）新镌""豫诚堂藏板"）
仪礼恒解序	道光二十二年	壬寅小阳月	1842
春秋恒解序	道光十八年	孟夏	1838（咸丰二年1852重校定）
孝经直解叙	道光二十七年	丁未年重阳	1847

续表

书名	作序时间		
大学古本质言序	咸丰二年	壬子仲春	1852
大学恒解序	咸丰五年	乙卯	1855更定书
中庸恒解序	未知		
论语恒解序	未知		
孟子恒解序	未知		
书经恒解序	未知		

需要说明的是，无论是《槐轩杂著》还是《十三经恒解》，"四书"中只有《大学恒解》落有作序时间，而庸、论、孟则无。这应该是定本时，刘沅将四书汇为一书导致。另外值得一提的是，关于《诗经恒解》的出版时间，根据李玉良《〈诗经〉英译研究》一书的研究发现，《诗经恒解》有可能于1802年即嘉庆七年之前已经出版。李书中有关于英国人类学家阿连壁曾见过刘沅《诗经恒解》的记载，书中写道：

> 《诗经恒解》长于新说，阿连壁参考刘氏大概也正是看重了这一点。他在序言中明言"我感谢瓦特斯（Watters）领事把刘沅的《诗经恒解》介绍给了我。奇怪的是，我发现这部书的观点既不同于中

国的注释家，也有异于欧洲的《诗经》研究者。这部书于1802年在广东出版，我曾经在上海等地试图寻求这本书，但没有找到。我发现这部书注解完备而详尽，很有新义。①

而经过笔者查找，找到了阿连壁这一段话的英文原文，如下：

I am indebted to my friend Consul Watters for an introduction to the work of Liu Yuan, styled the *Shih Ching Heng Chieh*, or "Complete Explanation of the Shih Ching." Strange to say I do not find this book familiar either to native *moonshees* or to European sinologues. It was published, in 1802, at Canton. I have tried in vain to procure a copy of the book at Shanghai, or elsewhere. I have found this commentary to be, as it professes, complete and exhaustive, and full of most valuable hints.②

---

① 引自李玉良《〈诗经〉英译研究》，齐鲁书社，2007，第75页。
② Clement Francis Romilly Allen, *The Book of Chinese Poetry: Being the Collection of Ballads, Sagas, Hymns, and other pieces Known as the Shih Ching; or Classic of Poetry.* Kegan Paul, Trench, Trubner & Co., Ltd..1891. preface：xix-xx.

第三章
刘沅经解著作概述

来自中英两方的证据似乎显示《诗经恒解》的写作时间和出版时间可能早于1805年，但毕竟孤证不立，还不能轻易下结论。述及于此，聊备一说。

刘沅殁后，刘门弟子不断刊印其书。他的著述传播愈来愈广。在之后的五十多年间，有多地刊印机构刊行刘沅著作。据刘伯谷先生书中记载：刘沅弟子孙廷槐"刊行槐轩著述"，有乐善堂藏版传世；沅子刘梖文创办并主持十二学堂、守经堂（光绪时办）；同治时有豫诚堂；民国五年，沅孙刘咸焌创办扶经堂；民国中期，沅孙刘咸炘创办推十书局。①另外，还有富顺三多寨凝善堂、玉成堂，威远县李家寨玉咸堂等等。而在首部刘沅著述集——光绪本《槐轩全书》刊行之前的刘沅经解中，致福楼重刊本流传最广，现将其按刊行时间早晚列举如下，以窥见早期刘沅经著单行本的刊行情况：

1860 咸丰十年诗经恒解，六卷，第11—16册，庚申夏五月致福楼重刊。

1862 同治元年书经恒解，六卷书序辨正一卷，第17—22册，壬戌夏六月致福楼重刊。

1862 同治元年易经恒解，五卷卷首一卷，第23—28册，壬戌夏六月致福楼重刊。

1864 同治三年礼记恒解，四十九卷，第29—38册，甲

---

① 双流县社会科学界联合会、双流传统文化研习会编撰《槐轩概述——川西夫子刘沅与槐轩学说》，第79—80页。

子夏六月致福楼重刊。

1865 同治四年春秋恒解，八卷余传一卷，第39—46册，乙丑夏六月致福楼重刊。

1866 同治五年仪礼恒解，十六卷，第53—58册，丙寅夏六月致福楼重刊。

1867 同治六年周官恒解，六卷，第47—52册，丁卯秋九月致福楼重刊。

1884 光绪十年四书恒解，十四卷，第1—10册，光绪十年豫诚堂镌，豫诚堂藏版。

第二节 "恒"之释义

那么，为什么刘沅把自己的绝大多数经解作品都称为"恒解"呢？按谭继和先生在《十三经恒解·总叙》中的总结，他认为"恒解"的"恒"主要有六种含义：

1. "恒"者，常也，遍也，谭先生引《诗经恒解序》言为"人心之公理"；

2. "恒"指"天地之常经，圣人之轨则。"此句引自《周易恒解序》；

3. "恒"指恒心常态，寓直解经典、纠谬指错的历史责任；

4. "恒"者，坚也。作坚定、坚持义；

第三章
刘沅经解著作概述

5. "恒"字是正本清源之义,引《尚书恒解序》言为"以圣人中正之理衡之";

6. "恒"字重在实践。①

最后,谭先生对"恒解"的本义作了归纳:"'恒解'就是用对经典'白文细绎'的方法,使人人懂得'圣人之事',是人人可以'力行'之事。把这六方面归纳起来,'恒解'就是要求接受教育的对象要以恒定的心性、恒久的常态,以一定指向的恒常话语权,破道流欺世的迷妄,解门户之见的疑惑,身体实践,力行其道,树立'心性之学'的坚定长久的信仰。"②

就实而论,谭继和先生的说法是没有错的,但如此归纳,难免杂而无统,让人不得其要。其实按照刘沅的意思,"恒解"之"恒",即含"常久""平实"二义。"常久"之"常"作"恒常"讲,"久"作"长久"讲。《又问》中记载了刘沅对这个问题的一个回答:

> 问:子注四子六经,与先儒时俗多不合,而曰恒解,何也?
>
> 曰:恒,常也,久也。天地之常经,古今之通义,人道之当然,人人可以知、可以能,亘古而不朽者也。天有定理,人有常道,圣人法之,故圣言

---

① 以上6条总结自刘沅《总叙》,《十三经恒解(笺解本)》卷之一,第5页。
② 同上,第6页。

皆天理。①

答案似乎显而易见。依刘沅说，"恒解"之"恒"有"恒常久远"的意思，它是亘古不朽的"常经""通义""常道"与"定理"，这与"经常权变"的"常"有异曲同工之妙，有一种"不变的真理"的意味。但是，这些仅仅是作为"恒"的本质特征，并不能反映"恒"的全部内涵。因为刘沅在其中也提到"人人可以知、可以能"。这就赋予了"恒"的另一层意涵，即天理在人道层面更彻底的贯彻。圣人之道人人可知而能，才能体现作为天地与圣人亘古不朽的意义所在。刘沅尝言："盖人者天地之心也，天地之理全在于人。"②故而可以说，人人可知、可能，才让天道、人道"恒常久远"得以可能。

所以才有"恒"的第二层含义，即"平实"。"平"作"平常"讲，"实"作"本来"讲。刘沅在自己的著述中多处提到以"恒解"命名的理由。他说：

> 愚于四子五经，详晰注之，名曰《恒解》，以其理为人人所有之理，其事为人人所能之事，则言亦人人所知之言耳。而门人犹或苦其文繁，时相质

---
① 刘沅：《附录一·又问》，《十三经恒解（笺解本）》卷之十，第194页。
② 刘沅：《周易恒解·周易恒解卷一》，《十三经恒解（笺解本）》卷之五，第37页。

第三章
刘沅经解著作概述

问,积为是编,愚何能外圣言而别有发明哉?亦名之曰《恒言》而已。①

又言曰:

> 四子六经,日月经天,江河行地。……且经历圣发明,毫无遗义。②

既然是人人所有、人人所能、人人所知,自然是极为平常的。门人又把刘沅回答有关《恒解》的质问编辑成册,而刘沅因自己原本只是遵照经文原义而解说之,非自立说,故也命名为"恒言"。可以说,《恒言》乃各经"恒解"的简编。两处"恒"义一贯,且在刘沅看来,圣人之义又都含括于经书中,"恒解"既是道那平常的理、事、言,亦是道出圣人本义。又综览刘沅对各经"恒解"的内容,文本上尽量还其旧;说理上以"平心酌理"③,注重体察圣人辞气;注解以"白文细绎"④,力求详实易懂。又折中众义,尽可能按文本直诂。不自矜,也不盲从权威,亦

---

① 刘沅:《附录一·拾余四种·恒言自序》,《十三经恒解(笺解本)》卷之十,第148页。
② 刘沅:《与王雪峤书》,《槐轩全书》卷九,第3430页。
③ 刘沅:《周易恒解》序,《十三经恒解(笺解本)》卷之五,第3页。
④ "故愚作《恒解》,第就白文细绎。诚得其要,则圣人之事,皆人人可能之事矣。"参见刘沅《附录一·拾余四种·自序》,《十三经恒解(笺解本)》卷之十,第19页。

不妄鄙他说。综合刘沅在他处对"恒解"的解释，如"人心之公理"，"以圣人中正之理衡之"等皆不出"平实"的范围。故"恒解"之"恒"义亦可简释为"平实"，作"平常、本来"讲。综合以上关于"恒解"中"恒"的含义讨论，刘沅所用"恒解"一词的本意，即为"常解""本解"。

第三节　经书选择与参考底本

刘沅的经类著述除"四书"、《诗》、《书》、《易》、《春秋》、"三礼"共十一部以"恒解"命名以外，还有《孝经直解》与《大学古本质言》，合为十三部经解。后人虽概称其为"十三经恒解"，但这与宋以后形成的获得官方认可的儒家"十三经"颇有不同。在清代，公认的"十三经"包括《诗经》《尚书》《周礼》《礼记》《仪礼》《周易》《春秋左传》《春秋穀梁传》《春秋公羊传》《论语》《孟子》《孝经》《尔雅》。而与之对照，在刘沅的十三部经解中，有"一增、一减、两离、三并、四合"。"一增"是指刘沅有关《大学》的经解除《大学恒解》外，另有《大学古本质言》一书，故《大学》一经占两部；"一减"指刘沅未注解《尔雅》；"两离"则指原本属于《礼记》中之两篇的《大学》《中庸》，刘沅分别为之单独作注解；"三并"指以《左传》为主，兼取《公羊》《穀梁》，三传融并为一书而成《春秋恒解》；"四合"则是将单行之《论语恒解》《孟子恒解》与《大学恒解》《中庸恒解》合辑为《四书恒解》。其余如《周官恒解》以"周官"为名而不用"周礼"；《书经恒解》以"书经"为名而不用"尚书"；《诗经恒解》以"诗经"为名而不用"毛诗"。从对所注经书的选择去取与命名上不难看出，刘沅一定程度上受宋代以义理为主的经学诠释思想的影响，尤其是朱熹的《四书集注》，但另一重要因素，则与刘沅注经所选择的参考底本密切相关。列表如下：

表3.3 刘沅经解著述与所参底本对照表

书名	经文与注解主要参考底本	选择原因说明或引证
《大学恒解》	《钦定礼记义疏》朱熹《大学章句》	"宋儒知尊此书，而未遇明师，私心臆测，妄为改窜，遂大失圣人之真。我朝《钦定礼记义疏》仍载古本及郑、孔之说，沅幸得循习其间，窃欲发明圣意，无忝生成。而所见未广，谨即旧本章句顺而释之。"[1]（《槐轩杂著》卷一本序此段为："朱子《章句》较诸儒为优，而疑其阙漏必事补缀，似亦未得圣人之全。今天子稽古同文，沅幸得沐浴其间，窃欲以发明圣意，无忝生成。而所见未广，聊即旧本章句顺而释之。"[2]）"今遵《钦定礼记义疏》中《大学》古本绎之，以存圣人之旧。"[3]

---

[1] 刘沅：《大学恒解》序，《十三经恒解（笺解本）》卷之一，第3页。

[2] 刘沅：《槐轩杂著》，《槐轩全书》卷九，第3360页；经查，1872年玉成堂刊本《大学恒解》序与注释②（底本为鲜于氏特园藏本）的序文内容一致。而光绪十年所刊的豫诚堂藏版《大学恒解》序为"定本"之序，与鲜于氏特园藏本的序文一致，又同为豫诚堂藏版的《槐轩杂著》所收《大学恒解》序也与特园本《槐轩杂著》所收"序文"一致。故据此可推《槐轩杂著》所收《大学恒解序》应为早期单行本之序，与定本有异。

[3] 刘沅：《大学恒解》，《十三经恒解（笺解本）》卷之一，第9页。

续表

书名	经文与注解主要参考底本	选择原因说明或引证
《大学古本质言》	《钦定礼记义疏》朱熹《大学章句》	"愚《大学恒解》恪遵钦定义疏古本解释，以全孔曾之旧。……第文字简略，未能畅所欲言；且千年废弃之书，一旦复旧，学者狃于常说，不能遽通其义，必滋聚讼。因复为此册，名曰《质言》。"①
《中庸恒解》	朱熹《中庸章句》《钦定礼记义疏》	"朱子分章诂句，……沉不佞，沐浴圣朝之化，幸得童而习之，沉潜反复者有年，觉其不无遗义。因钞存私说，以待高明，非敢与朱子抗衡。"② "郑康成注始离其章句，以便读者。朱子又寻其脉络，次第分为三十三章，较康成为精密。……今仍遵朱子作三十三章，以便初学；而其首尾贯通之旨，则仍就子思本意。"③ "今依朱子仍析为三十三章，以便寻绎。"④

① 刘沅：《大学恒解》，《十三经恒解（笺解本）》卷之一，第45页。
② 同上，第86页。
③ 同上，第87页。
④ 同上，第121页。

续表

书名	经文与注解主要参考底本	选择原因说明或引证
《论语恒解》	何晏、邢昺《论语注疏》 皇侃《论语义疏》 朱熹《论语集注》 王步青《四书朱子本义汇参》 张甄陶《四书翼注论文》	"今仍从何晏《集解》、邢昺疏本为之训释,其他不及详载也。"[①]
《孟子恒解》	朱熹《孟子集注》	"自汉以来,递有传注,至朱子而孟子之旨大明。……沅……从容涵泳者有年,乃取众说而折衷之,稍有未详,即赘为附解。"[②]
《诗经恒解》	《钦定诗经传说汇纂》 《御纂诗义折中》	"愚故不辞冒昧,集众说而折衷焉。"[③] "先生谨遵御纂,间附己见,令经义瞭如。"[④](沅弟子白双南所志) "我朝《钦定传说汇纂》《折衷》集是书之大成,实多所谨遵焉。"[⑤]

---

① 刘沅:《论语恒解上论》,《十三经恒解(笺解本)》卷之一,第177页。
② 刘沅:《孟子恒解》,《十三经恒解(笺解本)》卷之二,第151页。
③ 刘沅:《十三经恒解(笺解本)》卷之三,第3页。
④ 同上,第4页。
⑤ 同上,第6页。

第三章 刘沅经解著作概述

续表

书名	经文与注解主要参考底本	选择原因说明或引证
《书经恒解》	《钦定书经传说汇纂》 蔡沈《书集传》）	"钦定传说汇纂,古今文并行,而颁诸学宫。一遵蔡《传》,……然蔡《传》亦有讹失,不免放他人之滋疑。沅也蛋见无多,管窥有得,……爰就鄙见,梳栉其文。"① "蔡传之优者亦多,而误者尤不少。……今第就先儒成说,细为寻绎,求合经文本旨。其他辨说,不能悉载。"② "蔡仲默既辨其非,而复合《序》为一篇,以附卷末,疏其可疑者,此意甚善。愚今亦仍其例,而复更为条辨之,以俟将来云。"③
《周易恒解》	程颐《易传》 朱子《周易本义》 李光地《御纂周易折中》	"程、朱《易传》《本义》,学者所遵,谓其优于前贤也。然其瑕疵,亦复不少,不可概为附会,今亦折衷取之。"④ "今《四库全书》所收已五百余种,……今择其有当者入注,或义有可采而语不无疵,或一二言足录而全篇不称,……盖荟萃而采择之。"⑤

① 刘沅:《十三经恒解(笺解本)》卷之四,第3页。
② 同上,第12页。
③ 同上,第13页。
④ 刘沅:《十三经恒解(笺解本)》卷之五,第6页。
⑤ 同上,第8页。

续表

书名	经文与注解主要参考底本	选择原因说明或引证
《礼记恒解》	《钦定礼记义疏》	"钦定义疏，广大精微，无美不备。于前儒之是非，判然朗然，……沉谫陋，……爰于诵习之时，随文诂义，以便参稽。"① "今皆采诸家之说而折衷之，期于合理。其合解者，亦未尝尽没之也。"②
《春秋恒解》	《钦定春秋传说汇纂》③	
《周官恒解》	《钦定周官义疏》	"纯皇帝钦定《义疏》，广大精微，诚千古所未有也。第卷帙浩繁，初学骤难研览。沉稍通其说，间与门人商确，遂笔记之，不觉久而成书。"④
《仪礼恒解》	《钦定仪礼义疏》	"大旨以敖继公《仪礼集说》为主；今古文同异采郑注；所分章段，多从朱子《仪礼经传通解》。"⑤

---

① 刘沅：《十三经恒解（笺解本）》卷之六，第4页。
② 同上，第5页。
③ 按：《春秋恒解》中未明言参考此书，但取《摘藻堂四库荟要》所收《春秋传说汇纂》比对，发现刘沅所采注文皆依此书引文增删去取，结合刘沅有用御纂诸经为自己经解底本的惯例，可以推知刘沅撰《春秋恒解》应以《钦定春秋传说汇纂》为主要参考本。
④ 刘沅：《十三经恒解（笺解本）》卷之八，第3页。
⑤ 据《四库全书总目提要》。

续表

书名	经文与注解主要参考底本	选择原因说明或引证
《孝经直解》	兼采古今文《孝经》	"沅不佞，非能稍尽爱敬之文也，而服膺此书，颇亦有年。爰据鄙见，暑为发明，名曰《直解》，以其直诂本文也；附以论辨，恐人昧于别择也。"①

　　据上表，刘沅对经书的选择与命名除受程朱理学的影响外，更多参取官修儒经。这一方面固然是由于这些官修本在当时民间广泛流行。清代自顺治至乾隆，由身在庙堂的博学鸿儒领衔，官方统筹，集中组织编修儒经，如"御纂四经"②、"钦定三礼义疏"等，并颁行天下，以宣王化。③所以这个相对较全的版本对刘沅来说最方便取得。而更重要的是官修各经虽多尊朱子之说，但经文原文多依古本，④以存其旧，又附有自汉以来留存的许多古注和图说。这对素来反对妄改经文的刘沅来说，实为善本。也为

---

① 刘沅：《孝经直解》，《十三经恒解（笺解本）》卷之十，第3页。
② 即《御纂周易折中》《钦定春秋传说汇纂》《钦定诗经传说汇纂》《钦定书经传说汇纂》。
③ 《科场条例》："经文谨奉御纂四经、钦定三礼及用传注为合旨。其有私心自用，与泥俗下讲章、一无禀承者，概置不录。违者议处。"
④ 部分御纂经书并不完全依照古本原文，如《钦定书经传说汇纂》洪范篇"无偏无陂，遵王之义"节便是依《尚书正义》与《书集传》从唐玄宗之意改古本"颇"为"陂"，而刘沅《书经恒解》则采用古本把"陂"改回"颇"。

刘沅能在注解中直探洙泗之传，添了许多津梁。

在这些官修儒经中，"御纂四经"本是为了代替明代胡广所编撰的《五经大全》在天下士子心目中的地位，而在《大全》基础上作了大幅删改，增添许多明代的注释而成，①经文复旧又博采众说，被认为是"朱学乃至宋、元、明三代经学的集大成之作"。②"三礼义疏"所采不分今古文，《大学》《中庸》复入《礼记》如旧，礼图美备，又尽量遵从古义。又比如以"周官"代替当时通行的"周礼"之名。《周官》又称《周礼》，目前被普遍认为书中所载为西周旧制。其初名为《周官》，王莽时，刘歆奏请《周官》入经，为置博士，改名为《周礼》。最早提到"周官"之名的是《史记·封禅书》，③后《汉书·礼乐志》《汉书·河间献王传》以及《隋书·经籍志》用"周官"一名；而《汉纪·成帝篇》《汉书·王莽传》以及《释文·序录》则记为"周礼"。④《钦定周官义疏·义例》认为"此则分职命官之籍"，⑤"周官"之名更遂古义，故以名"周官"为当。再比如，对于清代开始重视的《大戴礼记》，刘沅

---

① 参看叶纯芳《中国经学史大纲》，北京大学出版社，2016，第432—433页。
② 参看叶纯芳《中国经学史大纲》，第433页。
③ "周官曰，冬日至，祀天于南郊，迎长日之至；夏日至，祭地祇。皆用乐舞，而神乃可得而礼也。"出自司马迁《封禅书第六》，《史记》卷二十八，裴骃集解，司马贞索隐，张守节正义，中华书局编辑部点校，中华书局，1982，第1357页。
④ 参看叶纯芳《中国经学史大纲》，2016，第56—57页。
⑤ 据《钦定周官义疏》义例。

第三章
刘沅经解著作概述

认为其内容佳处已采入《小戴礼记》，而"余实不足耐观也"。[①]所以并未选择注解此书。

另外，从表中引证可以看出，刘沅对为何选择此底本大多有说明，虽然其对所据官修本和其他注本或多或少表达了不满，但毕竟瑕不掩瑜。在他看来，这些注本，尤其是官修本虽然未能彻底摆脱"尊朱"的立场，但已有许多与朱熹立异之处，比较符合刘沅自己敬朱而不唯朱的基本立场。以《诗经恒解·召南·摽有梅》为例，刘沅随文注释内容，基本依照《御纂诗义折中》的注解，释"摽"为"取"，而不依《毛诗正义》和朱熹《诗集传》的训释（二书均释"摽"为"落"）；刘沅依《御纂诗义折中》训"塈"为"贮"，而不依《正义》与《集传》训为"取"。更重要的是，刘沅辨名析理，意在回归孔孟之道，即回归伦常日用。所以，他反对朱熹按己意揣度，将女子及时而嫁视为贞信自守，不及时嫁过去就会遭遇强暴之辱的说法。他说："惧其嫁不及时而有强暴之辱。夫女守礼而男尚强暴，文王之化安在？"[②]刘沅注此篇以《诗义折中》为依傍，但在义理上并不认同其所标举之价值。《摽有梅》最后一节为："摽有梅，顷筐塈之！求我庶士，迨其谓之！"《诗义折中》发挥道："使天下之士皆

---

① 刘沅：《礼记恒解》凡例，《十三经恒解（笺解本）》卷之六，第6页。
② 刘沅：《诗经恒解·诗经恒解卷之一·国风一〈召南〉一之二》附解，《十三经恒解（笺解本）》卷之三，第22页。

得尽言以通于上，则嘉言罔伏，而野无遗贤矣。此尽取庶士之道也。"[1]这句注解有很强烈的歌功颂德嫌疑，而刘沅只说此"喻贤人隐晦之时"，君王当搜访贤才，只要有嘉言善行，都可以采纳。并点明此诗主旨为"文王急于求贤，诗人美其事而恐其不及，盖以人事君之雅怀也。"[2]这是以事君之臣的身份来说，褒扬臣德当为君举贤才而不怀其私。这就与《毛诗正义》《诗集传》以及《诗义折中》都不一样了。

---

[1] 《御纂诗义折中》卷二，《钦定四库全书》本。
[2] 同上。

第四章
刘沅的解经原则及其背后的重要理念

第一节 引论：经书与圣人

在刘沅的观念里，尧、舜、禹、汤、文、武、周公、孔、曾、思、孟等都是圣人，而孔子因删定六经"师表万世，集群圣之大成"[①]而被尊为"至圣"。刘氏对孔子之"圣"尤为强调，他认为元人阎复"先孔子而圣者，非孔子无以明；后孔子而圣者，非孔子无以法"的评价至为贴切。[②]但他又认为"圣人非有他奇，第全乎天命之性，而

[①] 刘沅：《槐轩杂著·恒解问》，《槐轩全书》卷九，第3363页。
[②] 刘沅：《论语恒解》凡例，《十三经恒解（笺解本）》卷之一，第179页。

能以成己者成人焉耳。"①圣人或体天道而行，或因天道而创制经文典章，或因时制宜而删述经书，或承载天心而弘道。他说：

> 圣人亦人耳，而独能全天理，故为人伦之极。其德既配乎天，其心即如乎天，惟恐人之陷溺其性，而即其所得以示人。在上则为训诰典谟，在下则为六经四子。②

在刘沅看来，圣人也是人，并没有什么神秘奇异之术。只是相对其他的人，他独能体贴整全的天道，并在人伦日用中显现出来，成为天下后世的准则和表率。而由圣人留下的"四子六经"则代表圣人之言，体现圣人之意，蕴含圣人之心志，此心"纯乎理而合于天"，③所以圣人之心即天道天心。刘沅又说："四子六经，日月经天，江河行地。……经历圣发明，毫无遗义。"④其认为经书承载了儒家圣人之统绪，天人万物之理尽备于此，故常称"经学"为"圣学"，称儒家经书为"圣经"。

正是出于对承载圣人之言的经书的深研与尊崇，刘

---

① 刘沅：《论语恒解上论》，《十三经恒解（笺解本）》卷之一，第175页。
② 刘沅：《附录一·拾余四种·恒言自序》，《十三经恒解笺解本》卷之十，第21页。
③ 刘沅：《论语恒解上论》，《十三经恒解（笺解本）》卷之一，第175页。
④ 刘沅：《槐轩杂著·与王雪峤书》，《槐轩全书》卷九，第3430页；

第四章
刘沅的解经原则及其背后的重要理念

沅对后世改窜经文，调整经文、篇目序次以及私意解经的行为都极为反对。例如，他对程朱改《大学》的行为就甚为不满，他说："此书（《大学》）综前圣之法，为后学之津梁，字字皆有实功，次第不容稍紊，岂可未践其功，遽以私心窜易？且阙疑者，考古之要也。郭公、夏五、夫子且然，而况吾徒？"①在刘沅看来，《大学》是圣人经过身心实践体证出来的修身心法的经文。不能未经恪行而私自改窜，哪怕阙疑也比改窜好。此外，刘沅还在《孟子恒解》中批评孙奇逢、黄宗羲解孟子是"以私见强经就己"（《孟子恒解·凡例》）；又在《礼记恒解》中把吴澄《礼记纂言》与黄道周《礼记集传》等更调经文篇次的行为批为"别立名义，强为割裂。"（《礼记恒解·凡例》）

总之，"可疑勿改"就是刘沅对经书、经文的态度。"信者亦必折衷，疑者何必强解。"（《礼记恒解·凡例》）而这么做的理由，除了明圣人之真以外，在刘沅看来，须得考虑对浅学者与民众对经文的崇拜与效仿。其认为如若按"己意造作，割裂经文，浅学者效尤，其势必至六经皆为颠倒"。②误导了民众，让人误入歧途，离圣人之道越来越远。

---

① 刘沅：《大学古本质言》叙，《十三经恒解（笺解本）》卷之一，第45页。
② 刘沅：《礼记恒解》凡例，《十三经恒解（笺解本）》卷之六，第7页。

第二节 "以圣人之道定百家"的解经原则

针对空谈之疏陋，明末钱谦益即言"圣人之经，即圣人之道也，离经而讲道，贤者高自标目，务胜于前人；而不肖者汪洋自恣，莫可穷诘。……经学之熄也，降而为经义；道学之偷也，流而为俗学"。①②此极言其时经学不讲，而空谈性理之流弊。倡言道学与经学相合，明经则能明道。这比顾炎武"经学即理学"更早提出。钱谦益认为："诚欲正人心，必自反经始；诚欲反经，必自正经学始。"③这与刘沅注经的目的不谋而合。但是，钱谦益的主张乃是回归汉唐儒，而顾炎武更由此转向考据一途。刘沅解经的径路则是以宋学之法，更加细密详尽地随文诂解，以求能揭示出经书中圣人的微言大义，而"以圣人之道定百家"是他注解经书的总原则。他在《问道对》一文中论道：

---

① 钱谦益：《新刻十三经注疏》序，《牧斋初学集》卷二十八，上海古籍出版社，1985，第851页。
② 此段意思乃溯源自明代归有光。归氏有言："……间有不安于是，则又敢为异论，务胜于前人，其言汪洋恣肆，亦或足以震动一世之人。盖汉儒之讲经，而今世谓之讲道。夫能明于圣人之经，斯道明矣，道亦何容讲哉？凡今世之人，多纷纷然异说者，皆起于讲道也。"参看归有光《送何氏二子》序，《震川先生集》卷九，周本淳校点，上海古籍出版社，1981，第195页。
③ 同注②。

第四章
刘沅的解经原则及其背后的重要理念

  《周礼》曰："儒以道得民。"道外无儒，儒不离道；天无二理，圣人无二心，前人已言之矣。天地古今，只此一理，人人可由，故曰道。而必谓我独能之，则诬且陋。吾以圣人之道定百家，不以百家之谬溷圣贤。岂故比而同之哉？不知道止天理，则不知人皆可为尧舜。不知存几希之人皆圣人，则不知圣如何学，而谓圣人之外别有仙佛。①

此处是说天之理乃圣之心，其之所以曰道，正在于人人可依此而行。天道并非只是少数人可及，而是人人可能，且并不难为。刘沅正是要通过注解经书阐明圣人之道来衡判百家诸说，而避免圣贤之言为众说所乱，从而导致圣人之道被后人愈说愈晦。既然圣人能全天理，而天理无二。那么，古今圣人以谁为宗呢？对此问题，刘沅在《周易恒解序》中论解易的方法时有明确回答：

  顾尝深求其旨，极之于天地，准之于人伦，以孔子为宗，而折衷前人之绪论，不敢雷同，不敢好异，要以平心酌理，无失乎天地之常经、圣人之轨则。②

这段话可算是对"以圣人之道定百家"的最恰当阐释，表

---

① 刘沅：《槐轩约言·问道对》，《槐轩全书》卷十，第3716页。
② 刘沅：《周易恒解》序，《十三经恒解（笺解本）》卷之五，第3页。

089

明刘沅解经以天理人情为依凭，宗孔子之说，对后人传注加以折衷，力求平实而不违背圣人之旨。除孔子之外，刘氏认为孟子地位当可与孔子相提并论，只是因为孟子与孔子所面临的时势已然迥异，救弊之法自然有别。春秋之时，"文、武、周公之制犹存"；[①]而至战国时，"礼乐荡然"，[②]诸侯已视礼乐之名如敝屣。孟子心苦，不能尽如孔子般平和中正，所采取的游说方式自然也与孔子不同，并非孟子不如孔子。而孔孟之所以能并称，正在于其道皆达天道、其心皆乃天心。刘沅有两句分别评价孔孟的话极为相似，颇能说明问题：

> 孔子苟得志于时，举而措之，损益以归中和，其道则犹是二帝三王之道，其心亦犹是天地生成之心，无他异也。[③]
>
> 孟子……其心固犹是孔子之心，其道则尧舜以来相承之道。特所处之世不同，故随时救弊之法亦异，而非有毫发不合于中庸也。[④]

孔孟之道，随时处中，圣圣相承，一以贯之之意已得淋漓展现。所以在刘沅这里，圣人之道就是指孔孟之道。

---

① 刘沅：《孟子恒解》序，《十三经恒解（笺解本）》卷之二，第151页。
② 同上。
③ 刘沅：《春秋恒解》，《十三经恒解（笺解本）》卷之七，第3页。
④ 刘沅：《孟子恒解》，《十三经恒解（笺解本）》卷之二，第151页。

第四章
刘沅的解经原则及其背后的重要理念

"凡事经孔孟论断,乃有定评。"[1]又因为儒家经典里所体现的道就是孔孟之道。所以,当面对经传问题的时候,刘沅的态度自然是"以经定传",解经的方法则主要采取"以经证经"。但同时因为其始终认为经文需要"明白易晓"地呈现,传注的出现对经文理解有帮助,所以刘沅虽尊经,但并不主张"以经废传",而是在对经文义理无大害的前提下给予传注合理的解释空间。这主要是针对当时主流的尊朱大流下所产生的不读孔孟,只读程朱的风气而作的纠补,当然也包括当时在上层儒学人士中风行的支离艰涩的朴学。

事实上,宋代疑经、改经的风气浓厚,释经常常牵经就己。纳兰性德就曾对宋儒解《春秋》要么"各自为传",要么"弃传从经"的状况表示不满,说其"用意太过,不能得是非之公"。[2]朱熹也对其所处时代"重传不重经"的风气进行过批评,他说:

> 传注,惟古注不作文,却好看。只随经句分说,不离经意,最好。疏亦然。今人解书,且图要作文,又加辨说,百般生疑,故其文虽可读,而经意殊远。程子《易传》亦成作文,说了又说。故今

---

[1] 刘沅:《十三经恒解(笺解本)》卷之十,第203页。
[2] 原文为:"至宋诸儒,各自为传。或不取传注,专以经解经;或以传为案,以经为断;或以传有乖谬,则弃而信经,往往用意太过,不能得是非之公。"参看张政雨、张艳存、于向辉《纳兰性德文笺注释评》,中央民族大学出版社,2017,第140页。

人观者更不看本经，只读传，亦非所以使人思也。①

经书去古已远，文义古奥。如《春秋》没有三传，《周易》没有《象传》《彖传》便很难理解。自郑玄、王弼以来，经传合体盛行，经传已很难剥离。但宋代疑经思潮起，加上"四书"成为科举制义的主要参考书。不读经者与改经者日众，更显得"以经解经"或"以经证经"之难能可贵。但这意味着得对所引经文都理解准确且熟悉，否则很容易陷于比附。例如，唐伯元曾言：

> 解经以传，不如解经以经。合而解则明，拆而解则晦。故经有一事而前后互发者，有一义而彼此互见者，尽去其传注，而身体之，口拟之，不得则姑置之而从他处求之。讽咏千周，恍然触类矣。②

刘咸炘对此批评道：

> 其解经多以诸经互证，如贯解云："己欲立而立人，己欲达而达人，己所不欲，勿施于人，苟能充之，足以保四海。"《大学》《中庸》解曰："惟天

---

① 黎靖德编《学五·读书法下》，《朱子语类》卷第十一，王星贤点校，中华书局，1986，第193页。
② 转引自刘咸炘《推十书（增补全书）·壬癸合辑》第3册，第759页。

第四章
刘沅的解经原则及其背后的重要理念

为大,惟学则之,故曰大学。惟中乃大,惟庸乃中,故曰中庸。"……夫止以字句浅附,岂遂为以经解经乎?既训诂之未明,又何由身体之而口拟之耶?[①]

便是言其所谓"以经解经"是妄为比附,只是在字面上的拼凑而已。不懂训诂,不熟谙经义,便很难做到"以经证经"。而刘沅的经解中出现大量的"诸经互证",他也常常"以传解经"。对经传文运用自如而不让人觉得牵强,这无疑说明其具有深厚的经学功底。

刘氏注经主张回归孔孟,一方面是意欲打破长期以来,历代传注尤其是程朱理学对经书诠释话语与意识形态的垄断,消除因此带来的对孔孟及其学问的曲解和由此产生的流弊。当面对"不宗朱子"的质疑时,刘沅回应道:

> 宋人理学,本周子濂溪师海岩和尚,得僧流空空养心之法,而不得圣人尽性之学;程、朱相沿,本原既误,故一切皆非,愚岂必与朱子争辨哉?圣人之书,学者由之以学圣,而其实不传,则圣人言行安能一一合于身心、措诸修齐平治?欲存其义,故详注四子六经,岂妄攻朱子?……其他凡一言一行,经朱子论断,即不敢不信,虽显悖圣人,亦所

[①] 刘咸炘:《推十书(增补全书)·壬癸合辑》第3册,第759页。

弗恤，朱子有灵，未必以为知己。①

刘沅先认为周敦颐本师从海岩和尚，未得儒家尽性之学，而由程朱继承下来。这是本原的问题，并不是自己有意与朱子立异。接着刘氏说自己注"四子六经"的原因是经书本为了方便大家学圣人，但现在圣人的经书已经少有流传了，自己是为了保存圣人之本义，并非针对朱子。他认为朱子如果看到后世人盲目崇信自己，即便对于明显违悖圣人的地方也不关心，未必会觉得这些人理解了他。刘沅在这里澄清自己注经的目的并非专攻朱子，而是对当时迷信朱子所造成的对孔孟之义的遮蔽和读经而学圣人者的心理负担予以廓清。

以上讨论了"以圣人之道定百家"的内涵以及缘由，接下来试举一例来说明：在《诗经·周南·螽斯》一篇，经文为："宜尔子孙，振振兮。"关于"振振"作何解，《毛诗传笺》引《传》曰："振振，仁厚也。"②以此彰显后妃之德使得其子孙无不仁厚之意。而朱熹将"振振"解为"盛貌"，③即形容子孙繁多的样子。实际上，《毛传》之说与同为《诗经·周南》中的《麟之趾》一篇释

---

① 刘沅：《附录一·子问》，《十三经恒解（笺解本）》卷之十，第148页。
② 毛亨传，郑玄笺，陆德明音义，孔祥军点校：《毛诗传笺·毛诗传笺卷第一·国风·周南关雎诂训传第一·螽斯》，中华书局，2018，第9页。
③ 朱熹：《周南·螽斯》，《诗集传》卷一，赵长征点校，中华书局，2017，第7页。

第四章
刘沅的解经原则及其背后的重要理念

"振振"为"信厚"可以互证,并为孔颖达在《毛诗正义》中明确提出,故算是言之有据。朱熹的解联系上下语境,也可备一说。而从刘沅的"附解"中我们可以看出,显然他知道"仁厚"一说的来历,但他说:

> 然《记》曰:蛰虫始振。《周颂》曰:振振鹭鹭于飞。音有平仄,而义皆振动奋飞。此章始言其振振奋动,继言其飞鸣之声,终言其伏聚之状,皆就螽斯说,未明指后妃。只咏其众多和睦,而仁厚意自在内。盖家庭之内,雍睦尚已,然必礼法修明,众职皆举。振振则众职效勤,薨薨则众情协应,蛰蛰则众志安静。……不言文王妻统于夫,而妻苟不德,惟恃夫纲化之,非易言也。……后儒第知妇人不可干政,而不知辅治必赖贤妻。古人正身以正人,起于闺门衽席之间,后人法令以相绳,止严内外权势之介。其讲求治术者不同,故其解经亦异于圣人之意如此。[1]

刘沅先引《礼记》《诗经·周颂》等经书中的说法说明"振振"一词原始义按其字面就是指"振动奋飞",继而根据整篇诗歌逻辑层次与大意而将之引申为表现子孙和睦

---

[1] 刘沅:《诗经恒解·诗经恒解卷之一 国风一·〈周南〉一之一》附解,《十三经恒解(笺解本)》卷之三,第11—12页。

的景象。这一诠释对从汉儒开始延续近两千年的由"后妃之德"所引起的子孙众多的结果的解释提出了挑战。而刘沅此解并非从"后妃"个人之德行切入，而是从贤妇治家、齐家的视角来考察，家庭和睦团结之景象离不开贤妇治家有方，而所谓"仁厚"也就隐含在"贤"的品格中了。刘沅在《诗经恒解》中始终以孔孟经历为据，主张肯定妇女在家庭教育以及人伦关系的重要作用。他批评后儒总站在"夫为妻纲"与"治国"的思维立场上去理解《诗经》，于是妇女常常被视为在政治上无权的和需要受教化的对象，以至于出现对"后妃之德"的过度强调，而忽略社会与家庭生活中妇女的重要作用与地位。因此，刘沅不会像朱熹一样说"其有是德而宜有是福"这样的话，因为这似乎意味着只要遵循某种道德规训则将会享受子孙众多的福报，而这是刘沅所不认同的。

同时，刘沅对所处清代中期极盛的朴学考据之风也作坚决的批判。在他看来，明辨词章未必能如一些考据学者所言就能通义理。这两个问题从清代经学角度来看，其本质是对汉学与宋学两种治经思想的反思。故而要对刘沅解经的原则及其意义有更深入理解，须得先对清代之汉宋问题做一个简单梳理和评议。

第四章
刘沅的解经原则及其背后的重要理念

第三节 清代经学汉宋关系的再讨论

汉宋问题由来已久,但作为学术界的一大公案则始于清代。"汉学"一词首先由江藩在他的《汉学师承记》中提出,乃为尊崇汉儒之学,贬抑宋儒之学。[①]从经学角度来看,"汉学"以考据学为基础,主张以文字通词章、以训诂通义理;[②]"宋学"则以朱子学为纲领,以明通经书义理为先,主张"以理释经"。[③]有清一代,汉学兴盛而宋学相对衰微。但二者始终并存又兴衰交替,尝三百年。

一、汉宋矛盾与各自的困境

近代以来,学者多把清代经学思潮分成三个阶段:清初(顺康雍)——宋学为主;[④]乾嘉——汉学为主;道咸及以

[①] 参看江藩《国朝汉学师承记》卷一,中华书局,钟哲整理,1983,第5—6页:"明象数制度之原,声音训诂之学,乃知经术一坏于东、晋之清谈,再坏于南、北宋之道学,元明以来,此道益晦。至本朝,三惠之学盛于吴中,江永戴震诸君继起于歙,从此汉学昌明,千载沈霾一朝复旦。"
[②] "经之义存乎训,识字审音,乃知其义。"引自惠栋《九经古义述首》,《皇清经解》卷三五九。
[③] 郑吉雄:《从乾嘉学者的经典诠释看清代儒学的属性》,出自彭林编《清代经学与文化》,北京大学出版社,2005,第259页。
[④] 明末清初虽开实学、史学等新风,但经历了一段时间反王学的风潮。顺康时期仍延续明代尊崇朱子。

后——汉宋调和或汉宋兼采。[1]前两个阶段,尤其是乾嘉汉学兴起,两派互相诋訾,纷繁聚讼。汉学考据学者尝斥宋学为虚妄空疏,宋学派则尝攻汉学派繁琐支离。[2]就把握圣人之道而言,汉学考据确乎显得有心无力,而宋儒和清代尊宋派的义理阐释似乎也无法具有很强的说服力。徐复观先生曾说:"没有哲学修养,如何能了解古人的哲学思想?有了哲学修养,便会形成自己的哲学,便容易把自己的哲学与古人的思想作某种程度的换位。在这种地方,就要求治中国哲学思想史的人,有由省察而来的自制力。对古人的思想,只能在文字的把握上立基,而不可先在自己的哲学思辨上立基。"[3]以此观朱子经学为代表的宋学派对经书的义理诠释,便是先有自己一套宏阔的理学体系,然后把自己的经解纳入到这套体系中间,比如《四书章句集注》。朱子经学的特点就是以理统经、六经注我。阳明亦是如此,虽然因其学并不看重注经事业,故无注经的专书,但览其《大学问》等集中讨论经文

---

[1] 梁启超称为启蒙期、全盛期、蜕变期。据朱维铮编《周予同经学史论著选集(增订版)》,上海人民出版社,1983,第330页;王国维"三变"说:"我朝三百年间,学术三变:国初一变也,乾嘉一变也,道咸以下一变也。"王国维:《沈乙庵先生七十寿》序,引自傅杰编校《王国维论学集》,云南人民出版社,2008,第485页。

[2] "自乾嘉以来,儒者修明汉唐经训,纂述古义,力反明人空疏腐烂之习,缀学之士翕然向风,各鸣其所得,可谓盛矣。而执持太过,或不免穿凿附会。矫其弊者,则又挟宋儒绪论以与之敌,其丑诋汉学几于洪水猛兽,所谓楚固失之,齐亦未为得也。"张文虎,转引自罗检秋《嘉庆以来汉学传统的衍变与传承》,第58页。

[3] 徐复观:《中国思想史论集(续篇)》,上海书店出版社,2004,第7页。

第四章
刘沅的解经原则及其背后的重要理念

义理的著述可知，仍属于"六经注我"的理路。那么专于文字训诂考据的清代汉学家是否就有着"省察而来的自制力"呢？其实他们虽然可以在文字上立基，但乾嘉时期的汉学家大多属于徐先生所说的第一类无"哲学修养"的人。清代汉学兴起的初心是"由文字以通乎语言，由语言以通乎古圣贤之心志"。①但由训诂而明义理何其难。人的主观性因素与历史的演变及受其影响的客观存在在经典解释中均不可忽视，故而经文中的字词章句即便确能还原当时的含义，但对返经典义理之真是否真有助宜？孟子曰："不以文害辞，不以辞害志。"②对历史叙事和文献的再解读本无法做到绝对客观中立，尤其是对经典文献进行义理阐释的实质更偏向于一种建构而非还原。企图用辞章的考据训诂来把握经典义理的准确含义，以期还原圣人之真，很多时候只会适得其反，不仅会产生对原意的曲解，而且往往造成对经书经典性的一种解构，例如阎若璩《古文尚书疏证》让梅赜所献《尚书孔传》为伪已成定谳，但对二十五篇古文《尚书》经文的证伪是否能够否定或剥夺千百年来加诸其上的一切包括义理诠释、道德实践等等的合理性与合法性，这就不只是一个真伪的问题了。因而汉学考据通过"确定无疑"的名物训诂来明晓贯通活泼的义理的可行性是值得怀疑的。毕竟，很多清代汉学

---

① 戴震：《古经解钩沉》序，《戴震文集》卷十，赵玉新点校，中华书局，1980，第146页。
② 出自《孟子·万章上》，原文为："说《诗》者，不以文害辞，不以辞害志。以意逆志，是为得之。"

学者终年陷于为考据而考据，在反求诸己与躬行实践方面，则少有突出成就。即便如戴震等少数学者能做到以训诂通义理，成为思想家，但其义理是否便是圣人之义理，是由文字之征实无法验证的。更多的汉学学者在寻章摘句之余检讨初心时，却发现离圣人之意愈来愈远。戴震的得意弟子段玉裁就在其去世前一年痛感汉学之弊：

> 今日大病，在弃洛、闽、关中之学谓之庸腐，而立身苟简，气节败、政事芜，天下皆君子而无真君子……故专言汉学，不治宋学，乃真人心世道之忧，而况所谓汉学者，如同画饼乎？[1]

嘉道以后汉学渐衰，汉宋兼采又成了新的潮流。其中的代表人物陈澧就认为汉宋不可偏废。他说：

> 合数百年来学术之弊而细思之，若讲宋学而不讲汉学，则有如前明之空陋矣。若讲汉学而不讲宋学，则有如乾嘉以来之肤浅矣。况汉宋各有独到处，欲偏废之，而势有不能者。故余说郑学则发明汉学之善，说朱学则发明宋学之善，道并行而不相悖也。[2]

---

[1] 陈寿祺：《附懋堂先生书三通》，《左海文集》卷四上，清刻本。
[2] 陈澧：《陈兰甫先生遗稿》，《岭南学报》第2卷第3期；转引自陈居渊《汉学更新运动研究：清代学术新论》，凤凰出版社，2013，第348页。

第四章
刘沅的解经原则及其背后的重要理念

晚清汉学大师俞樾虽主汉学，但也多平议宋学。他在肯定了蔡沈《书集传》对《尚书·汤誓》的说法后评价道："宋儒虽短于诂训，其体会语意有独得之见，未可尽没也。"①

同时期，对"汉学"这一概念也出现了批评的声音。龚自珍在给江藩的信笺中列了十条对"汉学"之名的不安，其认为汉儒之学与清儒学术殊为不同，江藩称清儒的名物训诂、词章考据之学为"汉学"是名不副实的。②至民国傅斯年则直指清代汉学、宋学的本质：

---

① 俞樾：《群经平议》卷四，《春在堂全书》，光绪二十三年重订本（石印本）。
② "大著读竟。其曰《国朝汉学承记》，名目有十不安焉，改为《国朝经学师承记》。敢贡其说：夫读书者实事求是，千古同之，此虽汉人语，非汉人所能专。一不安也。本朝自有学，非汉学，有汉人稍开门径，而近加邃密者，有汉人未开之门径，谓之汉学，不甚心。不安二也。琐碎饾饤，不可谓非学，不得为汉学。三也。汉人与汉人不同，家各一经，经各一师，孰为汉学乎？四也。若以汉与宋为对峙，尤非大方之言；汉人何尝不谈性道？五也。宋人何尝不谈名物训诂？不足概服宋儒之心。六也。近有一类人，以名物训诂为尽圣人之道，经师收之，人师摈之，不忍深论，以诬汉人，汉人不受。七也。汉人有一种风气，与经无与，而附于经，谬以神灶、梓慎之言为经，因以汨陈五行，矫诬上帝为说经，《大易》《洪范》，身无完肤，虽刘向亦不免，以及东京内学，本朝何尝有此恶习？本朝人又不受矣。八也。本朝别有绝特之士，涵咏白文，创获于经，非汉非宋，亦惟其是而已矣，方且为门户之见者所摈。九也。国初之学，与乾隆初年以来之学不同；国初人即不专立汉学门户，大旨欠区别。十也。有此十者，改其名目，则浑浑圜圜无一切语弊矣。"龚自珍：《与江子屏笺》，《龚自珍全集》，上海人民出版社，1975，第346—347页。

> 清代所谓宋学实是明代之官学；所谓汉学大体上直是自紫阳至休宁一脉相衍之宋学。①

傅氏敏锐地认识到清人常谓之"宋学"，是意识形态化、脸谱化了的朱子学；而清代盛行之"汉学"恰是宋儒格物穷理精神在学问方面的体现。

二、近代关于汉宋关系的两类主张

随着清朝的覆灭，对清代学术的总结渐次展开。有关汉宋关系的讨论也愈加深入。其中，有两类主张影响最大。一类是以梁启超为代表的学人认为汉宋之学互相矛盾对立，都是由对方流弊之反动而产生，并加以吸收、借鉴和改良。不仅汉宋，其认为一切学术德业的进化都是在这种逻辑下推动发展的，他在《清代学术概论》中总结说：

> 吾言"清学之出发点，在对于宋明理学一大反动"，夫宋明理学何为而招反动耶？……大抵甲派至全盛时必有流弊，有流弊斯有反动，而乙派与之代兴。乙派之由盛而弊，而反动亦然。然每经一度之反动再兴，则其派之内容，必革新焉而有以异乎其前。人类德慧智术之所以进化，胥恃此也。②

---

① 傅斯年：《性命古训辨证》，上海古籍出版社，2012，第2页。
② 梁启超：《清代学术概论》，四川人民出版社，2018，第13页。

第四章
刘沅的解经原则及其背后的重要理念

此"一大反动"说，周予同等人主之，并加上了"政治压迫"的色彩。另一类学者则是以钱穆为代表，认为汉学是以朱子学为主体的宋学精神在经学领域的贯彻者。①谨严章句，训诂以通义理，"无征不信"都是宋儒"道问学"的工夫在注经上的体现，"汉学诸家之高下浅深，亦往往视其所得于宋学之高下浅深以为判"。②所以他认为宋学与汉学并非悬绝且有继承关系。钱先生认为此一时期学术的反动固然有之，但并非是对宋学或理学的反动，而是针对八股、制义的反动。他引钱谦益、李兆洛、姚鼐、王昶、江藩等人诸说力证之。③言说颇为中肯，与前文傅斯年的判断近似。

尽管互相排诋一度非常严重，但汉学与宋学其实并非截然对立，"继承说"虽有道理亦不确切。所谓"汉学""宋学"就经学诠释而言，只是一体之两面，虽互有

---

① "近世揭橥汉学之名以与宋学敌，不知宋学，则无以平汉宋之是非。且言汉学渊源者，必溯诸晚明诸遗老。然其时如夏峰、梨洲、二曲、船山、桴亭、亭林、蒿庵、习斋，一世魁儒耆硕，靡不寝馈于宋学。继此而降，如恕谷、望溪、穆堂、谢山乃至慎修诸人，皆于宋学有甚深契诣。而于时已及乾隆。汉学之名，始稍稍起。而汉学诸家之高下浅深，亦往往视其所得于宋学之高下浅深以为判。道咸以下，则汉宋兼采之说渐盛，抑且多尊宋贬汉，对乾嘉为平反者故不识宋学，即无以识近代也。"钱穆：《中国近三百年学术史（一）》，第1页。
② "要之有清三百年学术大流，论其精神，仍自沿续宋明理学一派，不当与汉唐经学等量比拟。"钱穆：《清儒学案》序，汪学群编著《清代学问的门径》，中华书局，2009，第178页。
③ 参看钱穆《中国近三百年学术史（一）》，第152—154页。

消长，然能并存于庙堂与学界数百年，必然有其内在相通处。在讨论乾嘉汉学之所以兴起时，余英时先生曾经提出过一个"内在理路"说，他认为清代汉学考据的兴起是儒家思想内部一番变化的必然产物，而非章太炎所主张的清入主中原和文字狱的压迫等外部因素①所能决定。余先生认可明代罗钦顺由反思朱陆之争无法在理论层面得到解决而提出"取证于经书"的说法，进而指出：

> 无论是主张"心即理"的陆、王或"性即理"的程、朱，他们都不承认是自己的主观看法：他们都强调这是孔子的意思、孟子的意思。所以追问到最后，一定要回到儒家经典中去找立论的根据。义理的是非于是乎便只好取决于经书了。理学发展到这一步就无可避免地要逼出考证之学来。②

考证之学由理学发展"逼出"这一论调与梁启超关于清代汉宋交替的"一大反动说"在本质上可以说是相承的，余说是对梁说的理论补充与深刻解析，余先生对儒学思想衍变的内在理路论述可谓精当。只是"取决于经书"不只能逼出学汉儒的考据之学，亦会让其他的经学诠释思想和方

---

① "多忌，故歌诗文史栝；愚民，故经世先王之志衰；家有智慧，大凑于说经，亦以纾死，而其术近工眇踔善。"引自《检论·清儒》。
② 余英时：《清代思想史的一个新解释》，《历史与思想》，台北：联经出版事业股份有限公司，1976，第134页。

第四章
刘沅的解经原则及其背后的重要理念

法出现,例如"考信于六经",开后世疑古思潮的崔述,还有沉潜经义、以道衡之的刘沅。

另外,值得注意的是,虽然自康熙至乾隆,清帝国的主导意识形态都是朱子学,庙堂之君相所编纂经书亦尊奉程朱,但这些御纂诸经与前代迥异之处,正在于不仅附列程朱之说,更附列郑、孔、贾、马、杜等汉晋以来历代注疏,传说采摭更加全面,经文也多复以旧貌。乾隆朝又把御纂诸经颁行全国,作为科举考试的主要参考书。这一系列举措客观上动摇了天下士子心目中程朱之主导地位,间接推动了汉学考据的勃兴,也为嘉道以后出现的"汉宋调和",提供了文献基础和理论准备。[①]这不得不说是由时势推动的汉宋关系变化的一大外因。

三、相反相成的汉宋关系

最后无论汉学派或宋学派,无论是内在理路,还是时势使然。清儒中的杰出学者都以追求"孔孟真义"为目标,亦以自身得"孔孟真义"相标榜。故"汉宋之争"最

---

① "乾隆元年,诏儒臣排纂圣祖《日讲礼记解义》。十三年,钦定《周官义疏》《仪礼义疏》《礼记义疏》。二十年,大学士傅恒等奉敕撰《周易述义》《诗义折中》。三十年,大学士傅恒等奉敕撰《春秋直解》。……经学之外,考石鼓,……刊石经,……又刻御制说经文于太学,……于是鼓箧之士,负笈之徒,皆知崇尚实学,不务空言,游心六艺之囿,驰骛仁义之涂矣。"江藩:《国朝汉学师承记》卷一,第5页。

多只是方法论层面上的门户之争，而非信仰上的对立。①因其事实上的长期共存，又为相互转化提供了可能性。宾四先生有言："抑学术之事，每转而益进，途穷而必变。"②又如《易》之所言："穷则变，变则通，通则久。"可见二者关系实乃相反相成。再看梁任公与钱宾四二先生说，亦只是各有所强调，梁先生偏于相反的一边，故说反动；钱先生则偏于相成的一面，故说承继。一内一外、一反一正，清代汉宋关系大抵如此。

对清代经学汉宋关系进行再讨论，不是为推翻前人见解，而是进一步深化理解汉宋关系的实质，明晓经学思想之衍变均有其内外、反正之渊薮，更有助于理解刘沅对圣学敝于后世门户之见的不满由何而来，明白刘沅经学思想何尝不是对经学诠释中汉宋之门户的一种反动，这种反动充分体现在刘沅经解"以圣人之道定百家"的原则所蕴含的理念中。

---

① 此为台湾大学郑吉雄先生的观点。其认为宋明儒与清儒之所以在治经的态度与方法上不同，都源于他们"信仰的差异"。参见郑吉雄《从乾嘉学者的经典诠释看清代儒学的属性》，彭林编《清代经学与文化》，第262页。
② 钱穆：《清儒学案》序，汪学群编著《清代学问的门径》，第178页。

第四章
刘沅的解经原则及其背后的重要理念

第四节 刘沅经解原则背后的三个重要理念

一、不囿汉宋门户，兼采古今真伪

（一）不囿汉宋

首先，最能体现刘沅经解原则的理念就是打破门户之见和对教条的迷信。身处汉学渐衰，汉宋走向调和的嘉道时期，即便与当时主流学术几乎没有交集的刘沅，不仅在自己的学术继承与讲学过程中，也在汉学派与宋学派互相攻评驳难的时期，深感无论汉宋之儒，抑或尊崇汉宋之清儒，挟持圣人、惑乱人心的流害。所以他重注经书，力求平实说理。首先，其批评汉学考据家甚烈：

> 四子六经，注者纷然矣。然每梳栉于字句，索瘢于片言，其弊至于非是是非，毫无坦途。圣人往矣，读圣人书，如见圣人，岂不赖乎此心此理得乎天理之正而后可哉。愚故离其章句，核其指归，百家腾跃，一以圣人为折衷。然要亦吾心自然之天理，人情中正之秉彝，而非徒以书求圣，外圣为言也。世无不得天性以为人者，即无不全天理而后圣者。制礼作乐、辅相裁成，皆自一心而推，实由穷

理尽性而致。外此奚所著作,而奚所考据哉。①

刘沅认为仅凭考据词章之学是无法体贴圣人之心,无法达致圣人境界的。于是再次点出自己恒解经书的原则和主旨"一以圣人为折衷",关键在用己心体天心,持守人情之中正。因此,针对前人用考据的方法怀疑《孝经》的行为,他批评道:

> 此经综其要义,明其大凡,虽文不满千,而诸书教孝之言俱已该括,分章摘句,索垢求瘢,毋乃寻其流而昧其源乎?……而承学之士,拘于旧闻,不免疑窦,将使天性之实,误于文字之传。避讥古之诮者其事小,失圣人之真者其忧大。②

在刘沅的眼里,《孝经》是阐孝之理、教人为孝的书。不能凭文字考证出可能有讹误而怀疑其道出的"天性之实"。这在他看来就是"寻流昧源",无异于舍本逐末。不能因文字之争而导致对圣人论孝之真义的遮蔽或否定,这正是刘沅所警惕的。而对于音韵学,刘沅也有类似看法。以《周易恒解》讨论用韵一段为例:

---

① 刘沅:《槐轩杂著·恒解问》,《槐轩全书》卷九,第3363—3364页。
② 刘沅:《孝经直解》序,《十三经恒解(笺解本)》卷之十,第3页。

第四章
刘沅的解经原则及其背后的重要理念

> 古者卜筮之辞多用音和,以便人之玩诵,其体不始于文王。文王《彖辞》间有用韵者,然已无多,盖意主于教人义理,不专向吉凶趋避上立论矣。周公爻辞用韵处较文王为多,至孔子《象辞》则通用韵,然所用之韵乃古韵,非今世所尚沈休文韵也。顾炎武言之甚详,其说以《唐韵》为正,义颇优于前贤。然圣人本意恐人以为纯言义理,不喜诵习,故多用韵以诱之,盖亦不得已之苦心。而今世古音已晦,学者勉强求叶,必至迁就义理,以就音韵,其失转甚,故兹集于韵略之。①

此简述《周易》从文王《彖辞》开始用韵已经不多;周公、孔子也用韵但都已经是古韵,并非清时所崇尚的沈韵。刘沅认为圣人创韵与用韵本意是为了诱人修习《周易》的义理,是不得已而为之。今时古音既然已经失传。学者勉强去求叶韵,容易使义理迁就音韵,得不偿失,所以他在《周易恒解》中略去音韵不论。

而从刘沅谈《诗经》的声韵问题,更能清楚地看到他对声韵的理解。他说:

> 诗韵以协音律最为紧要,然古字未有反切。魏孙

---
① 刘沅:《周易恒解》凡例,《十三经恒解(笺解本)》卷之五,第8页。

> 炎始作反切，其源实出于西域梵学。自声韵日盛，宋周彦伦作《四声切韵》，梁沈约又撰《四声谱》，继是若夏侯该、孙愐等韵书之作，韵学纷然矣。朱子《集传》用吴才老韵，然按之本文，多有不合，议者颇多。夫声韵本人身自然之天籁，声成文，谓之音，然五方风土不同，音遂各异。又时代更嬗，即目前名物，称谓迥殊，而音亦弗侔，故古人之诗兴今韵大别。好学者博考先秦诸书，比类以求其合，如陈氏第、顾炎武考正古音，多所发明，然亦不尽合也，今择其可从者著于篇。①

在刘沅看来，声韵"本人身之自然"，具有文理，而称"音"。对于声韵的研究源于梵学，传入中原而韵学兴起。《诗》之韵主要为了协和音律，但现实是，地域的区隔与时代的变迁，造成了人们语言声韵无意识的变化。即便如陈第、顾炎武等人对古音的汲汲考求，亦不敢说能符合古音而无差，既然如此，何必纠结。所以刘沅很少从音韵学的角度疏解经文，但他也并不拒斥和否定其作用。例如在疏解《书经恒解》卷四《洪范》中"无偏无颇，遵王之义"一句时，刘沅把唐玄宗所改的"无偏无陂"的"陂"改回为"颇"。其主要的理由是他认为"遵王之

---

① 刘沅：《诗经恒解》凡例，《十三经恒解（笺解本）》卷之三，第6页。

第四章
刘沅的解经原则及其背后的重要理念

义"的"义","古音读为俄,与颇字叶",①从而认为唐玄宗的改字是错误的,当从古本。刘沅一方面对音韵研究加以批判,另一方面能从音韵的角度判定前人错讹。可见刘沅本人对音韵不是一窍不通,也并非一味鄙斥清儒之音韵学研究,而只是觉得不当执着于此。这正是其对时人过于纠结音韵问题,反而阻碍义理的了解所产生的担忧。

不仅如此,由于刘沅对儒家经典极为熟稔,又要对前人经说进行澄清和纠谬,因此他必然会对经学文献中一些争议与问题做一番考据工夫。故而其经解无论观念或方法往往是汉宋兼采的。例如在《孟子恒解·梁惠王下》"鲁平公将出"一节的附解中,刘沅先以义理直解鲁平公因受谗言而不见孟子,显出乐正子之急与孟子之豁然,点出圣贤之心如江河万古长流而不废,岂是宵小之徒所能掩藏、曲解的。接着对臧仓诬孟子"后丧逾前丧"的关键名物"棺椁""衣衾"分别引用《礼记·丧大记》原文与十三经注疏

---

① 刘沅:《书经恒解·书经恒解卷四·周书·洪范》,《十三经恒解(笺解本)》卷之四,第140页。

本《孝经·丧亲章》邢昺《疏》中一段进行考证。① 另外，同在《梁惠王下》篇的"邹与鲁哄"一章的附解部分，刘沅全文都在引经据典，考证其事。② 由此可见刘沅的经解也有不少涉及文字训诂、名物制度的考辨，且工夫亦不弱，可以说他的解经具有以义理训释为主，汉宋兼采的特征。

虽然刘沅对汉学考据采取批判态度，但毕竟他所处的蜀地在当时几乎未受汉学影响且仍多宋明心性之谈，刘沅注解经书也学朱子训释之法，亦不喜拘泥于先儒之说。

---

① 刘沅附解原文："孟子、乐正子于鲁，皆父母之邦。而乐正子仕鲁，孟子不然。盖知不知，异也。非孟子高尚而乐正子苟进也。平公本不知孟子之贤，因乐正子之言欲见孟子。臧仓又沮之。在乐正子不能无憾，而孟子以己不遇为天意，此与孔子天生德于予，同一心口。盖圣贤虽道德同天，不敢自矜，惟患难之时偶一云然。当时，齐梁既不能用孟子，而鲁乃父母之国，稍有事机，又复不就，则救世之心，更难他望，故以天晓乐正子。厥后六国分争，混一于秦，又继以楚、汉，生民之祸，久而始息。天心有定，圣贤固不能强也。然天陋孔孟之身，而不没孔孟之心，师表万世亦以其此心之惓惓而已。棺椁、衣衾之美。《丧大记》：大夫柏椁，士杂木椁。大夫裹椁用元绿，士不绿。大夫盖用漆，二衽二束，士盖不漆，二衽二束。饰棺，大夫画布为云气，士布帷，不画。棺椁之间，大夫容壶，士容甒。衣衾，《孝经疏》：从初死至大敛，凡三度加衣：一是袭衣，沐尸所着之衣也。大夫五称，袭皆有袍，袍之上又有衣一通。二是小敛之衣，天子至士，皆十九称，不复袍。衣皆有絮。三是大敛之衣也。大夫五十称，士三十称，衣皆单袷。衾有三：大夫缟衾，士缁衾。始死时，迁尸于床，用衾覆尸。小敛、大敛皆然。《丧大记》又云：小敛，布绞，缩者一，横者三。大敛，布绞，缩者三，横者一。其美恶则因贫富而异也。又按：后丧踰前丧。臧仓媒蘖语，非实事也。孟子少孤，即丧父甚薄，亦非其罪。平公愤愤不察，乐正子亦不详辨者，以其事即实亦不为罪。平公特以之借口，辨亦无益耳。不然孟母教子贤流传千载，岂有妄哉？" 引自刘沅《孟子恒解·孟子恒解卷一·梁惠王下》附解，《十三经恒解（笺解本）》卷之二，第187页。

② 刘沅：《孟子恒解·孟子恒解卷一·梁惠王下》附解，《十三经恒解（笺解本）》卷之一，第183—184页。

第四章
刘沅的解经原则及其背后的重要理念

况且由于宋学的代表——程朱理学作为主流意识形态，数百年来对中国社会影响甚巨，而对程朱学派的独尊所带来的流弊，更为刘沅所关注。所以他在《十三经恒解》中更多的是围绕以朱子经学为代表的宋学（经学义理派）的义理诠释进行探讨也就不难理解了。

虽多依宋儒训释解经，但刘沅对朱子的经学诠释亦以孔孟为判，采取扬弃的态度。以下兹举一例。《论语·子罕》"子罕言利，与命，与仁"一章，朱子《论语集注》引程子语，曰："计利则害义，命之理微，仁之道大，皆夫子所罕言也。"①这明显是说孔子于利、命、仁，都少言。后世尊程朱者，都无所质疑。但刘沅提出了疑问，他认为孔子虽罕言利，但未尝罕言命与仁。他在"附解"中首先说这是"汉人误注此章，历代因之"所致。这里的"汉人"应指何晏，其《论语注》此章注与朱子《集注》意思相通。接着刘沅肯定先儒"命"有"义理之命""气数之命"②的说法，但并不认为二者判然二分，并通过自己对"天命"的体贴，得出气化之命悉统于义理之命；然后论述对"命"的三种态度造就不同结局，来说明"命由我立"。接下来，刘沅通过引《诗》《书》中与"命"相关经文以及《论语》

---

① 朱熹：《子罕第九》，《四书章句集注·论语集注》卷五，中华书局，1983，第109页。
② "有天理之命。有气数之命。"摘自王梓材、冯云濠编撰《北山四先生学案补遗·仁山门人·文懿许白云先生谦·读四书丛说》，《宋元学案补遗》卷八十二，沈芝盈、梁运华点校，中华书局，2012，第4845页。

"不知命，无以为君子"一节说明孔子并非罕言"命"，且对"命"极为重视。继而举《周易》多言"利"，而引《系辞》中"利者，义之和也。"说明孔子认为利不违义，则不可一概而否认之。凡事也要审乎权变和通人情物理，要做到这点"惟精义者始能之"，①所以孔子罕言但也非不言；然后刘沅针对"仁"，提出"仁"分"一端之仁"与"全体之仁"，"一端之仁"经由扩充和存养可以达到"全体之仁"，证明孔子所谓"欲仁仁至"之可行。②

刘沅对经文中的重要概念和争议点加以辨析，从而证明《集注》的断句有问题，其据此认为"与"字应该作"示之详"解，这并不是说"与"是"示之详"的意思，而是相对于"罕"而言，意思是：孔子罕言利，而详言命、仁。最后揭明"此章之旨乃罕言利而多言命、仁，使学者知利之不可强求，务全仁而立德。"③这不仅对《集注》因"命理微，仁道大"所以孔子罕言的断语进行了驳正，更对因朱注数百年来的广泛影响所产生的对学圣人的畏难与自我设限的流弊进行思想上的纠正和解放。而对"与"字的这一理解在民国时期被雷宝菁《中国文化探源》第三章"致知"中引用，收录于王叔岷的《史记斠

---

① 刘沅：《论语恒解上论》，《十三经恒解（笺解本）》卷之一，第309页。
② 同上。
③ 同上，第310页。

第四章
刘沅的解经原则及其背后的重要理念

证》一书中。①虽然《论语·子罕》第一章有关句读的问题已由南宋人史绳祖说过，但刘沅的义理根据充分。其解经不夹私意地引证他经与前人经说，依循孔孟大义，综合当时情势与自己身心实践体贴圣道。其诠释方法以宋学为主，但不以宋儒之是非为是非。如此这般不囿汉宋门户，在仍陷于汉宋纷争的乾嘉时代显得独树一帜。

（二）兼采古今真伪

刘沅经解"以圣人之道定百家"的原则不仅体现于"不囿汉宋"，也体现在对经古今文学与真伪的折衷兼采上。对于经学古今问题，刘沅回溯经学史，对汉代古今之分作了一个简括："汉代立学，原分古今。古学校文，今学取士；古学无异同，今学可出入。"②这简明地概括出"今文""古文"并行于汉代，"古文"有文献保存与参校的价值，"今文"则作为当时招贤纳士的标准。二者皆有其存在的历史意义和现实意义。刘沅关于经古今文学的论述集中于《书经恒解·凡例》与《孝经直解》第二条"附论"中，他立足经学诠释的语境而非纯文本，对"古今之争"和古文《尚书》、古文《孝经》真伪等问题发表了自己的看法。首先，他论述了《古文尚书》并非安国所得原本，故于义能合则可采：

---

① 王叔岷：《孔子世家第十七》，《史记斠证》卷四十七，中华书局，2007，第1778页。
② 刘沅：《大学恒解》凡例，《十三经恒解（笺解本）》卷之一，第5页。

> 故今之《书》，古文未必尽安国原本，而其义可存则存之矣。今之安国《书传》，亦非安国原本，而其说可采，亦采之矣。①

只要义不谬于圣人，安国所得也可以算真古文：

> 古文《尚书》，其义不谬于圣人，即以为安国真古文，未尝不可。②

刘沅认为古今文之争讼千年，而今文又对圣人的微言大义未有深刻体认的情况下，只凭借寻章摘句的工夫，无益于圣人大道的彰显。因此他说：

> 后世诸儒多斥古文之伪，而今文中文义多不能详，其错简亦不能辨，则于圣人微言大义，固未深彻，徒抉摘于字句之间，呶呶争讼，亦何益也。③

比如在表明如何看待《泰誓》的真伪问题时，他说：

---

① 刘沅：《书经恒解》凡例，《十三经恒解（笺解本）》卷之四，第8页。
② 同上，第9页。
③ 同上，第9页。

第四章
刘沅的解经原则及其背后的重要理念

> 今《泰誓》三篇，于先秦诸书所引，皆有之矣，而义多悖谬，不特非孔壁真书，亦非董子所见，安国所传，其为伪撰显然。愚故存其书而辨其误，不敢以先儒之是者为非，亦不敢以先儒之非者为是也。①

以此更可见槐轩不预设立场地看待古今之辨，时刻保持客观中正的态度。

在列出了金履祥、陈第、孔颖达和毛奇龄等人对《古文尚书》的评价和考证后，刘沅总结读古人书应当不断体会圣人言内言外之意，而不应该单凭考据：

> 要之，读古人书，当有圣人之心，乃能明圣人之言，可以折衷群书。今古文章句意义能晓然者，三千年来，盖亦甚鲜，而徒摘一二字句以疑之，所谓不揣其本而齐其末者。论说虽繁，于义曷当哉？今愚正其字句，通其章脉，庶览者了然于本句之语义，而知众说之卤莽。②

刘沅认为，读古人书，应先体察圣人之心，才能对圣人之言晓然，然后再以此对古人传注进行研判。历代通晓《古文尚书》章句意义的人不多。只对一些字句加以考证就怀

---

① 刘沅：《书经恒解》凡例，《十三经恒解（笺解本）》卷之四，第10页。
② 刘沅：《书经恒解》凡例，《十三经恒解（笺解本）》卷之四，第11页。

疑经文，就是舍本逐末。这样只会徒增聚讼，从而忽略了对经文义理的探究。最后，刘沅直接点出对经书的理解当以道德身心实践为准，而门户之见才是圣学大患：

> 圣人非徒以书教人，盖欲人身体力行。凡修己治人之道，一一实践，而得其精，则本诸心性，推诸天下，平治无难。古今圣人，一气相孚，万卷百家，是非立辨，又何俟分门别户，摘句寻章，互相非驳也。凡圣人书皆当以此求之，况此书为唐虞三代治迹所存，奚可浅见妄言，致误将来也。①

不仅《尚书》，对于《周官》的选择，刘沅从今文，但并不以为意：

> 《周官》有古文、今文，盖刘向已校之，本为今文，旧为古文。然其违异者特一二字句耳，于义无损，故今概从今文解之。②

另外，他在《孝经直解》"仲尼闲居"章的"附论"中也说：

---

① 刘沅：《书经恒解》凡例，《十三经恒解（笺解本）》卷之四，第12页。
② 刘沅：《周官恒解》凡例，《十三经恒解（笺解本）》卷之八，第5页。

第四章
刘沅的解经原则及其背后的重要理念

古文《孝经》仲尼闲居，曾子侍坐，吴草庐谓居、坐义重，删去闲坐二字。毛西河援据刘向《别录》载郑目录注云①：退朝而处曰燕居，避人曰闲居。侍有侍立、侍坐之分。侍立者曰侍侧，颜渊、季路侍、闵子侍侧是也；侍坐，子路、曾皙、冉有、公西华侍坐是也。此明明有曾子辟席及子曰复坐，何可无坐字？居是居处，不是坐。《曲礼》曰居不主奥，坐不中席，居坐二字彼此各出，则吴氏

---

① 毛奇龄原文为："古、今文本无异同。其所异者，只此'闲''坐'二字。然此则古文是而今文非者，朱吴所删俱不是。然此则吴氏尤不是者，古居皆有名，如《二戴记》所称：仲尼燕居，孔子闲居类，各有处所。故刘向《别录》中载郑《目录》注云：退朝而处曰燕居，退燕避人曰闲居。未有只出'居'一字以记处所者。字书：'居者，处也。'但曰'处'，知处在何所耶？若'侍'则有'待立'、'待坐'之分。'侍立'（曰）、'侍侧'曰'侍'。《论语·颜渊》：'季路侍、闵子侍侧'是也。'侍坐'者必曰'侍坐'《论语·子路》：'曾皙、冉有、公西华侍坐'是也。盖'侍立'在正席之侧，请业必膝于席端，请毕即起，故孔子闲居，子夏侍。此侍立者，立则膝席同业，问毕便起。起者，起立也。故曰：'子夏蹶然而起，负墙而立。侍坐在正席之前、之侧。《曲礼》所谓：席间函丈者，东西设席，而坐于席间。请业则起，跪请毕，还坐。故曰：'侍坐于先生，请业则起，请益则起。'起者，起跪也。而至于避席，则不止。起跪而反越席而起立以致敬，故《哀公问》篇初只称：哀公问于孔子曰：此侍立也。既而坐，则特称孔子侍坐于哀公。然后称孔子蹴然辟席而对，此明明者，今俨有曾子辟席有复坐语，则非侍立而侍坐矣。侍坐可无'坐'字乎？且澄但知'居'字可解'坐'字而不知'居'是'居'，'坐'是'坐'。'孟子居邹''子思居于卫'，皆作'居处'解，即'燕居''闲居'皆是'处'不是'坐'。《曲礼》曰：'居不主奥，坐不中席。'明明以'居'字、'坐'字，彼此各出，而乃曰'居''坐'义重。则《曲礼》尚未读，而欲改古经，不可也。"摘引自毛奇龄《孝经问》，清皇清经解续编本。

119

> 所改者非。其言甚是。今故仍从古本。①

此处，刘沅引毛奇龄说否定吴澄删去"闲""坐"二字的做法而从古文。再次证明，无论古文、今文，只要本诸心性，不谬于圣人，则皆可采，无需纠结。

由此我们再反观刘沅解除门户之见，"直接孔孟"的方式：依烂熟于心之经文立义，以了然于胸之圣人说理。既不会流于支离，又不至于陷入空疏。但这一切都建基于"以中庸之道折衷百家，以圣人之书权衡杂术"②的解经原则之上。这里的"折衷"并非只是罗列前人注解而无己见，也不是如"和事佬"只作调和平衡的功夫。而是于自身学问由博反约"究心圣道"，③由实践力行而"证以诗书"，④也就是在对各经义理均已融贯的前提下，通过身心实践而对圣人之道有精熟的把握后的折衷。这一原则使得刘沅经解不仅不囿于汉宋，亦不纠结古今、真伪，与汉宋兼采亦非同功，实乃经学诠释的又一条道路。

二、另一种求实：理、情、事的互参

体现刘沅解经原则的第二个理念就是理、情、事三

---

① 刘沅：《孝经直解》，《十三经恒解（笺解本）》卷之十，第6页。
② 刘沅：《槐轩约言·正讹》，《槐轩全书》卷十，第3713页。
③ 刘沅：《附录一·子问·子问卷之二》，《十三经恒解（笺解本）》卷之十，第148页。
④ 同上。

第四章
刘沅的解经原则及其背后的重要理念

者的互参。对于他来说,虽然朴学家"求实"的方法不可取,但他们求实的精神却在刘沅经解中用另一种方式得以发扬。因为若说熟习经书且对义理了然者,千百年来不可谓少。刘沅"以圣人之道定百家"来解经,如何肯定不是以自己臆断的"圣人之道"定百家?这与宋儒注经方法有何差异呢?实际上,刘沅不是只从"道"出发来评判众说,更要经过身心实践与参考先儒之说的互证来进行折衷,故有"综核群书"[①]为孔子身世作《考辨》的行为。而刘沅的求实精神就是将经文所载之道理与时代之情、事相结合。"理"是经文之义理,亦是常理之理;"情"是情势、时势之意;"事"则指事实,可以是史事,也可以是身心所验之事实。具体来说,刘沅的理念是若要理解圣人之言,必须进入到圣人所处的境遇和情势中去,探求经文背后的圣人之心与所处时代的互动,以及对人情物理的关怀。融入天地之间,进行身心上的道德实践,体证变与不变的隐几,从而体贴到圣人之言的精粹,而不只是在字句上纠结。所以刘沅有所谓"律案之譬":

> 四子、《周易》,譬诸法律;天下古今,譬诸案卷。律有定是,案无定情,以有定律无定,必本诸心性,躬行始能尽其曲折,而准如鉴衡。不然争诸语

---

① 刘沅:《论语恒解》凡例,《十三经恒解(笺解本)》卷之一,第180页。

言，执其意见，规规圣贤之说，唯恐失之，而所失固已多多。①

以经书为"律"，以一切人情物理为"案"。经有一定之理而人情物理无常。但须以经文为本，进入无常之人情、物理、时势中，乃能体察当时圣人之遭际，后知圣人之言诚不欺我。故又曰："圣贤之言，皆身心所得之实学，因觉世而衍为文字。"②由此可知"律案之譬"正是刘沅以理、情、事互参的理念求实在的根据。例如在《书经恒解·顾命》章首有刘沅的一段简序：

> 成王将崩，命群臣立康王，史序其事及康王受命见群臣之语。今文本一篇，古文分为二篇。然康王答群臣，明云予一人钊报告，非康王特告诸侯。史记成王、康王授受事以为世法，不得截其辞以云《康王之诰》，故当仍为一篇。今文、古文皆有。③

这里涉及的是关于伏生所传今文《尚书》中的《康王之诰》与《顾命》两章到底是同属《顾命》一章，还是分别独立成章的分章问题。前后两种说法在经学史上皆有名家主张，莫

---

① 刘沅：《槐轩约言·说道说》，《槐轩全书》卷十，第3693页。
② 刘沅：《中庸恒解》凡例，《十三经恒解（笺解本）》卷之一，第88页。
③ 刘沅：《书经恒解·书经恒解卷六·周书·顾命》，《十三经恒解（笺解本）》卷之四，第214页。

第四章
刘沅的解经原则及其背后的重要理念

衷一是。根据近代学者皮锡瑞、陈梦家等人的考证梳理，才知其分合原有复杂的衍变过程。伏生曾将二章合为《顾命》一章，而司马迁《史记·周本纪》中有"作《顾命》""作《康诰》"的说法，因而司马迁所见为《顾命》《康诰》（即《康王之诰》）两章；到了汉宣帝时期，根据东汉王充《论衡·正说》记载河内女子进献逸《书》类一篇（即《泰誓》）后，今文《尚书》定为二十九篇。到马融见到欧阳、大小夏侯三家今文《尚书》时，《康王之诰》与《顾命》是合为一章的，这意味着是从司马迁时的两章到了东汉又合为了一章。马融又将其一分为二，郑玄、王肃从之（此时分章段落已与"孔传本"有异）。到东晋梅赜献伪孔《传》，由于《泰誓》的加入，于是又将《顾命》与《康王之诰》合为一章，总数仍为二十九章，直到唐代孔颖达据此作《尚书正义》，影响深远。[①]从《顾命》篇在历史中之分合演变，可叹经书文献存续之不易，文献流衍变化之繁乱，以及真伪古今定夺之难。鉴于此，刘沅在附解中再次以义理、事理、时情为判，认为应该合为《顾命》一章，其曰：

> 成王席文武之盛，辅以周公，礼明乐备，天下宴然。成王临终，从容顾命，又得康王之贤，召毕

[①] 二章之分合流衍过程依据陈梦家、皮锡瑞二先生的考证整理简述而成。二先生原文请参看：1.陈梦家：《尚书通论》，商务印书馆，1957，第52页；2.皮锡瑞：《经学通论笺注上》，杨世文、张行、吴龙灿等笺注，上海古籍出版社，2021，第135—136页。

> 诸人之襄赞，圣贤继统。史臣特为此篇，谓太平盛事可以为后世法也。孔子取之，亦以垂教。自汉人分"王出"在"应门"以下为《康王之诰》，已令经意不明。……愚故于正解明辨之，而合二篇为一篇，以还伏生书之旧。①

此不见苛察缴绕的文字训诂之实，但以当时圣人觉世垂范之心与当下刘沅自身体贴出的百世恒常不变的圣人之意而作了《顾命》与《康王之诰》当合为一篇的判断。

再比如《论语恒解下论·先进第十一》"先进于礼乐"章，《论语》经文为：

> 子曰：先进于礼乐，野人也；后进于礼乐，君子也。如用之，则吾从先进。

经文下刘沅小字注：

> 朱子曰：先进、后进，犹言前辈、后辈。野人，谓郊外之民。周室虽衰，礼乐本一王之政，非有二也。行礼者华实殊，而因有先进、后进。野人、君子，词有抑扬。四句皆时人之言也。用之，

---

① 刘沅：《书经恒解·书经恒解卷六·周书·顾命》附解，《十三经恒解（笺解本）》卷之四，第220页。

第四章
刘沅的解经原则及其背后的重要理念

见用于时。设言以矫时人失中之弊。①

"先进""后进",刘沅从朱子说,作前辈、后辈讲,但他认为"如用之"的"如"应作"假如"讲,而不该解为"如果";他又把"用之"解为"见用于时",反对把"用之"解为"用之礼乐"。后一种说法是自魏晋《注疏》、朱子《集注》以来一直沿用的主流解释,王罕皆《四书朱子本义汇参》和张甄陶《四书翼注论文》等讲章也从此说。②刘沅首先认为,"先进""后进""野人""君子",都是当时人所用的称呼,含有褒贬之意。而褒谁贬谁?《注疏》与《集注》有分歧。《注疏》说:

先进……准于礼乐,不能因世损益,而有古

---

① 此注文下有刘沅"附解",原文较长,附录如后:附解:前人不敢以用之为用于时言。盖以夫子苟得位而治,必将损益变通,不尽从周也。而王罕皆则云,如字承上作转,就现成说。张甄陶亦云如字非虚字。不知夫子在当时一布衣耳,自言己用先进,人岂遂以为法乎?礼乐不可斯须去身,夫子又何时不用礼乐?其意盖曰:先进于礼乐,今之所谓野人也;后进于礼乐,今之所谓君子也。时人所尚如此,岂不以先进为陋哉?不知礼有一定至中之则。先进文质得宜,如使我得志乘时,亦惟从先进而不从后进,所以明时人之弊,而婉其词以相悟也。若使夫子果得乘,时文、武、周公之大经大法,亦岂有刊除?不过因时变通,有以补前王之所不及耳。言各有当,何得执拘方以失其意。摘自刘沅《论语恒解·论语恒解下论上册·先进第十一》,《十三经恒解(笺解本)》卷之二,第3页。
② 王氏书参见王步青《四书朱子本义汇参》,收录于《四库全书存目丛书》编纂委员会编《四库全书存目丛书·经部·四书类》第177册,庄严文化事业有限公司,1997,第133页;张氏书参见张甄陶《四书翼注论文》卷十五"先进于礼乐",清乾隆四十二年刊本,昌平坂学问所藏。

风，……后进……准于礼乐，能因时损益，与礼乐俱得时之中。①

《集注》则引程子言：

先进于礼乐，文质得宜，今反谓之质朴，而以为野人。后进之于礼乐，文过其质，今反谓之彬彬，而以为君子。盖周末文胜，故时人之言如此，不自知其过于文也。②

显然《注疏》是褒后进，贬先进；《集注》则是褒先进，贬后进。褒贬之判，刘沅采用《集注》说，但他不太满意张甄陶和王罕皆的说明，即张氏认为后进于礼乐乃是"人情溺于时趋"，③所以时人以为先进之礼乐太过朴陋，而觉今世方是君子之礼乐。而王氏则曰："礼不可斯须去身，夫子固无时无处不用先进礼乐也。"④为"用之礼乐"说张目。刘沅回到程子的"文质皆宜"，探讨先进

---

① 刘宝楠：《先进第十一·一章》，《论语正义》卷十四，高流水点校，中华书局，1990，第437页。
② 朱熹：《先进第十一》，《四书章句集注·论语集注》卷六，第123页。
③ 王氏书参见王步青《四书朱子本义汇参》，收录于《四库全书存目丛书》编纂委员会编《四库全书存目丛书·经部·四书类》第177册，第133页；张氏书参见张甄陶《四书翼注论文》卷十五"先进于礼乐"，清乾隆四十二年刊本，昌平坂学问所藏。
④ 参见注释③所示出处。

第四章
刘沅的解经原则及其背后的重要理念

于礼乐"文质得宜"的原委,即"礼有一定至中之则"。"至中之则"即"文、武、周公之大经大法",虽行礼者有华实的区别,但这是因时损益所致。也就是说"文质得宜"是"礼乐"的本质特征。关于这一点,刘沅在《仪礼恒解》凡例中的话可为佐证:"礼者,天理之节文,无天理而但务节文,后进于礼乐之君子也。"[①]原则与内涵变了或形式一成不变都不算"文质得宜"。"得宜"必然要符合"中正""中和"的原则,精神内涵需承传而形式需要因时损益。设若(孔子)见用于时,也会对礼乐有所损益变通,不会尽复西周之礼制。前人一旦把"用之"解为"用之礼乐"则难免有完全复古的意味,更强调"礼乐"作为一种固定制度或外在规范的一面,便容易导致礼乐的教条化,而这是违背孔子"从先进"的本意的。刘沅在"附解"中说,孔子在当时只是一介布衣,如果自己提倡用先进之时的礼乐制度,谁会听从?正如《礼记恒解》中所言:"然朝廷制作以及士民,凡礼乐法度,必因时制宜,不泥古而亦不失中。"[②]礼乐对于孔子来说是"先王之道"的体现,须在其位而能制作变更之。把"如"解作"假如","用之"作"见用于时"讲,始可知孔子"从先进"之意,乃是设言自己在位,则会效法先进,秉持礼乐中和的精神,制定与时合宜的礼制,矫正时人对礼乐认

---

① 刘沅:《仪礼恒解》凡例,《十三经恒解(笺解本)》卷之九,第6页。
② 刘沅:《礼记恒解》凡例,《十三经恒解(笺解本)》卷之六,第7页。

识的偏颇才是孔子想表达的意涵。

由此可以看出,刘沅在对孔子礼乐观深刻理解的基础上,结合孔子当时的身份,孔子言论所针对的现象以及当时社会背景等,进入到圣人的语境中去与之对话,然后以世之常理,人之常情,全面体贴圣人之言所要表达的内涵,再对先儒之说进行折衷,并对当时所用讲章予以纠正。

又如刘沅在考辨孔子删定各经动机的时候说:

> 夫子平日言行及训门人莫非文、武、周公之礼乐。间有不合时势及旧制所未及者,夫子以意损益之,门人效之。迄今凡夫子言行所及,《小戴记》所载,其大概也。其实礼乐必自天子正定,夫子安敢取王制而更张之?即正乐之事,亦是因与师挚、师襄等交游,私相考订,非径取故府宫悬而裁节之。非特此也,即删订《诗》《书》《春秋》,亦止以便门人诵习,非欲传后。①

刘沅直道夫子讲授先代之礼乐,亦要根据时势、制度加以损益。又基于对当时礼乐正定的规制,结合自身教书传道的体会和经验,得出孔子删述《诗》《书》《礼》《春秋》等经书也只是为了便于门人诵习的结论。这种与清代汉学家所谓

---

① 刘沅:《论语恒解》凡例,《十三经恒解(笺解本)》卷之一,第183页。

第四章
刘沅的解经原则及其背后的重要理念

"征实"不一样的求实方法与理念,体现出了对时势的审度与对事情的究竟,也便是孟子所谓"知人论世"。

不仅如此,对理、情、事三者进行综合考量的精彩辨析和解释贯穿于整部刘沅经解。可以说,书中的几乎每一条注解都或隐或显地带有这种独特而平实的气质。如在《论语恒解·学而第一》注解中连续三章出现带理、情、事字眼的分析,"慎终追远"章,附解开头就是:

> 此章事至平近,理至精微。①

下一条"夫子至于是邦也"章,《论语》原文为:

> 子禽问于子贡曰:夫子至于是邦也,必闻其政,求之与?抑与之与?子贡曰:夫子温,良,恭,俭,让,以得之。夫子之求之也,其诸异乎人之求之与。

刘沅附解对"求"字展开了一番辨析,以证明孔子并非向国君谄近屈求而得以闻政。首先他说:"求非谄屈之谓。第有心采访,期于必得。"然后就孟子周游之情况,以及孔子周游是受资助出行,且或受礼聘,或有门人处寄

---

① 刘沅:《论语恒解上论·学而第一》,《十三经恒解(笺解本)》卷之一,第192页。

寓而言其自有士大夫尊严。并基于此认为《吕氏春秋》与《史记》关于孔子见了数十个君主的记载是"传闻之妄"。最后评说"时解误认夫子处处与邦君往来,求字遂作夤缘谄屈解,既昧时势,亦太低看子禽、夫子。"[①]常理、时势、事件三者皆有述及。

接下来的一章,刘沅也是统合理情事三者来解,而着重于事。

《论语》原文:

> 子曰:父在,观其志;父没,观其行;三年无改于父之道,可谓孝矣。

附解曰:

> ……云三年者,事理当随时处中。不道者,固可速改;即合道者,至三年亦或宜有变通。……此章误解,故宋绍圣之事,小人执此以陷,元祐诸君子无能难之,司马文正公谓太皇太后以母改子,非以子改父,其说亦滞。明世宗末年,朝政大坏,徐阶谋诸张居正,拟遗诏以改之,而高拱不平,欲陷害徐阶,赖居正得免。小人每附会经义,误人家

---

① 刘沅:《论语恒解上论·学而第一》,《十三经恒解(笺解本)》卷之一,第192—193页。

第四章
刘沅的解经原则及其背后的重要理念

国。解经者,可不慎与?[1]

刘沅在经解中突出理与所处境遇、情势的互证,将理、情、事三者互参的求实理念在解经过程中予以贯彻,这何尝不是孟子"以意逆志"的方法在经解中的实践呢。

正是由于抱持这样平实、平正的解经态度与理念,在很多时候刘沅经解不唯权威,而能大胆提出新见。如在《诗经恒解·召南·凯风》篇中,对于"爰有寒泉,在浚之下"一句,历来重要注疏[2]几乎一致认为是以寒泉犹能滋益浚邑之民为喻,来表现七个孩子对受母养育之恩而犹不能侍奉母亲、为母分忧的自责。而刘沅随文小字注曰:"泉喜灌溉而寒则不能,承上无令人而言也。子如寒泉,无灌溉之功,无益于浚,所以母氏劳苦也。"[3]其整个"附解"部分进一步阐释了作此解的缘由:

> 寒泉句,旧解作泉有滋益于浚而子反不能事母,义殊牵强,且爰有二字无著。窃谓泉之贵者,灌溉生物,次便饮汲。若寒泉,则不可灌滋禾稼,

---

[1] 刘沅:《论语恒解上论·学而第一》,《十三经恒解(笺解本)》卷之一,第193—194页。
[2] 这里主要参考的注疏为《毛诗正义》《诗集传》《御纂诗义折中》三个本子。
[3] 刘沅:《诗经恒解·诗经恒解卷之一·国风一·〈邶〉一之三》附解,《十三经恒解(笺解本)》卷之三,第32页。

> 且饮之亦有损于人，故七子以之自比。爰字承上，无令人说下。寒泉近在浚下而无益于浚，七子近在母膝下而无益于母，此正兴下章，乃反兴也。若谓凯风当夏，故寒泉可取，不知泉之寒者，夏日亦不可饮也，至灌溉草木，更无用之。①

这一解析发前人所未发，且言之有据。一方面是符合常识。熟悉农事，尤其是水稻种植的人都知道，稻田灌溉，水温不可太凉。若长期冷水灌溉，会导致禾苗生长缓慢，甚至颗粒无收。故刘沅注意到这一细节，也是从事物实情出发；另一方面是符合语言用法。首先是"爰"字。郑《笺》云："爰，曰也。"今人程俊英直接认为"爰"字就是发语词，无义。②而刘沅认为若按旧解，则"爰有"二字无处安放，于是只能将之视作新起一段，在这种情况下郑玄、程俊英等的解释才能勉强说得通。但若按刘沅之说，把"寒泉"比作不能尽孝的"七子"。则"爰有"二字便可上接"无令人"之意，起顺承与指代的作用。其次，"爰有寒泉，在浚之下"所对应的下一句为"睍睆黄鸟，载好其音"。其义为黄鸟鸣叫清和宛转，能悦人心，为正面意涵，七个儿子却不能慰劳母亲的心。而对于"爰

---

① 刘沅：《诗经恒解·诗经恒解卷之一·国风一·〈邶〉一之三》附解，《十三经恒解（笺解本）》卷之三，第33页。
② 程俊英：《诗经译注》，上海古籍出版社，2012，第32页。

第四章
刘沅的解经原则及其背后的重要理念

有寒泉"一节,意为寒泉虽在浚邑,却因寒冷不能滋养浚下之民,为反面意涵。七个儿子未能尽孝,让母亲仍然劳苦。故刘沅说此为"正兴下章,乃反兴也。"这样理解,经义确实更为晓畅了。此章又是从言事之法入手,结合情与事作解,可见平实中之神奇处。

从对刘沅经学著作的了解和分析,到深入剖析刘沅的解经原则及支撑这个原则的三个重要理念。能看到宋学对刘沅的影响颇大,无论是从对经书的选择还是经解的内容和形式。但同时通过对汉宋关系的再讨论,刘沅经学应当在清代经学史中占有一席之地。他的经学观出于宋学,而又跳出宋学框架。可以说他时刻保持"回归孔孟"的意识,尽量不带私意。他以经文、圣人本意、身心实践、前人传注四位一体,依靠四位一体的有机互动,成功维持了他"圣人之道定百家"的解经原则和理念框架,打破了汉学与宋学、经古文学与经今文学、经书真伪之间的各种纷争,从而做到了折衷兼采、平实说理。《续修四库提要》就以他的《春秋恒解》为例,说他注经:"虽未切实有征,尚觉平易近理,与游谈臆说以私意乱圣经者不同。"[1]刘沅经学以建基于实践上的义理推阐作求实的工夫,既是其经解独特的价值所在,也是刘沅解经原则丰富内涵的体现。

---

[1] 中国科学院图书馆整理《续修四库全书总目提要·经部》,第767页。

三、"明白易晓"

刘沅作为一名师儒，于蜀地讲学凡七十年。长期讲授圣学，与弟子师友教学相长，互相问难。他的大多经解又都在讲习之余完成，故可以说是面向门人弟子，以进行教化。刘沅主张"读圣人书，原要学圣人"。[①]故其经解中对学圣人的问题有不少探讨。刘沅认为程朱等先儒经解对圣人之意或有曲解，或未说得明白，客观上造成了后人学圣畏难的心理。[②]为了让子孙和门人在学习儒家经典时不在繁缛的传注中迷失方向或因此半途而废，他重注经书，以期让所有人体会到"圣学人人可学而能"。所以"明白易晓"便成为其注解经书的主要目的与重要理念。

在"十三经恒解"的每一部中，关于这一点刘沅都有明确的说明：

《孝经直解》：

> 故今但分章诂解，而不用章名，亦不区区拘古文今文之异同，<u>但取其词义晓然，人览之而易知，庶知之而即力行之也</u>。[③]

---

① 刘沅：《春秋恒解》凡例，《十三经恒解（笺解本）》卷之七，第6页。
② "奈世人推尊夫子，却罕身体夫子，亦由先儒视孔子太高，阻人进步。"参见刘沅《论语恒解》凡例，《十三经恒解（笺解本）》卷之一，第179页。
③ 刘沅：《孝经直解》，《十三经恒解（笺解本）》卷之十，第9页。

第四章
刘沅的解经原则及其背后的重要理念

《大学古本质言》序：

> 复为此册，名曰《质言》，<u>朴实说理，期于人人可知</u>。①

《大学古本质言》赘论：

> 《大学》所以明明德，德即天理。人心多妄，故须静养天理以清其原，动诚好恶以践其事，善则扩充，恶则克治。诚意之事，所谓致和也，至虚、至静、浑然、寂然。止至善之事，所谓致中也，<u>其功至简至易</u>。……（程朱）第妄改圣人之书，使至平至常之道鲜有力行，而分动静为两途、成己成人为两事，其为人心风俗之蔽可胜叹乎？愚故不避诃谴而正解之。②

《中庸恒解》凡例：

> 故今训释，惟取<u>明白易晓</u>，而不敢以艰深影

---

① 刘沅：《大学古本质言》序，《十三经恒解（笺解本）》卷之一，第45—46页。
② 刘沅：《大学古本质言》，《十三经恒解（笺解本）》卷之一，第81—82页。

响之辞，致生学者之畏难焉。……今仍遵朱子作三十三章，以便初学。①

《论语恒解》：

> 后世视圣人太高，以为不可学，不必学，则嗜欲累之，境遇困之，……故愚注释此书，惟取简明易晓，诚使体圣人之言，存圣人之心，行圣人之事。②

《孟子恒解》序：

> 第其微言奥义，不免于世俗之混淆者犹有也。沅幸生圣世，从容涵泳者有年，乃取众说而折衷之。稍有未详，即赘为附解也。③

《周易恒解》序：

> 虽词多训诂，不免为有识所轩渠，然鄙意窃欲人人皆晓，而不使视为畏途也。④

---

① 刘沅：《中庸恒解》凡例，《十三经恒解（笺解本）》卷之一，第87页。
② 刘沅：《论语恒解》凡例，《十三经恒解（笺解本）》卷之一，第179页。
③ 刘沅：《孟子恒解》序，《十三经恒解（笺解本）》卷之二，第151—152页。
④ 刘沅：《周易恒解》序，《十三经恒解（笺解本）》卷之五，第3页。

第四章
刘沅的解经原则及其背后的重要理念

《诗经恒解》凡例：

今因诂解正义并于简端，赘以评语，虽一人之愚见，然鄙意窃欲人涵泳义理，得其性情，庶有益于身心，而不徒为文字之助也。①

沅受业弟子白双南志曰：

先生谨遵御纂，间附己见，<u>令经义了如</u>。②

《书经恒解》凡例：

不逊训诂之讥，而详枂其字句，<u>使易知而入德焉</u>。③

《礼记恒解》序：

钦定义疏，广大精微，无美不备。……<u>窃虑承学者或苦于繁，否则拘晦其旨，爰于诵习之时，随文诂义，以便参稽</u>。阅年，忽已成帙。④

---
① 刘沅：《诗经恒解》凡例，《十三经恒解（笺解本）》卷之三，第6页。
② 刘沅：《诗经恒解》序，《十三经恒解（笺解本）》卷之三，第4页。
③ 刘沅：《书经恒解》凡例，《十三经恒解（笺解本）》卷之四，第12页。
④ 刘沅：《礼记恒解》序，《十三经恒解（笺解本）》卷之六，第4页。

《周官恒解》序：

纯皇帝钦定《义疏》，……卷帙浩繁，初学骤难研览。沅稍通其说，间与门人商榷，遂笔记之，不觉久而成书。①

《春秋恒解》序：

自来传注诸家，能发明圣人之意者不少，而拘泥三传，过为艰深，以晦本文者亦多。……及门多从事此书，时以大义相质，久乃成编，不忍捐弃，聊书之以俟高明。②

《仪礼恒解》序：

（读者）惟《仪礼》则奉为楷模，委曲傅会。然世代递降，凡宫室衣服、饮食及诸事为皆非昔比矣，……况夫篇中所载半多不情，其为后儒所辑，昭然可见。……愚故注释而辨正之，毋使同人执此

---

① 刘沅：《周官恒解》序，《十三经恒解（笺解本）》卷之八，第3页。
② 刘沅：《春秋恒解》序，《十三经恒解（笺解本）》卷之七，第3—4页。

第四章
刘沅的解经原则及其背后的重要理念

以误将来。①

综览上述说明,刘沅经解或为纠补前人经说而成,或由讲习积累而成。无论哪一种,都有感于后儒解经在文字与义理上愈加繁复、艰涩,不利于初学。遂以使人"明白易晓"为解经的动机与目的。这种"明白易晓"既是指文义上的晓畅,更是让人明白圣人非别有神奇,只是"人伦之极",②学圣"亦只是全得个为人之理"③且人人可能。揭示了圣道只在日用伦常中,同时兼有对经学大家和讲章流俗等多方面的批判,进一步彰显与传授圣人合天之德无二的旨趣。于是,一种立足经学史又不脱离民众的面向教化的经学诠释特点便得以呈现。

---

① 刘沅:《仪礼恒解》序,《十三经恒解(笺解本)》卷之九,第3页。
② 原文为:"圣人亦人耳,而独能全天理,故为人伦之极。"参见刘沅《附录一·拾余四种·恒言自序》,《十三经恒解(笺解本)》卷之十,第21页。
③ 同上。

第五章

刘沅经解体例的基本特点

对解经原则与理念的分析,从宏观上解释了刘沅为何如此解经的问题。而具体到经解文字中,在经学史与思想史框架下展开带有师儒教化特征的经学义理诠释,是刘沅经解体例的独特性和价值所在。基于前述的解经原则与理念,刘沅经解的体例大致呈现出"辨理精详""一体通贯""注重辞气"三大基本特点,现分述如下。

第一节 辨理精详

刘沅在《周易恒解》中论述其解《易》方法时说:

第五章
刘沅经解体例的基本特点

愚各就本文语意详解，俾读者了然，则诸说之非不攻自破。其必为之串解、附解者，以语意必相承而后明，余义必详辨而始尽，非好烦也。①

刘沅解经，本欲人皆能明晓，所以不仅对经文都加以疏释，也在大多数经典的经文与释文后作了"附解"（有的经解中名作"贯解""赘解"，也有的兼有其二），以求义理晓畅透彻。尤其是对古来争议较大或理解较难的经文，更是不惜笔墨，予以详细申说。在刘沅看来，经文语意本有其承继，与其对前人注解一一辨正，不如将体贴出来的经意说得通透，辨析清楚。这样把义理的逻辑阐发出来，圣人之道自然更为明晰，也更令人信服。他在《论语恒解》中说："愚于词义稍有未达者，既解正文，复为串解、附解，欲求详明。"②但既然是让人明白易晓，刘沅的详解不可能如当时流行的"章句之学"，字词音韵，锱铢必较，非"一经说至百余万言"③的"言"无巨细。相较于考据的汲汲求征，刘沅的经解更注重详尽与透彻地说理。

---

① 刘沅：《周易恒解》凡例，《十三经恒解（笺解本）》卷之五，第7页。
② 刘沅：《论语恒解》凡例，《十三经恒解（笺解本）》卷之一，第178页。
③ 《汉书·儒林传》。

一、力求详实：以《大学恒解》与《大学古本质言》为例

典型的例子就是《大学恒解》与《大学古本质言》（以下称《质言》）。这是刘沅唯一一部两度作注的儒家经典。两度注解《大学》，可以感受到刘沅对《大学》的重视。他在两书的序中说：

> 大学之道，圣人所以陶成天下，使咸为圣贤，无愧于天亲者也。……此书综前圣之法，为后学之津梁。①
>
> 孔曾忧世牖民，乃为是书，身心性命之理、日用伦常之道，全备于兹。②
>
> 宋儒知尊此书，而未遇明师，私心臆测，妄为改窜，遂大失圣人之真。③

刘沅两注大学，条分缕析，不仅因其极为重要，更在

---

① 刘沅：《大学古本质言》叙，《十三经恒解（笺解本）》卷之一，第45页。
② 同上。
③ 刘沅：《大学恒解》序，《十三经恒解（笺解本）》卷之一，第3页。

第五章
刘沅经解体例的基本特点

于对程朱强经就己而窜改《大学》原文[1]以致贻误后人表达不满。刘沅遵古本而解《大学》,反对妄改古本原文。他肯定程朱对《大学》之尊崇,但认为程朱并未真正从身心上体认到圣人之实,乃是以私意擅改《大学》。

在《大学》分章上,刘沅也不从朱子。宋以前《大学》不分章,朱子将《大学》分为经一章、传十章,在内容次序上有所调整,并在原文"所谓诚其意者"前自己增补了一段"格物补传",自此《大学》有了"古本"和"今本"两个版本。由于刘沅遵从古本,他把古本《大学》经文分为经一章、传五章。经文部分从"大学之道"至"知之至也"。此后皆为"传"的部分。每一个以"所谓"开头即为一章,共五章,这是刘沅的分章,也是他的独到之处。

在《大学恒解》中,刘沅除了随经文训诂作注以外,每一经传章后都附有"贯解"和"附解"。《大学恒解》随文诂义,已然申明义理,而再作《质言》正是为了在

---

[1] 《大学》原为《礼记》中之一篇,程颐与朱熹将《大学》从《礼记》中抽出,作为四书之一,并按己意对原文内容作了改换和补充。之后阳明称程朱改本以前的《礼记·大学》为古《大学》,朱子改本为今本《大学》。朱子《大学》改本是建基于二程改本,尤其是伊川改本之上。二程《大学》改本篇章结构大体均按"三纲八目"的次序排列,虽未明分经传,但结构已显见。伊川改本《大学》篇目次序依次为三纲,八目,格致释文,三纲释文,诚、正、修、齐、治、平释文,文字上改"亲民"为"新民"。引述自李纪祥《两宋以来大学改本之研究》,台北:台湾学生书局,1988,第50—52页。以上程伊川对古本的改动,朱子大体都承袭下来。

《大学恒解》的基础上使其说理更加平实、详实，厘清概念，期于人人能懂。亦可见刘沅对此"成人之学"[①]正本清源之迫切，以及恢复其教化民众之功用的拳拳之心。而关于《大学恒解》与《质言》两个注本的区别，粗略看来有以下几点：

《大学恒解》有"注文""贯解"和"附解"，《质言》只有注文。"贯解"是对原文一章进行通贯的解释，是对经义的通诠。其特点是强调义理的融会贯通；而"附解"则是着重对章节里的重点概念和语句有集中探讨和进一步阐释，也包括对前人注解或争议较大之处的辨析。从篇幅来看，《大学恒解》仅计算每一个贯解、附解（其他还有注文与章旨），少则数百言，多则千余言。而与之相比，《质言》则只有注文。

《质言》义理精详，胜过《大学恒解》。虽没有贯解和附解，但是《质言》注文的详实程度与精义较《恒解》为胜。《质言》对大学原文重要的概念与命题进行了逐词逐句的疏通，而对"传"的解详细程度虽不及对"经"的分疏，但也比《恒解》分段更细，注解更详实。

《质言》可以看作是《大学恒解》的补本。可能由于《大学恒解》的成书时间比《质言》早，《质言》对概念的阐释相比《恒解》更着重于追根溯源，更加理论化与系

[①] 刘沅：《大学恒解》，《十三经恒解（笺解本）》卷之一，第9页。

第五章
刘沅经解体例的基本特点

统化。从内容上看,《质言》中的疏释大多是《恒解》未尽之意。

以上区别兹举例说明:"大学之道在明明德"章,刘沅《恒解》"附解"中辨析"大学"与"小学"之说约三百言,原文如下:

> 大学二字,对国学、乡学言,则指天子大学,对幼仪等小学言,则指修己、治人等成人之大学,其实一而已。人性皆善,而后天则不无驳杂。圣人体天之道于己,全己之性,即为有德。以己之德教化天下之人,各全其德,此学之所由来也。圣王在上,礼教昌明,为君师者,皆有德之大人。建学明伦,其始少年。先从事小子之学,《曲礼·内则》所记及《学记》离经辨志、博习亲师之事,以束身于规矩。十五而使学大人之学,始教之以全人之道。其教遍于天下,而倡于天子,故二说仍是一理。毛西河谓小学、大学是学官之名。《白虎通》云八岁入小学,乃太子之礼。学分大小,经无明文,其说甚辨。然朱子以幼学为小学,成人之学为大学,虽古无是言,于理亦自无碍,从之可也。①

---

① 刘沅:《大学恒解》,《十三经恒解(笺解本)》卷之一,第12页。

先简言"大学"二字提出的渊源，然后解释其实质内涵与小学、国学等异名而实一，接着引《礼记》为证。最后罗列毛奇龄、《白虎通》、朱子之说，给出结论。

而在《质言》中，刘沅开头就把"学""大学""小学"分条目单列出来，分别进行系统论述。每一个条目都有数百言。其中"大学"条目原文如下：

> 大学对七岁小学言，则十五以后学为人之事；对庠序校等乡学言，则天子之国学。详味经文，则夫子所言天子之大学也何者？周家以六德、六行、六艺造士，其时父兄师友皆大学中人。自家庭之间，胎教、谕教已端其本，而州闾族党，悉各有师。上以之兴贤，下以之立身，民盖无不由之者。生养遂而道化周，人无不学。乡大夫以时饮射、读法，与父老子弟相习讲求督课之，必其德行道艺实有所得，乃渐次而升于国学。国学与天子近，备朝廷选建之所也。故夫子曰：三年学，不至于縠，不易得。谓其入大学而已升于司徒耳，时解亦误。此书首言在明明德，因大学中人由乡学而入，已非不知明德者，但德无穷，明之之功亦无穷，必益加明之。曾子释之曰日新、日日新、又日新，即此意也。次言在亲民者，天子之元子、诸侯之适子、国之俊选，皆在大学学。人诵习诗书而不达人情物理，则有文无行，必不能成己成人，

曲尽其道；况王世子、公卿之子，生长贵胄，草野之事茫然，若不虚心下交，熟悉情理，安能有用？故明明德者，身已修矣，而更必与民相亲，体察人情物理，明于庶物，察于人伦，圣人亦由此而臻。周公制作，合朝野巨细而咸宜。若使深宫宴处，未与民亲，安能兼三王以施四事？故即此二句可知，夫子言大学者，乃国学。其言止于至善者，人得天地之中以生，百骸所本，此身亦有中焉。存心养性，必在于此。明明德者，宅心宥密，由初学而神化，皆不可离，故名之曰至善。而言为学始终在是，使人知其要而行之，乃不致误，故下文紧承此句而言其效。此句错解，则无一不错，而德何以明、学何以至邪？①

此条目首先申言何为国学、何为乡学，然后说到"大学中人由乡学而入"，接着便通过阐释《大学》首句"三纲目"之内涵与"大学"所学内容的关联，继而明确"大学"之含义。所以从篇幅来看，无论《质言》还是《恒解》，都极为详尽，只是论述的出发点和角度有所差别。

二、不泥文字，表意精审

刘沅经解的"辨理精详"还体现在其对字词释义与意

---

① 刘沅：《大学古本质言》，《十三经恒解（笺解本）》卷之一，第48—49页。

旨表达的精到与审慎。以《周易恒解·系辞下传》为例，《传》文原文如下：

> 夫易，彰往而察来，而微显阐幽。开而当名辨物，正言断辞则备矣。

刘沅注曰：

> 彰往者，明天道之已然；察来者，察人事之未然。显者，日用事物，推其本于理数之幽者以微之；幽者，神明天道，著其义于事为之显者以阐之。开，开示，承上门字而言。当名，六十四卦名称之当。辨物，取象之物。正言，言不离正。断辞，决其吉凶悔吝。备矣，言理象无不全。
>
> 承上言易彰往察来，而微其显者，阐其幽者。然皆本于乾坤所统，即乾坤二卦开其门以示人，而当其称名，辨其物象，言则必出于正，理则实断可否，则人事物则之用咸备于中也。①

刘注中，虽然对"彰往""察来""显"等概念的解释因

---

① 刘沅：《周易恒解·周易恒解卷五下·系辞下传》，《十三经恒解（笺解本）》卷之五，第229页。

第五章
刘沅经解体例的基本特点

袭自来知德《周易集注》,[①]但与之比较,来注只解释了部分词意,然后就是对整句的阐释;而刘注则几乎对每一个概念字词进行了解释,又另起一段对此一节主旨进行通贯,亦可见其详。

其实,说刘沅经解详尽,更多是相对宋学派之经解而言。如朱子经解的义理阐释,简洁而深刻,但不便初学。朱子解经,无论是《四书章句集注》,还是《诗集传》《周易本义》《仪礼经传通解》等皆以训诂阐发义理。而刘沅经解虽不是都有串解、附解,但每部经均有随文诂训,其形式与朱子经解一致,可以说就体例而言,抛开"附解""贯解"等刘沅自己的经说部分,大体上与朱子无异,只是注释训诂更详。因为刘沅面对门人弟子修业,身亲教化之职,自不能如朱子一般沉浸于儒学理论的建构与学问的精进。其注经欲人皆晓,又要辨析前人是非,故说理详尽也是一种必然。

当然,刘沅也并没把说理精详看作理所应当。他很清

[①] 来知德注原文:"'彰往'者,明天道之已然也。阴阳消息,卦爻之变象有以彰之。'察来'者,察人事之未然也。吉凶、悔吝、卦爻之占辞有以察之。日用所为者显也。《易》则推其根于理数之幽以微之,使人敬慎而不敢慢。百姓不知者幽也,《易》则就其事为之显以阐之,使人洞晓而无所疑。开而当名辨物者,各开六十四卦所当之名,以辨其物,如乾马、坤牛、乾首、坤足之类,不使之至于混淆也。正言断辞者,所断之辞吉则正言其吉,凶则正言其凶,无委曲无回避也。如是则精及无形、粗及有象,无不备矣。曰'备'者,皆二物有以体其撰、通其德也。此其所以备也。"参看来知德撰《周易集注(下)》,姚国华、柯誉整理,九州出版社,2012,第473页。

楚，一味只求详尽，或陷于泛滥无归，或不免牵强附会，这都是背离明白易晓的初衷的。因此他对经解的要求首先是准确的表达，详略亦服务于此。很多时候，刘沅的诂释都未必详于朱子。实际上，朱子以理释经，难免有牵强附会之处，比如添字解经。以《孟子·告子下》"鲁欲使慎子为将军"章其中一节为例：

《孟子》原文：

> 孟子曰："不教民而用之，谓之殃民。殃民者，不容于尧舜之世。"

朱子注曰：

> 教民者，教之礼义，使知入事父兄，出事长上也。用之，使之战也。①

刘沅注曰：

> 殃，祸也。言鲁民素无教化，不当弃之于敌。②

---

① 朱熹：《告子章句下》，《四书章句集注·孟子集注》卷十二，吕留良手批，俞国林编，中华书局，2015，第1120页。
② 刘沅：《孟子恒解》，《十三经恒解（笺解本）》卷之二，第364页。

第五章
刘沅经解体例的基本特点

刘沅章后"附解"相关部分：

> 此章重责慎子道君以殃民之事违制，意亦为殃民作引。……孟子以殃民责之（慎子），斥其不可……①

这里可以看到，朱子注把"教"的内容定为"礼义"，并具化为"事父兄""事长上"。但遍览前后文，俱无涉及"礼义"相关的话题。此处可以说是朱子用了"增字解经"的诠释方法。再对比刘沅的注文和"附解"，只言"教化"，孟子未明言处，不多演绎阐发，直解句意。

又《孟子·滕文公下》"景春曰公孙衍"一节原文：

> ……居天下之广居，立天下之正位，行天下之大道。……

赵岐《章句》：

> 广居，谓天下也。正位，谓男子纯乾正阳之位也。大道，仁义之道也。②

---

① 刘沅：《孟子恒解》，《十三经恒解（笺解本）》卷之二，第364—365页。
② 赵岐：《孟子赵注》，《无求备斋孟子十书》第一函，卷六，第3页。

朱熹《集注》：

> 广居，仁也。正位，礼也，大道，义也。①

刘沅《恒解》：

> 至广居、正位、大道。朱子分仁、礼、义亦佳，但孟子口中无仁、礼、义字眼，只按切本文形容为是。②

在这里，刘沅认为朱子的解释可存，却也在后文明确表达出了对添字解经的审慎。为何采取这一态度？刘沅曾于《周易恒解》中谈及，他说：

> 历代诸儒各以意说经，得者多而失者亦复不少。平心而论，惟以圣经自然之文义解之，则不必求多于本文之外，且求本文字句无负可也。③

在肯定先儒"以意说经"的同时又直言此种方法易以经文

---

① 朱熹：《滕文公章句下》，《四书章句集注·孟子集注》卷六，第266页。
② 刘沅：《孟子恒解·孟子恒解卷三·滕文公下》，《十三经恒解（笺解本）》卷之二，第241页。
③ 刘沅：《周易恒解·周易恒解卷一·周易上经·屯》，《十三经恒解（笺解本）》卷之五，第40页。

第五章
刘沅经解体例的基本特点

牵附私意的弊端，由此也可窥刘沅所秉持的平实中正的解经态度。

刘沅遍注群经，不似朱子等经学家、哲学家一样对经典或经文有选择地作诂解。其注解更重精详，但也不一味求详，而是以准确表达经义为基本原则，力求详简有法。其常诟病程朱等宋学派经解是"以己意臆测圣人"，自己则多就实说理，少演绎发挥。这是他相较朱子注经的大不同处。

另外，需要注意的是，刘沅也不是每一部经书体例都完全一致。其解经说理的详简程度上也有侧重。例如他对"四书"、《周易》、《礼记》等经书的每一章节疏释之后均有"附解"，《诗经》虽不是每首诗之后都有"附解"，但均有"眉批"；而像《周官恒解》，则是在春官、夏官、秋官、冬官（《考工记》）每一"官"之后才有一个"附解"。

第二节 一体通贯

基于师儒教化的立场和目的，也为了打破程朱理学流弊及以此为主导的意识形态加诸天下士子身上的枷锁，同时为圣人正名。在刘沅的经解中时常能看到对某些问题的反复申言和强调，从而形成了他经解的一大特色。但是这些反复的申言说理,并不似空洞的说教与单调的重复,而是就具体问题的讨论逐步地展开、深入,自然呈现出来。似乎无论哪部经的哪个文句,都能作为支撑其经学思想的绝佳例证。这不仅不会让人觉得厌烦或牵强,反而可以体现出刘沅对经文义理有着异乎寻常的精深理解,亦可见其对经义的融贯。

例如,刘沅常言:"仁者寿,大德必寿。"这句话本来分别出自两部儒家经书。"仁者寿"出自《论语·雍也》,原文为:"子曰:'知者乐水,仁者乐山;知者动,仁者静;知者乐,仁者寿。'"而"大德必寿"则出自《礼记·中庸》,原文为:"故大德必得其位,必得其禄,必得其名,必得其寿。"刘沅得此中奥妙,如前文所述,正是得野云老人的指点。刘沅随老人修习八年,身心渐入佳境,乃深悟此七字为儒家修养工夫之至妙。笃行实践而体证圣道,让刘沅对这句话有极深切的领悟。但是,面对颜渊早逝的事实,后世因此而不断产生的对"仁者寿,大德必寿"的质疑,以致不信圣人"立命"之言。对此,刘沅作为负责任的师儒,不得不反复申言此理之可信可行。于是我们看到刘沅在各部经解中就经文而反复阐明这七字的意涵。以下摘录数例为证。

> 旧说言杀身以成仁与未见蹈仁而死终有不合,以为言各有当,此章特为凡民发,均非也。盖仁者

第五章
刘沅经解体例的基本特点

寿,大德必寿,夫子言之。后世因颜子三十二而卒,遂谓仁者不必寿,则夫子之言为无凭。不知颜子特天资纯粹,精进不已,故夫子屡赞之。于其卒也,叹曰:惜乎!吾见其进,未见其止。原非谓颜子已造于神化之域,其卒也因秉质羸弱,秉受先天者二气不固,观其年二十八头发皆白,可见夫子以其质美而勤学,故尝奖之,实则未到圣人地位也。

……

若谓颜子仁矣,圣矣,犹且短命,则夫子仁者寿,大德必寿,及此章之语为虚言欺人乎?此义不明,故延年却病者学方外之术而反以为仁人不能立命,愚安得不屡辨之?岂故抑颜子以伸吾说哉?夫子此章义理精密非常,学者诚实践乎为仁之功,驯至乎全仁之域,为忠臣,为孝子,为名教之干城,为乾坤之肖子,则必欣然于蹈仁之不死,而水火诚不可同年语也。尚其思之,勉之。①

惟人秉天地之理皆同,而秉父祖之气不同,故圣人教人存心养性,立命事天,全其天命之理。而气数之不齐者可齐,故曰虽愚必明,虽柔必强,仁者寿,大德必寿,以及余庆、余殃种种言语,皆言

---

① 刘沅:《论语恒解·论语恒解下论下册·卫灵公第十五》,《十三经恒解(笺解本)》卷之二,第90—91页。

人尽性则可以立命而回气数也。①

所其无逸，即该得敬德功夫，操存省察，寡欲清心，内有其缉熙之德，而外亦日见其精明强固。仁者寿，大德必寿，职此之由也。②

而此章颜子自言所学，见夫子之德不易，及要以博约为要，本至平常，若大而化之，圣不可知，颜子固犹未逮，误解而以为颜子已圣，犹不免短命，则仁者寿，大德必寿，夫子之言皆谬，吾岂故抑颜子哉？诚虑后人谓圣人之学不能立命耳。③

愚尝语门人，颜子之不可及者，不在闻一知十，而在亦步亦趋。先儒知颜子为圣门第一人，而不知其所以屡蒙嗟赏者，非以其天资绝人，而以其好学不倦，使天假之年，希圣希天，断当称首。而惜少遐年，夫子所以恸之。若止推尊颜子以为圣人、仁人，不特仁者寿、大德必寿夫子之言不信，

---

① 刘沅：《论语恒解·论语恒解下论下册·尧曰第二十》，《十三经恒解（笺解本）》卷之二，第148页。
② 刘沅：《书经恒解·书经恒解卷五·周书·无逸》，《十三经恒解（笺解本）》卷之四，第189页。
③ 刘沅：《论语恒解上论·子罕第九》，《十三经恒解（笺解本）》卷之一，第317页。

且令天下后世皆诿于资逊颜子，畏阻前修。其为世教害非浅鲜也。①

命字古今纷纷曲说，俱不晓。然愚于凡言命章皆辨之矣，而此章言命尤其显然易见者。……若犹有一毫之私未除，一毫阴气未净，即难以造命、立命。故颜冉之不寿，命限之也。今人不知而谓圣学不足立命，则援颜冉以自解，抑思子曰仁者寿，大德必寿。岂谬言以欺世乎？《淮南子·精神》篇曰：伯牛为厉。盖亦因子言而云。包咸曰有恶疾，皆误也。子曰：斯疾，不过言不起之疾耳。②

至谓颜子仁人、圣人，不免短命，学道为无益。然饮食男女，人之大欲存焉，死亡贫苦，人之大恶存焉，夫子尝言之。气数不齐，则贫困短折固所常有。学道者内而存养，清其神明，外而检摄，践乎伦理，夭者寿、愚者智、贫困者安全，此圣人所以补造化之穷，安有尽人合天之学而尚不能延年且饿殍者乎？孔孟不如此云也，曰学也禄在其中，仁者寿，大德必寿。大德则禄位，名寿，必得修其

---

① 刘沅：《大学古本质言》，《十三经恒解（笺解本）》卷之一，第73页。
② 刘沅：《论语恒解上论·雍也第六》，《十三经恒解（笺解本）》卷之一，第261页。

天爵，而人爵从之。①

孟子未言所以养，遂使后世养心养身分为两途。而其中又生出许多门径，并下两章之义亦不明。今为详言之。人无不爱其身者，而身安可久？惟恃此心此理有不朽于天壤者，不必远求，只在人伦事物上念念循理，事事合宜，务使内省不疚。而闲暇之时，则求其放心，静养元气，以穆穆之意葆性命之源。久而神明内敛，天理浑然，则致中矣。一有所动，持以敬恕，惟恐意之不诚，道之不尽，此谓致和。动者，静之用，静者，动之本。内外一原，存发相贯，由养气而充实光辉，大与化神；功非一端，效惟渐致养性也，而养身在其中矣。盖人身所以生者气血，而气乃血之主，神又气之主也。心者，人之神明。而气质之欲累之，则神不明，气不清，形质亦不能安。固养浩然之气，所以返受中之本。然此气乃先天虚无之气，即气即理，非后天口鼻知觉之气可比，而实为后天气之根本。果能有诸己而充实，则精明强固，血气亦丰，却病延年，已可决矣。况养气之功，全在集义。内无毫发之私伪，外无怠肆之偶乘，心依于仁，动循乎理，而凡

---

① 刘沅：《大学古本质言》，《十三经恒解（笺解本）》卷之一，第58页。

第五章
刘沅经解体例的基本特点

嗜欲戕贼之事，自断断不为。仁者寿。大德必寿。职此其由也。后世不知圣人之学，养性即可养身。而以后天呼吸为气，后天阴识为性，是以养心而不能延龄，养气而不能治世。孟子言知所养，此其大略也。若夫从欲悖理，全不知人身之贵者，孟子固不为此辈饶舌。[①]

以上所摘录，皆为刘沅经解中有关"仁者寿，大德必寿"的论述。可窥见其"反复申说、一体通贯"的特点。即为后世多所质疑的经义申说更多，并且围绕同一主题，从具体经文出发，以不同角度进行解读和诠释，但核心主旨始终不变。引文第一条摘录自刘沅对"民之于仁"章的"附解"。这篇附解总共上千言，基本都围绕着颜回早逝与"仁者寿，大德必寿"是否矛盾这一主题展开论述。甚至同一篇"附解"，两度申明这一主题。第一条第一段说：孔子是因颜回"质美而勤学"褒奖他，但并未认可颜回已成圣。接着刘沅说颜回乃是得天地父母之驳杂者，属于"性未尝不善，而质则有拘"。进而刘沅谓圣人所谓"立命"是以学教人存心养性，由诚意始，由化神终，变化气质而至于长寿，且这个变化过程有次第，也非一日之功。这里主要强调"变化气质"。又本条第二段仍论述原

---

① 刘沅：《孟子恒解·孟子恒解卷六·告子上》附解，《十三经恒解（笺解本）》卷之二，第349—350页。

主题，但此时则转至"仁"的角度说"学者诚实践乎为仁之功"，而不应该以方外之术来求长寿。之后各摘录部分，有通过论"命"来明圣人"立命"之意；有通过提出"颜回之不可及者，在亦步亦趋"的命题，以解前人之惑；也有通过孟子"天爵""人爵"的概念来说明仁德与寿禄的统一。无论从哪个角度来作解，对于"仁者寿，大德必寿"这一命题，刘沅在各经解中有两个主旨是一以贯之的。其一，颜回是仁德充满之人，但孔子赞赏的、或重视的是他的躬行不怠、好学深思，而不是先儒所谓闻一知十、天资聪颖。如果强调其天资的部分，则容易使后人即便高山仰止而不敢行、不敢学。其二、养性即养身，身心不二、内外交养，此是仁者、德者必寿的理论依据。但死生有命，世事难料。人由父母所生，带后天之气质，受此拘限。唯有尽己心之量，便是知性知天，与天合德。只有如此才不会让世人因一人之天赋高而寿命短为疑虑。[①]总之，除《书经恒解·无逸》"附解"外，刘氏均不回避"颜回早逝"这一质疑，并依据经文从多角度来阐明"仁者寿大德必寿"并不与之相矛盾的观念。

其他问题如求妇女地位的平等与强调女性在家庭与社

[①] 近期有焦国成先生《孔子"仁者寿"发微》一文，引用刘沅《大学古本质言》所论"仁者寿，大德必寿"的部分，来证明刘沅"强调仁者高绝的道德水准，认为行仁而不寿者是因其未达仁者之故，从而维护"仁者寿"的绝对真理性。"此言有所偏失。参看焦国成《孔子"仁者寿"发微》，《人文杂志》2022年第6期。

会的重要教化作用的论述反复出现在各部经解当中，尤以《诗经恒解》与《周易恒解》最集中；又如强调"笃行实践"和"圣人只是全天理"等说法在各经解中也被反复提及和论证，且均依文立义，并不强为比附。这些都彰显了刘沅经解体例"反复申说、一体通贯"的特点。值得一提的是，刘沅对重要概念的解释不喜分说与下定义，而常常合在一起进行关系上的辨析，很多时候也在与前人之说的对比中明确其异同，所以往往使人觉得通透，也从侧面反映出其理论的系统性及其所具有的很强的解释力。

纵览刘沅经解，每一本都让人无不深感其为向文化知识基础薄弱的下层士人与门人子弟宣扬圣道、补偏救弊的苦心。

第三节 注重辞气

说到传统经学思想研究的方法，有两个大方向。一个是以考证为主，穷究名物典章、文字训诂，以求圣言之真；一个是以义理的阐发为主，体道究心，发圣人之隐微。二者路径不同，但有一个问题却是共同的。那就是它们都更多地关注"经文说了什么？""为什么说这个？"，而对于"为什么用这样的方式说？"则顶多属于文章家的论域，传统经学家即便如笃信孔子微言有大义的今文家、公羊春秋学者也对此应者寥寥。相较而言，刘沅在他的经解中非常注重经文言说的方式，尤其是字里行间所透出的辞气与情感。在他看来，经文中的措辞不应该被忽视，其所显露出的"辞气"是探索圣人之心更为有效的途径。他在《周易恒解》"凡例"中论经文辞气的重要性：

> 圣人已往，其言具存，即其心存，必将其立言之意理及词气之轻重抑扬得之，则如亲晤圣人矣。故经文虚字神理，毫不可忽，前人或以己意武断经文，而不顾前后语脉之通塞，……愚于此等处必再三申辨，务使圣人之心晓然，不敢避违众之嫌也。①

刘沅认为，要理解经文中所言之理，必须注重体会经文间的圣人辞气，所以虚字虚词亦不能忽略。用字的讲究表现为言语辞气的抑扬轻重。而正因为前人解经不注重这点，造成前后文语意往往不连贯，断章取义，以致误解。故需对此再三申辩。

刘沅服膺《孟子》，就因为孟子不仅仅说理纯熟，符合二帝三王之道，更在于说理的方式自然精妙。他说：

> 有德者必有言。韩昌黎曰：气盛则言之短长、

---

① 刘沅：《周易恒解》凡例，《十三经恒解（笺解本）》卷之五，第8页。

第五章
刘沅经解体例的基本特点

> 声之高下皆宜。文章之道，不越乎此二者。《孟子》书文章最妙，只缘道理烂熟于心，信手拈来，自然精妙。又充实之光辉见于文字者，浩浩落落如此。眉山苏氏得孟文妙处，亦其天资高明，胸少尘滓，故得其大凡，然与孟子之道德文章浑而为一，则未逮耳。①

他首先引用韩愈之说，表明好的文章须在文句的长短、声气的高下方面皆做到合宜。然后说《孟子》文章妙处就在于不仅因"道理烂熟于心"，说理自然而确切；而且文章全篇充满浩然洒落之气，"充实之光辉见于文字"。继而以苏轼为喻，言苏轼文章得孟子之妙处，但却仍未能达到孟子"德言合一"的境地。刘沅通过经文辞气观孟子其人之德行，进而判其所言为何理。他曾说："凡圣人经传，平心酌理，审其语气，皆有自然之句读，正不必拘牵附会耳。"②对于刘沅而言，对"辞气"的考察能辅助对义理的理解和把握，从而避免和摒除掉一些牵强附会的解释。

在《论语恒解》对"贤贤易色"章③的解释中，刘沅把"贤贤"释为"实践其贤"，把"易色"释为"变易

---

① 刘沅：《孟子恒解》凡例，《十三经恒解（笺解本）》卷之二，第154页。
② 刘沅：《论语恒解上论·里仁第四》，《十三经恒解（笺解本）》卷之一，第234页。
③ 刘沅：《论语恒解上论·学而第一》，《十三经恒解（笺解本）》卷之一，第190—191页。

163

容色",而不依孔安国和何晏等人把"贤贤"解为"好贤",对此他解释道:

> 《大学》如好好色,就人隐微处形容其意之诚,故以如字作指点,……夫子两言未见好德如好色,皆慨世人习尚之偏。此章设言,有如是之人乃悬空说下,就现成人品说,故不曰好贤,而曰贤贤,谓实体其贤也。

这是把"贤贤"置入到整章的语境中去,先点出《大学》"如好好色"的用意,继而指出虚字"如"的用法,再以孔子所说的"好德如好色"是指向非贤人的世人。故结合上下文,刘沅认为子夏此处的"贤贤"应是假设已具有贤人品质的人为说的。故他后面评皇侃之说[①]:"(皇侃)《义疏》言若欲尊重贤人,则当改易其平常之色,更起庄敬之容。大略亦是,而不合现成口气。""不合现成口气"正是与上下辞气不通贯,故而刘沅认为《义疏》解释即便逻辑上可以自洽,但并不与子夏"设若一个贤人"的口气相合。

又如《诗经·周南·螽斯》篇。关于"兮"字,作为

---

① 皇侃《义疏》原文:"上'贤'字,犹尊重也;下'贤'字,谓贤人也。言若欲尊重此贤人,则当改易其平常之色,更起庄敬之容也。"参看皇侃《学而第一》,《论语义疏》卷一,高尚榘校点,中华书局,2013,第12页。

第五章
刘沅经解体例的基本特点

一个叹词或叫语助词,在《诗经·周南》的十一篇诗中只有《葛覃》《螽斯》《麟之趾》三篇出现了,从各篇文字占比看,要数《螽斯》为高,每一分句即出现一个"兮"字。但翻看历代注《诗》名作,比如《毛诗传笺》《毛诗正义》《诗集传》等都对此未置一词。即便如注释极为详尽的清代王先谦《诗三家义集疏》,在《螽斯》篇中也只说了一句:"兮,语助,说详《绿衣》。"而翻看王先谦在《诗经·邶风·绿衣》篇中的疏证,则只是从文字源流等对"兮"作了考察。[1]与之不同的是,刘沅则为"兮"字所蕴含的充沛情感所触动。他不仅在《诗经恒解·螽斯》篇写下眉批,强调"振振兮"中"兮"所包含的"咏叹不尽"[2]的情感意味,更在解《绿衣》篇时写下:"其余情全在兮字上领取。"[3]

以上例子说明,无论是对经义的阐释,抑或对传注的衡判,刘沅都非常注重经文间"辞气"的作用。在刘沅

---

[1] "二'兮'字,语助足句。说文'丂'下云:'气欲舒出,勹上碍于一也。丂,古文以为亏字,又以为巧字'。'亏'下云:'于也,象气之舒。亏从丂、从一。一者,其气平之也。''兮'下云:'语所稽也,从亏、八,象气越亏也。''稽'之为言留止也,句中加'兮',所以留止其语。"王先谦:《绿衣》,《诗三家义集疏》卷三上,吴格点校,中华书局,1987,第136页。

[2] "只就螽斯反复咏叹,细绘情状,而后妃齐家之政,礼肃而情洽,皆在其中。非徒咏子孙众多也,凡兮字皆咏叹不尽之词。"刘沅:《诗经恒解·诗经恒解卷之一·国风一·〈周南〉之一》附解,《十三经恒解(笺解本)》卷之三,第12页。

[3] 刘沅:《诗经恒解·诗经恒解卷之一·国风一·〈邶〉一之三》附解,《十三经恒解(笺解本)》卷之三,第29页。

的观念中，万物皆有理气，圣人是人，亦是理气所化。理寓于气，故经文中不可能只有理，没有气。没有气的理，是死理。故经义间的辞气承载着圣人之理，也显现圣人之心，表现出《诗》乃圣人所咏之情志所系。

另外，从经学诠释史的角度亦能看到刘沅注重经文辞气的特殊意义。经学作为儒学的根基，贯穿自先秦至清末两千年中国学术史。秦汉以后，经学诠释与儒家圣人、皇权政治的紧密结合，使得经学在中国古代儒家学者的心目中拥有崇高地位。而无论是偏考证还是偏义理，无论追求"内圣"或者"外王"，经学都代表着一个时代充盈的理性精神。尤其对于追求经世致用的儒家学者而言，对经学的研究就是探究圣贤修身治世的大经大法。也因此，在大多数的经学家眼中，辞气如何并不是他们关注的重点，那是文章家的事，他们也并不认为对经文辞气的研究会对理解圣人的微言大义有什么助益。而对刘沅来说，经学史上很多问题的纷争，正是由于经学家们缺乏对经文间辞气的关注而产生。如果给予圣言"辞气"更多的理会，很多问题便会迎刃而解。从这一意义来讲，刘沅对体会经文辞气的重视，恰恰是其经学思想的一大特点。

第六章
对宋明理学的反思与纠补
——刘沅经解中的儒家义理与三教融通论

第一节 明清之际理学的境遇与反道统思潮

近代以来学者讨论清代反理学思潮的本质与朴学兴起的原因，或认为是对理学后儒空谈心性的反动，或以为是对朱子穷理之学的继承。但对反理学思潮中的一大波澜，即明清思想家对道统的反省和批判却关注不多。其实明清之际的理学境遇与当时学者对理学道统的不满有很大的关系。随着程朱理学在元代以后成为唯一的官方意识形态，并且地位得到不断巩固。在尊程朱者和明清统治者的推波助澜下，朱子学中的"天理"概念逐渐标准化、真理化，甚至神圣化。理学道统中的儒家圣贤也在之后逐渐成为"理"的化身,维护道统的程朱学者变为"理"的护持者,在庙堂与民间都产生极大影响。进一步考察明清之际的反道统观念并作理论反思和剖析或许能对清儒反理学的实质以及刘沅通过经学诠释对理学道统的质疑有更深的理解。

一、理学"道统"提出的历史际遇

隋唐以来,佛道兴盛,至两宋渐炽。佛教禅宗在宋代形成所谓"五家七派"的格局,而此时的道教内丹学也大行天下。宋儒眼见佛道二教的兴盛,心知儒学若要与之抗衡,不能不补上"性与天道"层面的理论缺失。这些儒者或多或少都受过佛道的熏染,做的又是前人未有之功,几无参取,故而在其理论建构中借鉴佛道,也是自然的事情。[①]但正因为是与佛道针锋相对,宋儒辟佛老之语于其著作或语录中随处可见,避谈或否认与佛道的关联也在情理之中。

而在与佛道辩难的过程中,理学的基本观念因之而愈加成形,基本理论亦随之精湛。[②]"理一分殊""理欲之辨""体用之分"等基本问题多借此而发,儒学之心性

[①] 例如朱子虽辟佛老,但也曾受《周易参同契》等道书影响;朱子在《语类》中也多次引用禅宗"月印万川"的禅语为自己的理论张目。
[②] 如邵雍、周敦颐借阐发道士陈抟所传之《先天图》与《太极图》构建自己的哲学体系,程朱等借华严宗"四法界"中的"理"观念构建其天理观等。虽然其中有些是无意中借用的,但亦不可否认受其影响。

第六章
对宋明理学的反思与纠补——刘沅经解中的儒家义理与三教融通论

论、本体论等思想体系也在此激荡中日趋完备。不得不说，释老之学风行天下对宋儒是不小的刺激，二氏之说在间接促进宋代儒学理论发展高度与深度上功不可没。而宋代理学家刻意趋避自身对佛道理论有所吸收的事实并力辟之，乃在于其出发点与立场使然。宋儒辟佛老一方面当然是为了振拔儒学，以便能与当时席卷神州的佛道并立甚至超越之，抢占意识形态与话语权高地；而另一方面则是为了争华夏正统。从宋与辽、金、西夏等少数民族政权对峙开始，各政权都认为自己才是"中国"，代表华夏之正统。两宋时期再度兴起的"华夷之辩"正是宋儒为了证明宋的正统性的表现。而宋代理学家们将"道统"与"治统"结合，认为"道统"所在就是治统之所在。出于以上缘由，程朱理学遂呈现出对外强调与佛老等"外道"之异，在儒学内部则树立并完善所谓"道统"为宋朝的正统性提供理论支撑。因此，虽然后来遭遇庆元党禁，理学受到打击，但程朱构建的"道统"理论并未受到影响，并随着元代统治者重新重视理学并推尊程朱而受到后儒崇信。

所谓"道统论"，从韩愈发端到朱熹，并非一开始便是如今的架构，而是经历了一个建构的过程，其中对于一些大儒是否应在道统之中的讨论在不同时期也有过反复。[①]如对于扬雄与荀子的评价在韩愈《原道》与《读

---

① 蔡方鹿：《中华道统思想发展史》第四章"道统论的正式提出和确立"，人民出版社，2019，第242—243页。

荀》篇中明显不同，显露出其晚年观点的转变。元灭宋以后，由于元代统治者又需要"道统"来彰显其统治的合法性，程朱理学及其道统论在政治权力的强势推动下，愈加深入人心。明清两代皇权专制逐渐加强，在裹挟与异化中，"庙堂上的程朱"与"科场中的程朱"使得理学真面目渐被扭曲，进而严重教条化。由于明末清初已不存在佛道与儒家的严重对立和理论冲突，加之有阳明学由盛而衰的前车之鉴与明中后期渐兴的实学洗礼，明清之际很多学者已对宋明理学及其僵化后的流弊有相当程度的反思。

二、明清之际反理学道统思潮出现的理论分析

人处于历史中，人的思想也具有历史性。这意味着人与周围环境的互动而引起的心灵与思想的感知与变化是具有连续性、累积性的。这种累积性并非指简单的量的叠加，因为对于人的感知与思想来说，它无法被量化。面对同样的情境与事物，不同的人的感知与思考径路不可能完全一致，所以这里的连续性和累积性是说人的感知与思考无时无刻不在进行，而在此过程中所产生的触动与灵感都是促成其思想观念形成的养料。这一过程并不必然经由自身的理性或意识来把握它的存在、确认它的价值。这样所凝成的思想观念及所形成的理论便也具有了历史性。正如宋儒有意无意地借鉴佛道理论来建构新儒学一般，他们虽然理性上辟佛老，但无法摆脱当下的历史情境所带来的思

第六章
对宋明理学的反思与纠补——刘沅经解中的儒家义理与三教融通论

想影响。再如阳明心学离开了程朱理学，也不可能建立。阳明"格竹"正见其对所信朱子观念的笃行，而格竹失败产生的失落与反省，虽最终走向对朱子理论的怀疑，但若无早期对朱子理论的笃信与践行，则阳明无法对朱子思想有较一般儒者更深入的理解。若无对朱子思想深入的理解，也未必能对朱子理论中的问题敏锐地察知并产生深刻的质疑。可以说，阳明创发心学亦仰赖对朱子理学的深造自得，而早年之浸润佛道，亦为其后质疑朱子、建构心学理论有襄助之功。

同样，清代学术相对程朱理学，无论是梁启超的"反动"说，[①]还是钱穆的"延续"说，[②]都包含了一个事实前提，即清儒大多早年受过宋明理学之熏染，无论其后来是质疑或认同。所以，当清初学者们在经学领域开启建立在反理学目的上的"回归原典"运动时，无论他们是走向经史考证之学，是重建孔孟学统的义理之学，或是欲以子学辅经学，而兴起新诸子学的研究。[③]无论哪一种径路，都已无法绕开理学而谈经学、子学，更遑论新的理学。何况，宋明理学填补了儒学对终极问题关怀的不足，并一手提供了异彩纷呈的答案；同时也为经学诠释贡献了新的范式与理论。可以说到了清代，理学早已融为儒学肌体的

---

① 参看梁启超《中国近三百年学术史·反动与先驱》，北京联合出版公司，2014，第1—10页。
② 参看钱穆《中国近三百年学术史》引论，商务印书馆，1997，第1页。
③ 参看刘仲华《清代诸子学研究》，中国人民大学出版社，2004，第94页。

一部分，而不仅是一门独立的学问。就思想史而言，宋明理学论域之深广亦达到前一千年儒学从未触及的高度，而为后八百年儒学开一新统，可谓是中国哲学发展史上一座绕不过去的高峰。无怪钱穆在谈论汉宋之争的时候评说："汉学诸家之高下浅深，亦往往视其所得于宋学之高下浅深以为判"，"不识宋学，即无以识近代也。"①

但同时，问题也随之出现。思想既具有历史性，那么其于社会环境中互动而在当下呈现出与之前不同的存在形态。明清两代大多数读书人早年修习程朱理学多为应试，理学意识形态化体现为受皇权的利用与科举的功利引导，变为权力的附庸和思想教条。当读书被认为是唯一的改变命运途径的时候，"迂阔空谈"也自然成为一种社会弊病，才有顾炎武"昔之清谈谈老庄，今之清谈谈孔孟"（《日知录》卷七）的慨叹。因此，这一时期清儒对程朱理学的反感和批判，主要集中于以下三点：（1）僵化与意识形态化；（2）忽视经世与实践的迂阔空谈；（3）只见程朱而不见孔孟。而第一点与后两点形成一定的因果关系。基于以上三点，又鉴于反程朱之阳明学最终亦陷入空疏，甚至逃禅。清儒发现问题不在于程朱理学本身，而在于其提出的道统说所衍生的"傲慢"与"偏见"，故而很多人批判理学实际上是在打破程朱理学所建立之"道

---

① 钱穆：《中国近三百年学术史（一）》引论，第1页。

第六章
对宋明理学的反思与纠补——刘沅经解中的儒家义理与三教融通论

统",而欲建立新的统绪。正如前文所言,宋明理学已然成为儒学思想肌体部分,且不可或缺。主张反理学的学者,亦不可能打烂程朱重新来过。即便如阳明融古今智慧,从百死千难中创出一套体系,亦未尝将程朱理学整个推翻。另一方面,从明清之际大量谱系类、学案类著作问世也可以看出这一时期儒家学者们建构新统绪之努力,同时为前贤思想作系统的梳理。如周汝登的《圣学宗传》、孙奇逢的《理学宗传》、汤斌的《洛学编》、黄宗羲的《明儒学案》,后来还有李绂的《陆子学谱》和全祖望的《宋元学案》等,这么多谱系类、学案类著作的集中问世,绝不只是巧合。他们有的意图以阳明承接孟子,有的欲以荀子代替孟子而接孔子之传,有的则为汉唐儒在儒家统绪中争一席之地。

就经学而言,即便如一直尊程朱为正统的清廷,在康雍乾三朝官方编纂的经学注疏中,也已不完全以程朱及其后学的注释为唯一标准了。《钦定三礼义疏》等官方注疏除保留程朱一系注解以外,大多都补有汉晋以来儒者的注解。这都证明了那些能影响统治阶层的儒学精英们在经学解释上已不独尊程朱。

三、明清之际儒者对理学道统的批判

明代中后期以降,对理学道统说的质疑已经渐次铺开。李贽曾讥讽所谓"继道统"的宋代反不如被认为"失

道统"的唐代:

> 若谓人尽不得道,则人道灭矣,何以能长世也?终遂泯没不见,混沌无闻,直待有宋而始开辟而后可也!何宋室愈以不竞,奄奄如垂绝之人,而反不如彼之失传者哉?好自尊大标帜,而不知其诬诬,亦太甚矣![1]

清代思想家戴震所谓"以理杀人",[2]正是批评理学家所建立的道统及后世附于其上的所谓正统的观念与规范,已泛化为道德标准的部分之"理"对所谓"异端"的排斥,并随着意识形态化进入社会生活之中。而对于理学伦理在社会生活的普及与理学思想逐渐走向封闭,活跃于清中期的袁枚明确提出"道本无统":

> 夫道无统也,若大路然。尧、舜、禹、汤、孔子,终身由之者也。汉、唐君臣履乎其中,而时

---

[1] 蔡尚思:《蔡尚思全集》第4册,上海古籍出版社,2005,第152页。
[2] "酷吏以法杀人,后儒以理杀人,浸浸乎舍法而论理,死矣,更无可救矣!圣贤之道德,即其行事,释老乃别有其心所独得之道德;圣贤之理义,即事情之至是无憾,后儒乃别有一物焉与生俱生而制夫事。古人之学在行事,在通民之欲,体民之情,故学成而民赖以生;后儒冥心求理,其绳以理严于商韩之法,故学成而民情不知。天下自此多迂儒,及其责民也,民莫能辩,彼方自以为理得,而天下受其害者众也!"引自戴震《孟子字义疏证·与某书》,何文光整理,中华书局,1982,第174页。

第六章
对宋明理学的反思与纠补——刘沅经解中的儒家义理与三教融通论

轶乎其外者也。其余则偶一至焉者也。……道固自在，而未尝绝也。后儒沾沾于"道"外增一"统"字，以为今日在上，明日在下，交付若有形，收藏若有物，道甚公，而忽私之；道甚广，而忽狭之，陋矣！三代之时，道统在上，而未必不在下；三代以后，道统在下，而未必不在上。合乎道，则人人可以得之；离乎道，则人人可以失之。[①]

道就是道，自在而未曾断绝。它极公而无私意，极广而不狭隘。而且道不远人，彻上彻下，无所不在。袁枚之后，为江藩的《国朝宋学渊源记》作序的达三对汉至明的儒学有以下一段论述：

汉兴，尊崇经术，诸大儒于灰烬之余，或师学渊源，专门稽古，或殚心竭虑，皓首穷经，而各守一说，不相攻击，意至厚也。昌黎崛起数百年后，推崇圣道，力排佛、老，而于荀杨，[②]则曰"大纯而小疵"，亦何尝于儒术之中自相抵牾哉！盖道在修己，功在安民，王道圣功，理无二致。故《大学》始言格致诚正以修身，终之以齐家治国平天下，节

[①] 袁枚：《代潘学士答雷翠庭祭酒书》，《小仓山房文集》卷十七，王英志编纂校点，浙江古籍出版社，2015，第335页。
[②] "杨"当作"扬"。

次不紊，事理相因，本心性以为事功，即所谓"一以贯之"者也。

自宋儒道统之说起，谓二程心传直接邹鲁，从此心性事功分为二道，儒林道学判为两途，而汉儒之传经，唐儒之卫道，均不啻糟粕视之矣。殊不思洛闽心学源本六经，若非汉唐诸儒授受相传，宋儒亦何由而心悟？且详言诚正，略视治平，其何以诋排二氏之学乎！南渡后，江西陆氏、永嘉陈氏或尊德性，或讲事功，议论与朱子不合，门下依草附木者互相攻讦。沿至有明，姚江王氏本良知以建功业，稍征实学，而推尊古本《大学》，不遵朱注，于是党同伐异者又群起而攻阳明矣。[1]

此一说法与江藩在《自序》部分表述之意近似。在达《序》中，达三表汉儒、韩愈、陆王之功，唯独认为宋儒倡"道统说"令本合一之"心性事功"判然，汉唐儒传经之功遂湮。甚或使得程朱后学与异见之陆九渊、陈亮、王阳明后学互相攻讦贬斥。儒学门户之争，自明中期以来愈演愈烈。可见洛闽一派以舍我其谁的姿态苦心孤诣构建"道统"，不料却在儒学内部引发了广泛而持久的纷争，这实在有违孟子"深造自得"之教。

---

[1] 江藩：《国朝宋学渊源记·达序》，钟哲整理，中华书局，1983，第151页。

第六章
对宋明理学的反思与纠补——刘沅经解中的儒家义理与三教融通论

另外，在清中叶的反理学风潮中，仍有一些无门户之见的对理学道统作理性反思的学者，刘沅就是其中之一。他选择回归原典，以宋学方法重注群经，意图打破程朱理学对儒家经典解释话语权的垄断。其作《理学道统论》专门批评后世学者高标理学之名、曲解孔孟之意、抬高学圣门槛的作为。其《正讹》一书专就宋儒之文逐段评点，且经解中的义理也多与程朱相抵牾。尽管如此，刘沅仍申宋儒之功，认可其对圣学的理论贡献。刘沅在《论语恒解》中曾评价朱子：

> 其以《论语》《孟子》与《大学》《中庸》为四书，则自朱子始，是朱子之功大矣，……明人之书，虽或驳异朱子，而大旨不能出其范围。若永乐所纂《四书大全》，剽剟成书，专为科举而设。自是时文取士，恪守朱注，虽有他书，人每视为赝说矣。……但朱子本意，亦不过欲发挥圣人义理，使后人易知，而千虑岂无一失？苟有细心读书，善会圣言，补朱子之所未及者，朱子当必不禁。[①]

在当时"反理学"的风潮下，刘沅以实事求是的态度看待朱子理论及其贡献，把思想理论本身与作为意识形态的思

---
① 刘沅：《论语恒解》凡例，《十三经恒解（笺解本）》卷之一，第178页。

想及其所产生的流弊辩证地予以分别，这一点又比执汉宋门户之见的俗儒高明许多。

渠之常清，赖有源头活水不断生出；思想之生命力，也在其博大闳深。朱子思想的活力正在其能海纳百川、披沙拣金。吸收佛道，发明二程，涵化南轩、横渠，又与陆子砥砺切磋。但当程朱将"道统"的旗帜高举，元明理学逐渐从革新转向保守，在皇权专制的裹挟下愈加封闭。理学遂不能吸纳其他思想进行自我更新，甚至排斥其他思想，陷入教条进而变得僵化便是不可避免。宋代理学家及其后学的思想即便是万古不易的真理，其对理学道统的建构与维护即便再合情合理，也无法否认一个事实，即其所树立起来的不仅是一面旗帜、一个标杆，也是一道壁垒。程朱所标榜的"道统"到明清逐渐狭隘化、意识形态化，甚至成为打击异见、排斥异己的理论工具。正如万斯同在《儒林宗派》中所揭示的："明以来谈道统者，扬己凌人，互相排轧，卒酿门户之祸，流毒无穷。"①

四、理学道统论自身的理论缺陷

明末至清中期的儒学，无论演变为何种形态，他们与其说是激烈地反程朱、反理学，不如说是反理学之道统，就经学而言就是反程朱经解之独尊。台湾张寿安先生概括

---

① 永瑢等：《儒林宗派》，《四库全书总目》卷五，清乾隆五十四年武英殿刻本。

第六章
对宋明理学的反思与纠补——刘沅经解中的儒家义理与三教融通论

清代学术史为"打破道统，重建学统"，[①]其认为"清初学界关心的经学、理学之辨，其实质意义就是道统、学统之辨。"[②]这比余英时先生称明清之际的学术由"尊德性"转向"道问学"更能反映清儒与宋儒千丝万缕的联系与纠缠，而不至于显得那么泾渭分明。

此时若回看程朱接续韩愈所倡之道统，其实质本就是一学统，一种建基于汉唐经传，又有别于汉唐经学理路的儒学统绪。此种学统怀着兴亡继绝的使命感，借鉴佛教传灯的形式建构儒家圣人心传，又经韩愈、程子等不断修正，终由朱子确立规模。后世尊程朱者在"维护道统不失坠，舍我其谁"的使命感召下，或以为能以己之公心为天下之公心，却终究悖离"大道之行，天下为公"之旨，沦为妄念。若从理学道统的理论自身究其原，主要有两点缺陷：（1）未明道统心传之"心"，乃是世道人心，是源自《孟子》中的"民心"。张横渠讲"为天地立心"，不是说立一个天理让人尊崇效法，而是《尚书》所谓"天视自我民视，天听自我民听"的理路，即天理亦是圣贤体察

[①] 现代新儒家大多也对宋儒道统说表示不满，比如钱穆在其《中国学术通义》中认为宋儒提倡的道统是一个主观的、孤立的、脆弱的、易断的道统。他自己又提出一种广义的道统，即以中华历史文化为道统；方东美先生则觉得改为"学统"较为合适；唐君毅先生则以中国的传统哲学为道统。不过无论上述哪种意见，都建立在对"儒学统绪"需要重新定义的基调上，所以也可以说近现代的儒学家延续并参与了清代以来对宋儒道统说的批判与对儒家学统的再造。

[②] 张寿安：《打破道统重建学统——清代学术思想史的一个新观察》，《中国文化》2010年第32期，第24页。

求安身立命之民心而来，也便是顾炎武所谓"天地人之常道"。[①]宋儒重视十六字心传，却未能深体圣人"亲民"之旨，使得"心"成无根之木，终究还是近禅；理学家又基于此立一个道统，有违"道并行而不相悖"之教，终成自我拘限，愈来愈狭隘。（2）朱子讲"格物穷理"，物，犹事也。格物在穷理之先，是要即此事穷此理。后儒单拿出朱子所谓"天理人欲"的"天理"来奉若神明，将天理客观化、标准化、真理化，进而神圣化。离事而穷理，理无着落，"天理"便成静止的死理，蜕成一堆教条。从而使得本就"几希""危微"的一点灵明消磨殆尽，此时的"天理"遂逐渐沦为人欲的傀儡。任由"人欲"扭曲、蒙蔽、宰制，进而成为人欲横流的挡箭牌、遮羞布。

五、结语

一代有一代之学术，一代有一代之使命。思想的时代性很多时候都被曲解为思想的时代局限性。但这种认识恰恰是今人以今天的"局限"去理解古人的思想。正确理解思想的时代性，需要理解思想是基于时代而有所损益的。正如颜习斋倡不读书，乃是深感当时空谈性理之风盛行，

---

① 顾炎武：《日知录集释上·彝伦》，黄汝成集释，上海古籍出版社，2014，第36页。

第六章
对宋明理学的反思与纠补——刘沅经解中的儒家义理与三教融通论

不务实学而来,[①]并非执一个"应不读书"为悬空的、万古不易的真理,而程朱倡理学道统亦有此时代性。对中国哲学而言,任何时代思潮所泛起的波澜都不会被时代所局限,因为其本身就是活泼的,它抗拒定式、静态、僵化、单一。它不教给客观的知识,不直接指出"真理",而是不断地给人以启迪、反思、内省……因此,今天我们重新讨论明清之际的理学境遇与反道统思潮,一方面需要进入思想家们回应时代关切的语境中去同情地理解问题提出的渊薮与发展脉络,另一方面也应意识到我们时代的思想潮流也是因时损益的。因而任何时代下任何学派的思想都应该是开放而具有讨论空间的。强调这一点,并不是为了在思想的层面消弭是非,否定理学道统确立的积极意义,而是为了说明保持思想本身的生机与更多延展的可能才能体现"道"的无限性与周遍性,以及天地"生生"之德,从而使作为天地之心的人,能打破时空的拘限,在不断体认天道的过程中反求诸己,最终达至万物皆与我参赞化育而终备于我的圣贤气象。

[①] "然予未南游时,尚有将就程朱,附之圣门支派之意。自一南游,见人人禅子,家家虚文,直与孔门敌对,必破一分程朱,始入一分孔孟,乃定以为孔孟、程朱判然两途,不愿作道统中乡愿矣。"引自李塨《颜元年谱》卷下,王源订、陈祖武点校,中华书局,1992,第81页。

第二节　身心性命之理——"先天后天说"框架下的理学本体论省思

活跃于乾嘉道咸时期的刘沅,虽然身处义理之学式微而朴学昂扬的时代,却选择"以理释经"的方式来反对程朱理学的独尊,也以此回应那个时代的关切。这一切都不是偶然。除第二章所述外部环境因素以外,刘沅终生以师儒为志业,亦以之为傲。但素不以科业应试为标的。其对经义精熟,而又备尝人事艰辛。况其引领初学入圣学之门,眼见太多弟子修业之苦,加上作为师儒之责任心,自然不能不激发出对程朱经解及其流弊的一番质疑。这在当时,是一般塾师所不具备的,甚至不敢想的。除能见其自身学养深厚以及莫大的勇气以外,亦有其不得不如此的苦心,故其尝言对孟子感同身受而发"予岂好辩"之慨叹。他选择重注经书以探求孔孟之道,自然蕴含有对经学统绪再梳理的意识,但又与明末清初自黄宗羲以来之"心性为体,经史为用"[①]的传统有所不同。他选择"以理释经",乃是在事上切身体证到"圣人之道一以贯之",即经书中的"道"始终一贯,道即天理。因为天人只此一

---

① 钱穆:《清儒学案》序,收录于汪学群编著《清代学问的门径》,第192页。

第六章
对宋明理学的反思与纠补——刘沅经解中的儒家义理与三教融通论

理,人人本有,圣人也不过是能全人之理,所以不存在谁能独得道统之传,故而其发出"道无统,以天为统"的呼声。他的经解并非如朱子般"以经就理",而是"就经说理"。不改经文,又能贯串经义且说得透彻,虽亦不免如宋儒解经一般杂以己意,但能尽量平实,实属难能。故而就其理论而言,虽然刘沅反对高标"理学"之名,但其经解中所揭示之"理"仍属于理学范畴,只是与宋明理学有相当的不同。他通过解经形成了一套"一以贯之"的思想体系,分别在本体论与工夫论方面对程朱及其后学之失予以纠补,这两部分在刘沅每一部经解中都有大量论述,加上其经解说理,依义而不依辞,从经而不从传注,所有经解皆有根本之理统摄贯通,故本章分"身心性命之理""存养省察之功"两个主要方面来讨论。

一、引论:天人合一与天人一体

今人常总结古人"天人合一"的思想是中华文明的思想特色,其源于《易》。但细究先秦诸子与后来的儒释道各家含义,仍有差别。但无论何种含义,既然是"合一",在逻辑上仍含有"天"与"人"原本相分的前提,因为无"分"便无所谓"合"。比如汉代儒家"天人感应"说以及谶纬,可以说是属于政治生活层面的"天人合一"理论;而宋儒则将无极、太极等概念引入儒家思想体系,以明体达用。但程朱的理气二元论,强调道心人心之分等思想则显现出"明相合，实相分"的天人观。而中国思想史上除"天人合一"论以外，还有很多理论可归于"天人一体"一类。这类观点很多人会将它与"齐万物，一生死"的道家联系起来。但是，道家更侧重于人的天性、天然的一面，儒家自先秦便开始探讨天人关系，主张"尽心知性而知天"的孟子理论就属于"天人一体"的范畴，[①]后世陆九渊、王阳明等可归于此类。儒家的"天人一体"论的基本观点是天与人本是一体的，虽然因为各种原因，出现了天人相分，但必须努力复归天人一体的本然状态。刘沅经解的天人观也属于"天人一体"，但其理路偏于周程张朱而非陆王的纯以心为体。虽然理论源于宋儒，但相较于宋儒，刘沅经解中展现的天人关系更为紧密，解析更为透彻。

在刘沅的经解中，最直接也是最集中讨论其身心性命之理的当属《周易恒解》与"四书"恒解再加《大学古本质言》六部。六部经解以回归圣人之道为宗旨，在理学诸儒建立的理本论框架基础上对其天人、性命、理气、身心等命题与概念进行了深入系统地反思与修正。而这一切理论的根基都建立在刘沅撷前贤之精华又独树一帜的"先天后天说"之上。其中，《周易恒解》着重于论述"先天后天说"的理论及其来源，即从"道"的层面阐述"天人一体"的含义、可

[①] 秋泽修二：《东方哲学史》，生活·读书·新知三联书店，2012，第360页。

第六章
对宋明理学的反思与纠补——刘沅经解中的儒家义理与三教融通论

能性与合理性；其他五部经解则着重于发挥"先天后天说"之用，即从"人"的层面进一步探讨"天人一体"的理论与实践。这便是刘沅身心性命之理的核心所在，也是贯穿其整个经解体系的核心思想所在。故而就刘沅理学思想根基而言，《易》的地位最为重要，其言曰：

> 《诗》道性情，《书》纪政事，《礼》经人伦，《乐》和天地，《春秋》存善恶是非之公，以经理王道，而要皆不出《易》之范围。①

直言各经皆有其侧重，但其根本要旨皆含括于《易》中，也可说众理皆备于《易》。又曰：

> 夫礼乐教化，唐虞三代之法已详，而伏羲以前，尚无规范。《易》之设卦观象，固为后世发其蒙也。《诗》《书》名象，悉由继起，穷神知化，必有心源。《易》故为文字之祖，王功圣德之全……②

言《易》不仅备众经之理，也为后世圣人作礼乐，行教化立法，实有启蒙之功，包括《诗》《书》等经中的名物形象也渊源于此。故以下详析《周易恒解》所提出之"先天

---

① 刘沅：《周易恒解》凡例，《十三经恒解（笺解本）》卷之五，第6页。
② 刘沅：《周易恒解》序，《十三经恒解（笺解本）》卷之五，第3页。

后天说"。

二、由象数而义理——刘沅"先天后天说"的溯源与基本框架

刘沅的易学以回归孔孟为宗旨,在理学诸儒建立的哲学框架上对天人、性命、理气、身心等命题与概念进行了深入又系统的再检讨。刘氏撷前贤之精华而独树一帜的"先天后天说"正是其易学的理论根基。在理学黯淡的乾嘉时期,刘沅依《河图》《洛书》之象数来推衍理学义理,意图会通象数、图书、义理三派,与邵雍先天说大异其趣,其中尤以《周易恒解》中所阐发之"先天后天说"为其理论特色和根据。但目前对刘沅"先天后天说"的研究大多是依傍文本的释义,对此理论的思想来源与建构过程则少有深究,以致陷于附会和误解。

"先天""后天"的说法起于《周易·文言传》,[①]而儒家对"先天后天"问题的关注与申发与周敦颐、邵雍等人关系密切。朱子建构其理学的形上体系,周敦颐《太极图说》、邵雍易学是其重要理论来源。须知易学自诞生以来后世学者主要分为两派,一类称作象数派,主要代表有汉代孟喜所传之"孟氏易",费直所传之"费氏易",作品以"章句"为主;另一类被称作义理派。始于魏之王弼,

---

① 《乾·文言》曰:"先天而天弗违,后天而奉天时。"

第六章
对宋明理学的反思与纠补——刘沅经解中的儒家义理与三教融通论

其《周易略例》与《周易注》均以玄理阐发之，申其"得意忘象"之旨；而易学发展至宋代衍出一"图书派"，代替象数派成为与义理派抗衡之主流。"图书派"顾名思义，是以所谓《河图》《洛书》为理论基础或主要理论依据来研究《易》的一派。图书派亦言象数，其中以陈抟、周敦颐、邵雍等为主要代表。周敦颐《太极图说》是对陈抟所传之"太极图"作阐发，传至邵雍则完全以术数进行发挥。而程颐《易传》属于义理派，其主张："有理而后有象，有象而后有数。易因象以明理，由象以知数，得其义则象数在其中矣。必欲穷象之隐微，尽数之毫忽，乃寻流逐末，术家之所尚，非儒者之所务也。"①故重义理阐发而少言象数。朱子则主张易之义理象数不可偏废，认为程氏《易传》言理不言数实为不妥，于是作《周易本义》《易学启蒙》，讲象数、卜筮，以补程氏之缺失。②而在刘沅看来，象数义理确然不可偏废，但通象数只是为明义理，作为其学说纲旨的"先天后天说"正是由象数中之《河图》《洛书》推衍而来。目前相关研究中，蔡方鹿先生与陈海恋君均对刘沅

---

① 程颢、程颐：《二程集·遗书卷第二十一上·伊川先生语七上·师说》，王孝鱼点校，中华书局，2004，第271页。
② 原文为："时举曰：'向者看程《易》，只就注解上生议论，却不曾靠得《易》看，所以不见得圣人作《易》之本意。今日看《启蒙》，方见得圣人一部《易》，皆是假借虚设之辞。盖缘天下之理，若正说出，便只作一件用。唯以象言，则当卜筮之时，看是甚事，都来应得。'……先生领之。"参见朱熹《周易本义》附录，《朱子语类》卷六十七，廖名春点校，中华书局，2009，第275—276页。

的"先天后天说"有专论，[1]但蔡先生的文章主要是概述的形式，以理论释义为主；而陈君的文章虽论先天后天说与刘沅易学甚详，但值得商榷处较多。故笔者此文将从刘沅"先天后天说"的思想来源、理论建构与展开两个方面来探究刘沅思想原点的内在逻辑，希冀就此捋清源流、澄清误解，进而得窥刘氏思想之堂奥。

（一）刘沅"先天后天说"的理论根源

刘沅"先天后天说"虽然有继承其父刘汝钦的易学观的一面，但带给他更多启发的还是宋代图书派易学的理论。周敦颐《太极图说》乃是程朱理学构建其宇宙观或本体论的理论来源之一，一般认为《太极图说》又是对北宋道士陈抟的《太极图》《先天图》等义理的阐发，但刘沅对陈抟太极图承传的源流产生了质疑。他认为周敦颐《太极图说》本于河上公《无极图》，又参考了"先天后天八卦图"而成，这个八卦图并非陈抟所传之图，而是当它传至鹤林寺禅僧寿涯的时候，寿涯和尚另外自撰了一幅，也取名"先天后天八卦图"，并将之传与周敦颐。周敦颐颠倒其序，改名为《太极图》。这一说法首先由清初黄宗羲、黄宗炎兄弟发端，后又有胡渭《易图明辨》阐扬之，影响流布甚广。刘沅显然受此影响，且他进一步认为周敦颐以禅僧为师，又倡"主静"，实是近禅，故《图说》

---

[1] 蔡文题为《刘沅的先天后天说》，发表于《社会科学战线》2012年第4期；陈文题为《刘沅先后天视域下的易学思想研究》，是其硕士学位论文。

第六章
对宋明理学的反思与纠补——刘沅经解中的儒家义理与三教融通论

为杂凑，未得圣人之意，而程子、朱子继之，①"本原既错，故一切皆非"。刘沅认为如要驳正流行数百年的谬误，不仅要靠文字考证，还需要从义理方面予以纠补，于是就经书而提出"先天后天说"以阐发"河洛"象数背后的真义。由于周敦颐的师从以及先后天太极图的渊源本就众说纷纭，尚无定论，所以刘沅的说法正确与否，暂且存而不论。但知其亦从周敦颐之《太极图说》入手，意图从思想上重新梳理理学概念及其之间的关系与逻辑。

首先，刘沅辨"先后天八卦图"分别为伏羲、文王所作，由陈抟所传，而非其所撰。接着，他将八卦以至于六十四卦的作者上溯至伏羲，并认为伏羲画卦乃是参考

---

① 原文为："周子作太极图，原本河上公无极图，而参以寿涯先天地图。河上公之无极图，陈希夷刻之华山石壁，尚无大谬，希夷又得先天后天八卦图于麻衣道人，以授种放，放授穆修，修授寿涯，涯授李挺之，挺之授邵天叟，天叟授子尧夫。希夷知道，故其传不错，至寿涯，一名海岩，本僧也，而习方士养气之学，自为先天地图，又作偈以授周子，曰：'有物先天地，无形本寂寥，能为万象主，不逐四时凋。'盖寿涯亦有志于道者，而未得明师，仅知虚静养心，不知心性之别，故其图言养气之法，全失老子之意。所谓元牝炼己、坎离交媾、取坎填离等说，皆大谬。周子觉其说之不安，而但师其虚无之意，又恐人以为异学，乃取寿涯之图，颠倒其序，易名曰太极图，以为儒理。然太极本无可图，所图阴阳五行、成男成女等义，不过一气变化所形，其实皆在太极之中，故二陆、阳明、白沙及黄宗炎等，均多訾议，而宗炎尤辨斥至详。今平心而言之，为初学言，指明天地生万物之义，亦无大非，特其图说，语多杂凑，至主静偏于禅学，五性动分善恶，则尤大悖圣人。"出自刘沅《槐轩全书（增补本）》卷九，第3507页。

了《河图》与《洛书》而成的。①刘沅极为重视《河图》《洛书》，但他并非如先儒多把《图》《书》视为象数之学，而恰恰相反，他在意的是《图》《书》象数所发显之理。②在他看来，"圣人作《易》，理气象数，无所不包，而理为之本"。③他直以《伏羲八卦图》与《文王八卦图》是道学渊源，而《河图》《洛书》又是"此二图之所本"。④作为其思想核心的"先天后天"理论也本源于此。刘沅在揭示《洛书》所蕴含之理的时候，论述其"先天""后天"的概念曰：

> 太极，理气之元，无声无臭，而动而生阳，静而生阴，著为万象，则有象数之可言。故五行者，阴阳之用，即太极理气之流行者也。阴阳递运，顺而出者，生生不穷，气不虞其尽乎；逆而克之，滴滴归原，理不有其宗乎。故相生者生物之理，相克者成物之义。前人谓之克则不能生，实不克则不能

---

① "河图洛书，同出伏羲之世，孔子已明言之，则伏羲画卦，固兼取图书之意而成。"出自刘沅《周易恒解·图说》，《十三经恒解（笺解本）》卷之五，第18页。
② "圣人作《易》，理气象数，无所不包，而理为之本。"出自刘沅《周易恒解》，《十三经恒解（笺解本）》卷之五，第16页。
③ 刘沅：《周易恒解·图说》，《十三经恒解（笺解本）》卷之五，第16页。
④ "此二图者（指伏羲八卦图、文王八卦图），道学之渊源，非仅卦爻之象数也。然圣人洞明此理，不敢臆造，因《图》《书》呈光而始泄之，故《图》《书》者，又二图之所本也。"出自刘沅《周易恒解·图说》，《十三经恒解（笺解本）》卷之五，第14页。

第六章
对宋明理学的反思与纠补——刘沅经解中的儒家义理与三教融通论

成耳。盖阴阳互为其根,即交相为用。阳施而阴受,即阴敛而阳舒。生化万物,莫不由此。若以人身理气言,受气于天而成质,受理于天而成性。人生而静天之性,是理气之浑然者,无稍欠阙,先天也。既生以后,形气用事,而知诱物化,非复太极之浑然,后天也。由后天以返先天,必有复性之功,诚身之学。故其自天而之人也,是生生之义。其自人而之天也,是克成之义。①

这一段论述以万物生成的逻辑解释"先天"与"后天"的概念。首先,刘沅认为太极理气流行,而阴阳生五行,五行相生相克,实蕴万物生成之义。他把前人普遍认为的"克则不能生"理解为"不克则不能成耳。"这是由于阴阳互为对方存在、生化的根据,而阴阳相交也互为其呈现、作用。依此万物生化之理,在人身上的体现,秉天之性而静,是"理气之浑然者",这就可称为"先天";人出生以后,因气成形,已不再是太极浑然的状态了,这就是"后天"。从这段话可以看出,刘沅的"先天""后天"观念并非用以分判理与气,而是无论先天后天都与"太极""理""气""性"等基本范畴息息相关。我们知道,"先天""后天"二词通常与八卦联系密切,伏羲

---

① 刘沅:《周易恒解·图说》,《十三经恒解(笺解本)》卷之五,第18页。

八卦图即先天八卦图，文王八卦图即后天八卦图。在宋儒那里，"先天""后天"二词就多与易象数相关联，如陈抟的"先天图"，邵雍所传的先天易学等事物和理论。与前人不同的是，刘沅将宋儒之"先天""后天"概念引入其经解义理系统之中，用以阐释经义，发挥其"圣人即有象以著无象"①的观念，从而把只是基于某一事物的形而下的概念，变为形而上的观念。那么刘沅是如何揭示和阐发"先天""后天"图所蕴含的义理呢？

（二）刘沅对《河图》《洛书》象数义理化的逻辑展开

关于画卦与重卦之人，经学史上众说纷纭。刘沅采用王弼的说法，认为画卦与重卦的人都是伏羲，且伏羲是参照《河图》《洛书》而作八卦，"象天地自然之易。由乾坤而六子，由六子而五十六卦，阴阳相推，错综参互，自然而成，不待安排矫勉"。②值得注意的是，从"由乾坤而六子，由六子而五十六卦"的表述，可见其间是一个衍生展开的过程。刘沅说：

> 乾坤者万物之父母也，万象莫不从乾坤而出。一阴一阳，动静无端，循环无始，是天地之所以生生而不穷，变化而不息。凡所谓交易、变易、不易之象，

---

① 刘沅：《周易恒解·图说》，《十三经恒解（笺解本）》卷之五，第15页。
② 刘沅：《周易恒解·周易恒解卷五下·系辞下传》，《十三经恒解（笺解本）》卷之五，第223页。

第六章
对宋明理学的反思与纠补——刘沅经解中的儒家义理与三教融通论

皆在其中。六子为乾坤之大功用，衍为六十四卦，其象始尽，其理则不出乎乾坤之范围也。①

又言：

六十四卦，天地万物之理无不该，而实不过一阴一阳。……乾坤具而生生之大象已昭，即六十二卦之本原在是矣。②

乾坤是万物的父母，其他卦都由此而出。八卦中的其他六卦为乾坤之功用，由此所推衍出的六十四卦能具尽万象，而其理都在乾坤之内。在这里，刘沅已经将乾坤二卦作为其余六十二卦的本原，将之视为"诸卦之祖"。万物之理含于乾坤，六子都是乾坤的功用。阴阳相交，互为其宅。由于气之"散殊不齐"而生化万物有别，正是太极之流行处。又因为先天八卦的卦位是乾南坤北，而后天八卦的卦位是离南坎北，刘沅"以象数昭义理"，结合《河图》《洛书》之象与"先后天八卦图"得出"六子虽皆乾坤所化，而坎离独得乾坤之正体"③的结论，并认为《易》"上经首《乾》《坤》而终《坎》《离》，以明天地之体

---

① 刘沅：《周易恒解·周易恒解卷五上·系辞上传》，《十三经恒解（笺解本）》卷之五，第196页。
② 同上，第202页。
③ 同上，第196页。

用也。"①刘沅辨明"先后天卦图"所示之义曰：

> 先天、后天二图，本非判然二物，特分示其理象，使人知天地之源流。先、后二字，不过言其理有先后，非先者无与于后，后者无与于先也。先儒泥先、后二字，多欠贯通。②

又言：

> 先天卦位，一有天地即有此象，不假安排，故为先天。③

又曰：

> 后天八卦方位，伏羲画卦时即有此理，文王特发明之耳。④

从这里可以看出，先天卦位与后天卦位并非两个无关的卦

---

① 刘沅：《周易恒解·义例》，《十三经恒解（笺解本）》卷之五，第7页。
② 刘沅：《周易恒解·周易恒解卷五下·说卦传》，《十三经恒解（笺解本）》卷之五，第245页。
③ 刘沅：《周易恒解·周易恒解卷五下·说卦传》，《十三经恒解（笺解本）》卷之五，第241页。
④ 刘沅：《周易恒解·周易恒解卷五下·说卦传》，《十三经恒解（笺解本）》卷之五，第243页。

第六章
对宋明理学的反思与纠补——刘沅经解中的儒家义理与三教融通论

图。先天卦图主要呈现那个终极之理,而后天卦图则为显现其理的象。"先天"喻其当天地自然之理,"后天"则为有天地之后的呈现,即象,先天之理寓于其中,故二图之理为同一理,一有天地而理象具,非先有理而后有象。而乾坤坎离之关系正是以先天后天为判。刘沅解"两仪四象图"以阴阳有先后天之分来详细说明此理:

> 水火者,阴阳之大用,即天地之精神也。……然木乃火之父,金乃水之母,故金木者,水火之性情也。一元运转,进退消长而生四象。分言之,则木少阳而火太阳,水少阴而金太阴,先天之阴阳也。互言之,则太阳极于午,而阴已生火,实外阳而内阴,太阴极于子,而阳已生水,实外阴而内阳,后天之阴阳也。故金木水火者,天地自然之四象,而少阴、少阳、太阴、太阳即在其中,……金木水火,分著四方,此河图之四象,而土不言者,土为天地之中气,有名无质,所谓太和元气,非指块然者也。……言少阴、少阳、太阴、太阳,而不指水火金木以实之,则所谓四象者,仍虚而无著。今故即河图以明之,俾知太极生两仪,两仪生四象,非判然各为一物,而天地气机如此。①

---

① 刘沅:《周易恒解·图说》,《十三经恒解(笺解本)》卷之五,第11页。

按朱子说法，"四象"为少阴、少阳、老阴、老阳。老阴也称为"太阴"，老阳也称为"太阳"。又据"五行说"，乾为金，坤为木，离为火，坎为水。刘沅认为"四象"只是"一元运转"而生。"一元"便是五行中得"天地之中气"的"土"，故将五行之金木水火与朱子所谓"四象"对应，称之为"先天之阴阳"。但就阴阳交互而言，有阴静阳动，亦有阳静阴动。阴阳变化消长，阴中有阳，阳中含阴，刘沅称之为"后天之阴阳"。只讲先天，不讲后天，则先天之理"虚而无著"。先天阴阳寓于后天阴阳之中，所以《河图》以金木水火为天地自然之"四象"，"木乃火之父，金乃水之母"则是按"五行相生"论：木生火，金生水，此是相生之义。那么乾生离，坤生坎，则是秉天地气机由先天而至于后天。刘沅继而结合道教金丹派"取坎填离"①的思想以及《河图》先天阴阳之四卦象，使乾交于坤，中位为阴爻而成离；坤交于乾，坤之中位为阳爻而成坎。于是可以说，后天之离即先天之乾，后天之坎，即先天之坤。所以，即使是后天，乾坤也不是变为了坎离，而是寓于坎离之中，故可知后天坎离为

---

① 即"挹坎水一画之奇，归离火一画之耦"。（黄宗炎：《图学辩惑·先天八卦方位六十四卦方圆横图辩·先天八卦方位图》，郑万耕点校，中华书局，2010，第438页）清儒黄宗炎《图学明辨·陈图南本图》中将周敦颐所解"太极图"中的"阳动阴静"文字内容改为了"取坎填离"，并认为是陈抟所作"太极图"的原图，以证此图源于道教。

第六章
对宋明理学的反思与纠补——刘沅经解中的儒家义理与三教融通论

乾坤之正体。

另外，刘沅对于"图书"之数首先驳斥朱子以《河图》"道其常数之体"，以《洛书》"肇其变数之用"①的图书体用论，而认为"河图洛书，相为经纬"，他论道：

> 河图五十居中，象天地浑然之太极，而四象分着于外，水火金木，各居旺地，是四时递运，一元气之周流常在，是即变亦在是也。洛书五土生数居中，而一三七九依然，四象各旺其方，明乎生生之意流贯四时，象似变而理仍常也。②

刘沅以象数说理，理象互参，揭示河图之象太极而含变；洛书之象变而理常的内涵。接着，刘沅对"河图数十，洛书数九"之说提出异议，认为河图数十亦含九，洛书数九也含十，不可强分：

> 先儒又谓河图数十，洛书数九，不知十者天地之合一，九者一元之流行。流行者，屈伸消长迹象

---

① 朱子原文："河图以五生数。统五成数。而同处其方。盖揭其全以示人。而道其常数之体也。洛书以五奇数。统四偶数。而各居其所。盖主于阳以统阴。而肇其变数之用也。"参见王梓材、冯云濠编撰《晦翁学案补遗下·易学启蒙·本图书第一》，《宋元学案补遗》卷四十九，沈芝盈、梁运华点校，第2710页。
② 刘沅：《周易恒解·图说》，《十三经恒解（笺解本）》卷之五，第19页。

易求，合一者，全体浑然无稍间断。河图之数全于十，一三七九左旋而右，二四六八右旋而左，各成一十。一二三四生数在内，合为十，六七八九成数在外，合为三十，固无往非十也。然一三五之奇，合而成九，中土发水木之菁华。二七合而成九，离火炳乾宫之阳光。五与四合亦九也，金老于西亦九也，是其流行之机自在浑合之内。若夫洛书固以九为数也，然虚中土以为太极。一九、三七、二八、四六，皆相对而成十，故河图九含于十，洛书十含于九，则河图以成先天卦画。乾三坤六震五巽四兑离四艮坎五，亦用九数之意，则洛书以合后天卦位。乾六巽四坎一离九艮八坤二震三兑七，亦用十数之意。圣人设卦观象，固未尝以十与九为判然两端，图书必相参，而天地之义始全。先天后天卦位亦互观，而变化之神始见。[1]

刘沅以数"十"象"天地之合一"，"九"为"一元之流行"。其对"流行"的定义正符合后天阴阳之生化，而"合一"则符合先天的特点，这段以象数推阐出先后天卦位变化之理，以证《图》《书》之数互含以及先后天卦分别以《河图》《洛书》为参照，最后强调《图》《书》与先后天

---

[1] 刘沅:《周易恒解·图说》，《十三经恒解（笺解本）》卷之五，第19页。

第六章
对宋明理学的反思与纠补——刘沅经解中的儒家义理与三教融通论

卦位的互参互观是揭示天地生化、万物生成奥妙的前提。"河图数十，洛书数九"的说法始自朱子结合邵雍之说而成，后虽有魏了翁指出邵、朱之意可能并非以"图十书九"为判然，[①]但也改变不了后人对此的追捧，即使有人异议也多只在象数方面作讨论，更少有人能揭示"数十含九、数九含十"之理。刘沅由象数而义理，探究了"先天后天说"的理论来源和基本意涵，进而以此为根基推扩到本体层面的身心性命之理。无论从其论证过程还是结论，都体现了其"不废象数，以理为本"的释《易》宗旨。

（三）刘沅"先天后天说"的理论内涵及其意义

刘沅用"先天后天"理论来统摄宋明理学的基本概念与范畴，力证天地人通体一贯，只是一理。他用"先天后天"理论详细辨析阴阳、天地与太极等概念及其之间的关系，显示出其"天人一贯"的思想主张。首先，由于乾为天，坤为地，他先在《乾卦》的附解里将"先天""后

[①] 鹤山魏氏了翁题司马子《己易图》曰："涑水司马叔原覃思《易》理之学，著《己易》。朱文公以十为《河图》，九为《洛书》，引邵子说辨析甚详，叔原从之。乃邵子不过曰'圆者《河图》之数，方者《洛书》之文'，今戴九履一之图其象圆，五行生成之图其象方，是九圆而十方也。安知邵子不以九为图十为书乎？故朱子虽力攻刘氏，而犹曰：'《易》《范》之数诚相表里。'又曰：'安知《图》之不为《书》，《书》之不为《图》？'则朱子尚有疑乎此也。近世朱子发、张文饶精通邵学，而皆以九为《图》十为《书》，朱以《列子》为证，张以邵子为主。予尝以《乾凿度》及《张平子传》所载'太一下行九宫法'考之，即所谓戴九履一者，则是图相传已久，安知非《河图》也？绍定四年书。"参见胡渭《启蒙图书》，《易图明辨》卷五，郑万耕点校，中华书局，2008，第117页。

天"义理化为"天地未分"与"天地既分"两种状态：

> 天地未分，浑然粹然者无可名象；天地既分，此浑然粹然者即寓于天地之内，而流行乎万物之表。①

此言天地未分即先天，是纯粹浑沦一体，不可闻见捉摸；天地既分即后天，其中也包含浑然粹然之体，并有了万物流行。但是，先天后天并非两种截然不同的形态，刘沅又以太极与阴阳、天地之关系深入解析这一道理：

> 天地未分，太极居天地之始；天地既分，太极在天地之中，天地即太极之体也。天包乎地，地居天中，天地曷可强分哉？第人居天地内，以在上在下之形言之，则天高地下，而乾坤判矣。然乾行乎地之中，实驭乎坤之外；坤孕于天之内，又载乎天之元。②

又：

> 惟天地即太极之体，故天包乎地，而以阳施阴；地孕于天，而以阴承阳。……天地无一息不

---

① 刘沅：《周易恒解·周易恒解卷一·周易上经·乾》，《十三经恒解（笺解本）》卷之五，第32页。
② 刘沅：《周易恒解·周易恒解卷一·周易上经·坤》，《十三经恒解（笺解本）》卷之五，第37页。

第六章
对宋明理学的反思与纠补——刘沅经解中的儒家义理与三教融通论

交,阴阳无一息不和,故成为太极浑然之体。而阴静阳动,阳静阴动,互为其机,互根其宅,于是屈伸消长而生五行。五行分布,阴阳之功用以宏,实则太极浑然之理气,如环无端,亘古不息,故五行只一阴阳,阴阳仍一太极耳。①

虽说"太极居天地之始",但太极并非一个物事或一个实体,而只是对"浑然之体"的描述,所以天地未分,太极只是天地浑然粹然状态的代名词,并非一个先验的存在。天地既分,人在天地之中观察,经验到天在上而地在下,所以觉得天地、乾坤等都是不同的事物。但实际却是天地阴阳之交互阖辟时刻都在进行而成太极之体,故而刘沅提出"天地即太极之体",天地是什么?刘沅说:

纯阳纯阴者,天地。②

又进而说道:

纯阴纯阳,只此一元运转之机耳。一元之气机不可见,于日月见之。③

---

① 刘沅:《周易恒解·图说》,《十三经恒解(笺解本)》卷之五,第10页。
② 同上,第14页。
③ 同上,第14页。

天地之分仍属于阴阳运化、互生互成，太极就是主宰大化流行的"一元之气机"，但这样的"气机"何以显现，则是日月之功。所以刘沅认为"日月，则乾坤之精。"[1]"阴阳互宅者，日月。"[2]以日月对应离坎，为汉以来象数易学派所主张，《易·系辞传》有"悬象著明，莫大乎日月"一句，汉末虞翻注曰："谓日月悬天，成八卦象。三日暮，震象，月出庚；八日，兑象，月见丁；十五日，乾象，月盈甲、壬；十六日旦，巽象，月退辛；二十三日，艮象，月消丙；三十日，坤象，月灭乙。晦夕、朔旦则坎，坎象，水流戊；日中则离，离象，火就己。戊己土位，象见于中，日月相推而明生焉。"[3]宋代集象数易学之大成的《汉上易传》也提到："圣人仰观日月之运，配之以坎离之象。"可见，刘沅以日月代表坎离，是采纳象数易学的说法。但虞翻、朱震等是在讲一月之阴阳消息与象数中的"纳甲"之法，而刘沅却以之讲体用，加上前述乾坤二卦蕴震艮巽兑坎离六卦之理，而有"天地无功，以日月为功"之说，是将图书与义理派的讲法融入进来。这样，刘沅完成了其先天后天说由象数而义理的建构。显然，就本体论而言，太极只是一粹然之理；

---

[1] 刘沅：《周易恒解·周易恒解卷五上·系辞上传》，《十三经恒解（笺解本）》卷之五，第195页。

[2] 刘沅：《周易恒解·图说》，《十三经恒解（笺解本）》卷之五，第14页。

[3] 胡渭撰《周易参同契》，《易图明辨》卷三，郑万耕点校，第70—71页。

第六章
对宋明理学的反思与纠补——刘沅经解中的儒家义理与三教融通论

就生成论而言,太极又是浑然一气。先天浑然粹然无功无象,乾坤、天地、阴阳无所谓对待。后天天地互含,坎离为用,阴阳"互根其宅、互为其机"而生五行,都只是太极"一元运转",一气流行,故曰:"五行只一阴阳,阴阳仍一太极耳"。刘沅非常怕读者不明其天人一贯之旨,而将天人判然二分,所以以太极统阴阳天地而不断说其互生互成之义。也许,刘沅先天后天说与易学的关系在陈海恋君的文章中也有所揭示,但惜其未能把握住刘沅理气论这一区别于宋儒的紧要处,而认为"乾坤乃是纯阳纯阴,此乃天理纯全之际,尚未寓于后天之气,以此方得长久,而为道体。"①这便是将乾坤作为一超验的存在,而这恰恰是刘沅不满后世理学家多将天人分说的主要原因。

总之,刘沅的思想核心就是本原与流行的"同原共贯"。共贯所以一体,一体所以互为根据,互相包含,不可偏废,这也成为刘沅"阴阳不偏胜"义的理论根据。难怪刘咸炘称其祖父之学是"言同""言一",②亦可见刘沅沿其家传易学,研精覃思,意欲会通象数、图书、义理三派的用心。

---

① 引自陈海恋《刘沅先后天视域下的易学思想研究》,山东大学硕士论文,2015,第42页。
② 蒙文通、萧萐父、庞朴等:《〈推十书〉导读——20世纪罕见的天才巨著》,上海科学技术文献出版社,2010,第21页。

三、"先天后天说"在经学阐释中的运用——对理学性命关系的再检讨

首节探讨了刘沅从象数与义理的结合所创构的"先天后天说"以及其理论框架。对经学史而言,刘沅"先天后天说"的重要意义还在于承继宋明理学的部分基本理念的同时,重新用一套理论解释儒家经典,形成对宋明理学,尤其是程朱理学的间接冲击。其中,对理学基本概念与范畴的再检讨,便是应有之义。所以若要准确把握刘沅"先天后天说"所统摄的经学思想义涵,也必须把它放在对传统理学的基本概念或范畴再检讨的现实意义中重新加以审视。而对此的辨析仍然分散在刘沅各经解中,随经文反复申说,可见其贯通。

(一)性命合一

由于刘沅极为重视回到圣人本旨,所以其对《说卦传》第二章中"圣人作易,将以顺性命之理"中的"性命之理"格外关注,并认为"性命"是贯通天地人之道的终极根据,甚至将之视为比"理"更根本的价值。另外,刘沅在注释这一章的时候,关于身心性命的重要理学概念几乎都有涉及,其对先儒观点的批判与继承也都得淋漓展现,故录此章"附解"全文,以便厘清各概念间之关系:

性命二字,自夫子发之。因上章言穷理尽性

第六章
对宋明理学的反思与纠补——刘沅经解中的儒家义理与三教融通论

以至于命,后儒只知在天为命,在人为性,而此章性命亦只同解,然下文阴阳刚柔仁义分配之理不明矣。今若不显揭之,则天地人之道不著,而拘守先儒成说,反失圣人之心,愚甚惧之。盖天地只一太极,不可强分也。然天位乎上,地位乎下,人位乎中。三才业有分形,则太极之在天地与人者,各有真精,是即性命之分见也。不得其分,由不知其所以合。知合者未尝不分,则知分者实未尝不合,此三才所以并立,不可轻重也。天道之大者曰阴阳,然阴阳止一太极而已,太极动而生阳,静而生阴。阴阳之分著者为天地,天阳也,地阴也,阳施阴受。有天而无地,则为有阳而无阴,天包乎地,地承乎天,天地曷尝判然自为阴阳哉?惟太极之理气无形,而天地之呈象者有二,人遂不知天地之所以合。夫其合者何也?曰性命也。性,乾之理;命,坤之理。纯粹而无滓者性,凝一而浑厚者命。先天性命合一,乾坤之所以为一元;后天性命分寄,乾坤之所以判高卑。阴阳则其气之用,刚柔则其质之成。然无气不能成质,无质何以寓气?以之分配天道地道,亦第就人之所见言,明天地皆性命耳。若竟剖为两橛,理岂通哉?若夫立人之道曰仁与义,则专就性命之粹本于天地者言,而气质则所不论也。盖万物皆天地所生,而得其正者惟人。性,天理也。命，天根也。性寄于命，是以有此天理，而后成此身形；命寄于性，则既成此形质，而或牿其天性。仁则葆乎性之良，义则节其命之正，不特存诸中者为仁，发于外者为义。而一念之刚柔，仁义之用以分；太极之浑涵，仁义之体以固。一如天地之阴阳刚柔分著其用，未尝不共成其功也。三立字，因恐人不知天地人之至理，故以此括之，得其贯通，则一而已。天阳而有阴，地柔而有刚，可见性命不可偏废。仁义则人之所以承天地者，故三才必两兼而其义始备。分以对待言，迭用以流行言。刚柔亦有分，阴阳亦有迭，互文见义耳。易之阴阳刚柔，全法天地以立人事之则，要无非顺性命之理。人本天地之正而生，未生以前为先天，既生以后为后天。先天阴阳之正，性立而命凝，太极之浑然者如天地，故人性皆善。后天阴阳之交，性微而命危，太极之粹然者非本来，故有人心道心。去人心以纯道心，化气质而存天理，使返乎阴阳之正而已。人心阴欲，道心天理。道心全，而知觉运动之心皆当天则，由性以该命，天人之所以合。人心多，而仁义礼智之性皆为物囿，命浊性漓，天人之所以分。故性命者，天地之元，五行之粹，而人心之正也。乾元资始，坤元资生，天地之性命万古不渝。水润乎下，火炎乎上，人之性命因而颠倒。知

第六章
对宋明理学的反思与纠补——刘沅经解中的儒家义理与三教融通论

性命,则知道心人心所由来矣。三代下,识者寥寥,安得不亟辨之?①

后儒关于性命,解释颇多。朱熹曾注解"乾道变化,各正性命"中的"性命"时说:"物所受为性,天所赋为命。"②又解释《中庸》"天命之谓性"曰:

命,犹令也。性,即理也。天以阴阳五行化生万物,气以成形,而理亦赋焉,犹命令也。于是人物之生,因各得其所赋之理,以为健顺五常之德,所谓性也。③

命是由天理所赋予的,赋在人身即为性。在这里,朱子将"命"似乎作为一种外在于人,非人自愿而加于其身的约束力量,且因为来自天,所以无可逃避。但是刘沅并不认可这种说法,他说:

命字先儒作犹命令解,是天自为天,人自为人,下文致中而天地位说不去。且性本无声臭,如

---

① 刘沅:《周易恒解·周易恒解卷五下·说卦传》,《十三经恒解(笺解本)》卷之五,第239—240页。
② 朱熹:《周易上经·乾》,《周易本义》卷一,第33页。
③ 朱熹:《四书章句集注·中庸章句》,第17页。

何命法？语义亦穷。①

刘沅认为朱子此解是将天人分开来讲，且包含一种对立的意味，与天地之位不合。刘沅并不愿意将性命分开说，所以他认为前人常把此章"性""命"解为"在天为命，在人为性"其实并未说透彻，但对张载的解释比较肯定。他在文中直接化用了张载"阴阳、刚柔、仁义，所谓'性命之理'"②的说法并加以补充，视"阴阳刚柔仁义，皆此性命之理所发见"。③"阴阳""刚柔""仁义"，分别对应立天之道，立地之道，立人之道。故"性命"是天地人贯通与天地之所以合的根据。

刘沅继承道教内丹理论而说"性，乾之理；命，坤之理。"故而"性命之理"就是天地之理。根据"先天后天说"，先天性命合一，即是太极。太极浑然粹然，所以性即命，命即性。"浑然"明其一体无二，"粹然"则指其纯粹无杂。而刘沅所谓"纯粹而无滓者性，凝一而浑厚者命"亦只是对形态的描述，性为太极之体，而命更言其原。性、命非判然二物。后天性命分寄，而有乾坤、

---

① 刘沅：《中庸恒解·卷上》，《十三经恒解（笺解本）》卷之一，第91页。
② 张载原文为："阴阳、刚柔、仁义，所谓'性命之理'。易一物而三才备：阴阳气也，而谓之天；刚柔质也，而谓之地；仁义德也，而谓之人。"参见张载《张载集·横渠易说·说卦》，章锡琛点校，中华书局，1978，第235页。
③ 刘沅：《周易恒解·周易恒解卷五下·说卦传》，《十三经恒解（笺解本）》卷之一，第239页。

第六章
对宋明理学的反思与纠补——刘沅经解中的儒家义理与三教融通论

阴阳、刚柔、仁义之名，但"阴阳则其气之用，刚柔则其质之成"。气质之功用也只是后天特性的呈现，气与质又不能相离，天道地道之分，乃由人见之不同而分，其实则一。就人道而言后天性命曰："仁则葆乎性之良，义则节其命之正，不特存诸中者为仁，发于外者为义。""葆"言其存，"节"言其养，一以先天言，一以后天言。仁之著为义，义为仁之凝精。性命通贯之，所以先天仁义浑然一体；后天仁寓于义，为义之正命所从出。惟人能得天地之正，乃因仁义为性命之分见，告子"仁内义外"说之谬不言而喻。仁义同体无二，比朱子"仁贯四德，……义为仁之断制"①与程子"仁体义用说"②更为通透。由对仁义的关系解释溯及性命可知，后天性命分寄，并非指性命分判各有所寄，而只是言后天有所对待，所以分开来讲。"阴阳以气，刚柔以质，仁义以德，其实一而已。"③此"一"为何物？一源所出，一元运化，性命合一只是本然。如果说程朱将"天理"或"理"作为一种本体或万物生成的本根而加以推崇的话，刘沅则在此理论基础上做出一些调整，将先儒普遍认为乃天所降之"命"当作所赋予

---

① 唐文治：《朱子心性学发微·答陈器之书》，《紫阳学术发微》卷三，乐爱国点校，华东师范大学出版社，2014，第78页。
② "仁体义用说"由程子提出，朱子继承之。其用"体用论"说仁义曰："是仁为体，义为用。大抵仁义中又各自有体用。"参见黎靖德编《周子之书·太极图》，《朱子语类》卷九十四，第2383页。
③ 刘沅：《周易恒解·周易恒解卷五下·说卦传》，《十三经恒解（笺解本）》卷之一，第239页。

之"性"来看待。

（二）命原论：命在天，更在我

关于"命"，前人多将之视为不由己的某种外在力量，无法预知，也无法掌控。汉代王充认为"命"具有完全不以人的意志为转移的客观偶然性，也即是将性与命完全视为不相干的二事："性自有善恶，命自有吉凶。"①且人所遭受之祸福乃是天命所定，不是人自己可以左右的。后世皇侃受此影响，但他将命的天定，改为天授。其在《论语疏》中把"不知命"的"命"释为"穷通夭寿"，认为人之有命，受之于天，不可强求。授命者在天而不在人，对人而言，仍是被动的，但天人性命已经有了更多联系。到了张载，其将"命"的不可测归为"遇"，认为"命"有其一定之则。其言："命其受，有则也。……尽性穷理而不可变，乃吾则也。天所自不能已者谓命。"②后朱子承继此意并将之纳入自己的理学体系中，在解释"子罕言利与命与仁"一节时他说："命只是一个命，有以理言者，有以气言者。天之所以赋与人者，是理也；人之所以寿夭穷通者，是气也。"③这是说命虽

---

① 王充：《命义篇》，《论衡校释》卷二，黄晖撰，中华书局，1990，第51页。
② 黄宗羲：《横渠学案上·高平门人·献公张横渠先生载·正蒙》，《宗元学案》卷十七，全祖望补修，陈金生、梁运华点校，中华书局，1986，第693页。
③ 黎靖德编《论语十八·子罕篇上·子罕言利章》，《朱子语类》卷三十六，第949—950页。

第六章
对宋明理学的反思与纠补——刘沅经解中的儒家义理与三教融通论

由天所出，却分理之命与气之命。理之命便是人物所承之天命、正命，是万物对天理流行的禀赋；气之命则更偏于一种不可预知的命数。元代被称为"北山四先生"之一的许谦，将朱子此说进一步总结发挥，提出"天理之命"与"气数之命"两个概念，①此二名被明代《四书大全》采用，影响深远。但从明末清初以至近代，以黄宗羲等为代表的一批儒者纷纷反对把"命"分为两种，而更倾向于强调命的不可分。总体而言，由宋至明，儒家之"命"既体现为天的意志，人受命于天，舍我其谁，故当顺天命而主动为之；另一面，其又含有一种"无所逃于天地之间"的被动，时常让人生出宿命感。正如张岱年先生所说："宋代以来的思想家论命，大抵发挥孟子的观点，将命看做客观世界对于主观意志的限制。"②

自明以后的儒者强调命非有二，刘沅则更进一步将"命"视作人能通过努力加以掌控的概念。相对于多言性少言命的宋儒，刘沅通过经解，强调"命"的重要性。对"命"的内涵的重新定义，也是刘沅对理学论"命"的一大纠补处。刘沅在《论语恒解·尧曰第二十》"不知命"节的附解中专辨"命"义。其将"命"视为理、气、数

---

① 许谦《读四书丛说》："有天理之命，有气数之命。天理之命，人得之以为性者也；气数之命，人得之以为生死寿夭贫富贵贱者也。"
② 张岱年：《中国古典哲学概念范畴要论》，《张岱年全集》卷四，河北人民出版社，2007，第583页。

共同之主宰，并提出"天即理之原命也。"[1]言理本于天命，而非如程朱将理视为唯一终极价值。鉴于这一段附解融汇了刘沅对"命"的详尽看法和对世人与前人论命的看法，且为便于论述，特将此段附录如下：

> 命者，理气数之主宰。自来言天命、义命、性命、数命，其说不同。然分言虽殊，其实则一也。此字至不易晓，今为辨明之。今人说命有荣枯得失，自然一定者，曰气数之命。而先儒以解此章命字，非也。万物莫不本于天，天即理之原命也。天以真理流行真气而万物自生、自化于其中，天之理气非有异也，物之所以承天地者有异，遂各判其生成、飞潜、动植，感天地之气而生者不同。日月消长，山川蔽障，而气化因之，然亦惟物为甚耳。夫物其得气偏驳者也，故言命者不于物。人秉五行之秀，太极之灵，天地真理、真气所钟无不同者，特其祖宗之所积累，父母之所含育不同，故圣愚、清浊、寿夭、亨否不同。然天地实无心，惟其人之自命以为受气于天地不同，实乃胎本于先德者不同，故天地父母为受气之原即命也。而气有纯驳，实理有盈歉，是气数实统于理也。惟人秉天地之理

---

[1] 刘沅：《论语恒解·论语恒解下论下册·尧曰第二十》，《十三经恒解（笺解本）》卷之二，第147页。

第六章
对宋明理学的反思与纠补——刘沅经解中的儒家义理与三教融通论

皆同，而秉父祖之气不同，故圣人教人存心养性，立命事天，全其天命之理。而气数之不齐者可齐，故曰虽愚必明，虽柔必强，仁者寿，大德必寿，以及余庆、余殃种种言语，皆言人尽性则可以立命而回气数也。若不全乎天性，养其浩然，而荣枯得失悉委于命，实则不知命矣。子言不知命，无以为君子。正谓其不达天命之原则必自废立命之学。吾身中义理之事皆以为不能为，而凡身外之物，索引逐逐殆无虚日，从欲则易，从理则难，何以为君子也？世俗星命之术，以年月日时配以五行衰旺之机，以一时而定厥生平，求枝叶而忘其本根，诞且妄矣。圣贤教人存养立命，养浩然之气，全中和之理，夭者可寿，危者可安，愚者亦明，故为补造化生成之憾。然要惟天命之在我者，有是至诚不二之理，故能修而养之，以维气化，岂本无是理而强相附合者比哉？愚于《蹈仁而死》章，极言存养可企中和，学者无以颜子短命为疑，正谓知命即可立命，参观自明，兹不复赘。若常解云义理之命，挽回气数之命，似天生人有二命者，非也。命者理之原，理宰乎气，而后有数。知命则必能顺天循理，力行善事以全性而敦伦。若但以安分为知命守道，乐天者求其在己，不怨不尤，则是矣。委心任运者，以宇宙一切皆为前定而罔念作狂，克念作圣之理，不复小心慎行。处

213

> 富贵而淫曰：我生不有命，在天；处贫贱而靡曰：命不如人。将吾身之所以承天地者皆为恍惚，而君子罕矣。故错解命字，贻误非浅。且世之人亦有言尽人事以听天命者矣，稽其人事，不过孳孳为利，汲汲求名，于五伦或多抱愧，岂知所谓尽人事者。臣尽忠，子尽孝，凡理所当为为之，不求人知，不求福应以顺从天命而已。岂世俗之云哉？至于立礼知言，朱子曰：不知礼，则耳目无所加，手足无所措。言之得失可以知人之邪正是也。①

这一段论"命"，刘沅通过对"命"的实质的揭示，意欲打破先儒把天理之命（义理之命）与气数之命分说，也将其必然走向命定论的倾向与对"尽人事听天命"的误解加以纠正与澄清。首先，刘沅认为先儒所说之"命"，大多只是气数之命。他认为天地实无心，人就是天地之心，因此人承天命而物无所谓命，没有人则"命"无意义。他批评前人所谓人之命不同，乃由于禀自天地之气的不同的说法。其认为人生以后，即为后天，人秉天地之理，亦受父祖之气。后天之气驳杂，实际是因为理有亏欠所致，所以气数其实统于理，"理的亏欠"并非抽象地反映理的本质，而是指落实到人身上，人不再能全部呈现天命之理，

---

① 刘沅：《论语恒解·论语恒解下论下册·尧曰二十》，《十三经恒解（笺解本）》卷之二，第147—148页。

第六章
对宋明理学的反思与纠补——刘沅经解中的儒家义理与三教融通论

这导致气之不齐，用刘沅在《中庸恒解》"天命之谓性"章中的话说，就是"人性已不尽纯乎天命"。①无论未生已生，天命只一个天命，且"命为理之原"，为气数之主宰。张栻也曾说："天命且于理上推原，未可只去一元之气上看。"②这里刘沅与张栻的理解有相似之处。刘沅又释"天命"曰：

> 命字如秉质意，天之广大高明，无所不统，然其生化于无穷，流行而不息，有个主宰之理在。易有太极，是乾坤之真精，即天之命也。……子思言天有所以为天之理，是为天命。③

此明言天之真理真气流行亦有其主宰，即"天命"，既为乾坤之真精，便不可分为义理与气数二命，故刘沅不认同用义理之命挽回气数之命的说法，而是人尽其性则可以立命以回气数。

刘沅又说命与性之关系道：

> 盖天之命即天之性，命所以生生之意，性所以存主之意，其实一也。此章为人性溯原，故曰天

---
① 刘沅：《中庸恒解》，《十三经恒解（笺解本）》卷之一，第91页。
② 张栻：《答问·答游诚之》，《南轩先生文集》卷三十二，朱熹编，朱杰人、严佐之、刘永翔主编，华东师范大学出版社，2010，第484—485页。
③ 刘沅：《中庸恒解》，《十三经恒解（笺解本）》卷之一，第91页。

> 命，言天所以生之理，即人之性。……天命之谓性，盖指其粹然者言之，而物之分其一端者，亦包括于此粹然之中。①

性命本一，命就流行、生化而言，性就存在、性质而言。天命与性共通的可能就在于其纯粹无杂。从最后一句看，显然刘沅并不认可朱子的"理一分殊"，在他看来，并非物各有一太极或物各有理，而是既生之后，物虽受形质之囿，呈现各种形色，但纯粹之天理仍含于万物自身。所以刘沅说：

> 从其原言之，则不得以其散著为本体也。……性之澄然在中者，无贰无杂；性之自然顺应者，悉得其宜，是皆天命之本体。②

这就否定了将"理"视作唯一本体的观念，打破了程朱理学之流弊所带来的对经典义理解释的垄断与对标榜唯一本体价值所导致的排他倾向。无论是先天性之纯粹抑或后天顺性命而为者，都是天命之本体。朱子强调单一的理本论，刘沅则将"命"置于比"理"更为根本的地位，可称为"命原论"。其直接目的是为自己提倡的"仁者

---

① 刘沅：《中庸恒解》，《十三经恒解（笺解本）》卷之一，第92页。
② 同上。

第六章
对宋明理学的反思与纠补——刘沅经解中的儒家义理与三教融通论

寿,大德必寿"的观念张目。在刘沅看来,天地只一理,万事万物皆具此理,而"命"则为惟人能承之、有之,故"人为天地之心"。所以刘沅强调"命"的可掌控,要人们"力行善事,全性而敦伦"便是顺天应人。刘沅极为推崇《左传》中刘康公"民受天地之中以生,所谓命也"(《左传·成公十三年》)的说法,强调儒家"立命"之根据正在于人得天地之正,明白"天命之原在吾身"[①]让人明白命之在己,求仁得仁。同时他批评了两种对"命"的错误态度与认知。一是将命只看作气数之命的"委心任运者",说这样的人只消极看待"命",认为命不由己而全由天,于是不愿修养身心,行事不笃;另一种需要反思的,就是世俗对"尽人事听天命"的曲解。刘沅认为世人常把"尽人事"的"人事"理解为世间人情世故,于是对功名利禄汲汲以求,而他所理解的"尽人事听天命"是指"凡理所当为为之,不求人知,不求福应以顺从天命而已"。[②]综上所述,刘沅所谓"命"并非高于"理"的另一种实体或本体。由于天人一体,天之命即人之性,一体之可能与根据皆在于性命本一之理,这也便是刘沅常将"性""命"合言的原因。所以,刘沅不承认"理"之外别有一个"命",而始终认为其只是同理不同名罢了。但

[①] 刘沅:《周易恒解·周易恒解卷五下·说卦传》,《十三经恒解(笺解本)》卷之五,第239页。
[②] 刘沅:《论语恒解·论语恒解下论下册·尧曰第二十》,《十三经恒解(笺解本)》卷之二,第147—148页。

之所以强调"命"而不是"理",恰是因为在刘沅看来"命"既包含天之意志,也包含人之生气,天人不偏胜(这点可参看本书第五章第二节讨论"仁者寿,大德必寿"的德福一致问题)。而程朱理学之"理本论"落实在道德实践与社会生活中,则逐渐走向了天理的神圣化、绝对化,而人更多时候落于气质的层面,善恶互见,需要去欲存理。再加上朱子多在气数层面上讲"命",担忧对人为的放纵造成天理之戕害。①这不经意间助长了命定论在士人与百姓中的普遍接受,以致出现上述两种错误认知以及加剧了常人对学圣的畏惧心理。若以朱子理气论与刘沅理气论对比来看,当更见得切实。

四、先后天视域下的理气关系——对理本论的驳斥

朱子继承张载说,把性分为"天地之性"与"气质之性",天地之性就是理,浑然纯善;气质之性为物所禀,而无形质。朱子说:

> 论天地之性,则指专理言;论气质之性,则以理与气杂而言之。未有此气,已有此性。气有不

---

① 从朱子对《孟子·尽心上》"夭寿不贰,修身以俟之,所以立命也"一节的解释可见一斑,其曰:"夭寿,命之短长也。贰,疑也。不贰者,知天之至,修身以俟死,则事天以终身也。立命,谓全其天之所付,不以人为害之。"参见朱熹《尽心章句上》,《四书章句集注·孟子集注》卷十三,第349页。

第六章
对宋明理学的反思与纠补——刘沅经解中的儒家义理与三教融通论

存，而性却常在。虽其方在气中，然气自是气，性自是性，亦不相夹杂。①

这是基于"理"的逻辑先在性而引出的既生之后性与气亦不相杂的理论。而刘沅直以先天后天之分而说性中理气都具。在《周易恒解·图说》部分，刘沅把朱子所传《太极图》中两边分别标示着"阴静""阳动"的一个"圆"作为首图，并命名为"易有太极图"，他对此图含义作了如下阐释：

> 理气之浑然粹然者，是天地之精，而万物所从出。理之极致而无以加，故曰太极。太极莫名其极，即无极，非太极之外别有无极也。太极居乎天地之始，宰乎天地之中，无名象之可图也，特恐人莫识天地之妙，则为此图以见浑然粹然者，无成亏，无欠缺。万物莫不共由则曰道，得之于身则曰德，无过无不及则曰中，至真无二则曰诚，生生之理气所含则曰仁，本诸有生之初，所以承天地而立极，则曰性。其他星历方舆一切术数，皆由此而衍之，随所会通，莫不有理，然于圣人承天立极、尽性至命之学为鳞爪矣。旧传周濂溪《太极图》内图

---

① 参见黎靖德编《性理一·人物之性气质之性》，《朱子语类》卷四，第67页。

> 白黑二气以象阴阳，由中一点运化，盖取生阴生阳之意。然太极者理气之总汇，阴阳含于其中，本难名象，故曰无极。无极者，状太极也，非太极之外别有无极。太极既无极矣，而又可图耶？故兹但列一空圈，以象浑然粹然之意。①

刘沅认为，理气是浑然一体，纯粹无杂的。为了形容其理的极致而名之曰"太极"，但这个太极无名无象，不可名状，故又称"无极"，所以无极即太极，"无极"只是"太极"状态根本特性的描述，故称"无极者，状太极也"。这种状态是图表达不出来的，而理气之总汇便是太极之体。这其实说明两点，其一，强调太极无名无象，否定了其作为一个实体的存在，无有规定性，也不具形上本体的意味，故"太极生阴阳"的说法不能成立；其二，在刘沅看来，天地本一太极，只是未生以前名为太极，既生以后为天地，这是与他"天地无功，以日月为功"的主张相呼应，为其"先天后天说"张目。先天理气便只是一体浑成，一时都具，无有先后。需要注意的是，这里的"理气"都是就先天而言，所以气即理，理即气，而后天之气不纯才有理气之分判。这是与宋儒理气关系论之大不同处。

首先，宋儒更强调"理""气"之别，而刘沅则将

---

① 刘沅：《周易恒解·图说》，《十三经恒解（笺解本）》卷之五，第9页。

第六章
对宋明理学的反思与纠补——刘沅经解中的儒家义理与三教融通论

"理""气"合讲。在宋代的理气论中,理学家们要么主理,要么主气。即便如朱子"理""气"并言,也有强烈的二分倾向。例如朱子言理气之合:

> 所谓理与气,此决是二物。但在物上看,则二物浑沦不可分开,各在一处,然不害二物之各为一物也。若在理上看,则虽未有物,而已有物之理。然亦但有其理而已,未尝实有是物也。①

> 天下未有无理之气,亦未有无气之理。②

> 理未尝离乎气。然理形而上者,气形而下者。自形而上下言,岂无先后!③

> 未有天地之先,毕竟也只是理。有此理,便有此天地;若无此理,便亦无天地,无人无物,都无该载了!有理,便有气流行,发育万物。④

朱子知理气不可分,而当他分言时不得不主理先气后。所

---
① 周敦颐:《晦庵文集并语录答问》,《周敦颐集》卷二,梁绍辉等点校,岳麓书社,2007,第31页。
② 黎靖德编《理气上·太极天地上》,《朱子语类》卷一,第2页。
③ 同上,第3页。
④ 同上,第1页。

以在他那里，"理"与"气"若即若离，暧昧而矛盾，实质就是不可合之两个概念，钱穆先生认为朱子的理与气乃是"一体浑成"，未免言过其实。朱子之"理"为万事万物存在的基础，而气只是在时间上与理一时具有，是一体之两面，互相依存，理就本体言，气就流行言。而刘沅认为，气分先天后天，理则为一。气在先天，理即是气，气即是理，理气浑然粹然；气在后天，虽不似先天之浑粹，但理仍蕴藏于其中。其论"理气"极为详尽：

> 天地一气而已，散著为万物，形象所呈，理即寓焉，而其自无而有、自有而无，皆气为之，故"理""气"二字不可稍分。理至无也，著于迹象而始见其实，非气以藏之显之，将于何求理？人知人为贵矣，然必有气而后有质，气在而理即寓焉。人知理之重，不知理非气不著，且非气亦无以养，显诸仁、藏诸用，皆气为之也，而上天之载，无声无臭者，是气即是理。①

在刘沅这里，理乃是"至无"，不仅寄藏于气，而且要靠气才能呈现。可以说人之所以知理之实在，知理之贵重，都依靠气。并且因为理寓于气，人之能明理，非通过养气

---

① 刘沅：《附录一·子问·子问卷之一》，《十三经恒解（笺解本）》卷之十，第100页。

第六章
对宋明理学的反思与纠补——刘沅经解中的儒家义理与三教融通论

而不能。从朱子论理气关系之模棱，看得出其想将二程理本论与张载之气论作一结合，但最终仍以程颐说为主。后世很多学者对程朱理学主张"理先气后"表达了不满，比较有代表性的有王廷相的"元气说"；王夫之服膺张载的气论进而主张气一元论；戴震则反对程朱，提倡"血气心知"说。明清以来，儒门主流的理气关系论可以说逐渐由程朱的主理说，向张载开创的主气传统倾斜，理与气的形上形下关系定位有颠倒的趋势。及至刘沅，则用"先天后天说"统摄理气关系。先天理气纯全，理即是气，气即是理。后天气有驳杂，非复先天之纯全，但理仍寓于气中。先天后天，彻上彻下，只此一理，亦只此一气。

探究刘沅的理气关系与先儒之异同，不仅可以了解其理学思想的核心，更能借此理解刘沅经学思想的内在理路以及看到其对回归儒家先圣天人一体、一以贯之的努力。但是，就目前的研究而言，对刘沅理气关系的认识仍有不少谬误。如赵均强《太极函三为一：清儒刘沅对理学本体论的贡献》一文见刘沅书中有"宰理气者，曰神"的说法，便把"神"作为高于"理""气"的最高主宰来看待，[1]这是值得商榷的。经前文分析，已经知道刘沅把"理"与"气"归为一元，即太极之体，这是最究极之本

---

[1] 赵均强：《太极函三为一：清儒刘沅对理学本体论的贡献》，《哲学与当代精神理论研讨会暨2013年哲学学会年会论文集》；《"生态哲学与当代社会"学术研讨会论文集》，社会科学文献出版社，2014，第263页。

根，所以没有其他的逻辑实体高于理气。前文所论"命"也只是理气之总汇显呈于"天"的代名词。虽然刘沅有"理宰乎气，气载乎理"之说，但需要清楚的是，这句话是对《系辞传》"一阴一阳之谓道"所做的注。原句为："太极动而生阳，静而生阴，阴阳迭运，互为其根，变化而生万物。理宰乎气，气载乎理，天地万物莫不由此，"①由此可知，此处的"理""气"是就后天而言，"宰"字可作"本根"讲，亦可理解为"主宰"之义，句意为理为后天之气的本根，而后天之气则作为理之唯一载体。但是"宰理、气者，曰神"（《正讹·卷四》）之"宰"并非"主宰"之意，而是指"运化"，刘沅有言："驭气者神。神，心之妙也。"（《槐轩约言·述道》）又言："天止是一气，气即是理，宰理气者神。"（《槐轩杂著·卷二》）首先从文字语法来看，"宰理气者神"就与"理宰乎气"不同，其次刘沅明言"神"乃"驭气者"，是"心之妙"，此处是作为一种枢纽性的"运化之机"的概念，与"主宰"之含义并不相干。

值得一提的是，刘沅在经解中用"先天后天说"对经文进行分析和诠释，并以之统摄性命、理气之辨等理学命题。在这一理论指导下，刘沅把经文中与程朱理学的几乎所有概念范畴分为后天不变的和后天有变的。先后天一致

---

① 刘沅：《周易恒解·周易恒解卷五·系辞上传》，《十三经恒解（笺解本）》卷之五，第200页。

第六章
对宋明理学的反思与纠补——刘沅经解中的儒家义理与三教融通论

而整全不变的概念范畴,如上文"易有太极图"释文中的"道""德""中""诚""仁""性"等都被视作"太极"的不同称谓,是描述先天理气纯全在天人等不同层面,不同情态下呈现出的特点。刘沅将之统合起来,他解释《周易恒解·说卦传》"穷理尽性以至于命"节时说:

> 道、德、义、理、性、命,一理而异名,但此处既分言之,则道统言之,天人所共,德就人言,义即事言也。和之顺之理之,就《易》言也。[1]

刘氏又在《孟子恒解·尽心章》"尽心知性知天"节中照此补充:

> 天,即理也。不虚而亦不实,以形言之曰天,以理言之曰道,以主宰言之曰命,至真无二曰诚,赋于人曰性,其灵变曰心。[2]

这种统合恰恰建立在对各种概念范畴的辨析之上,然后才能融贯于刘沅经解中,且各经解间少有矛盾处。也看得出刘沅无论对经文本身,还是程朱经学与理学的内容都已烂

---

[1] 刘沅:《周易恒解·周易恒解卷五下·说卦传》,《十三经恒解(笺解本)》卷之五,第239页。
[2] 刘沅:《孟子恒解·孟子恒解卷七·尽心上》,《十三经恒解(笺解本)》卷之二,第375页。

熟于心。当提出自己的理论，梳理这些概念范畴时，能以简明而达至透彻。正是"不得其分，由不知其所以合。知合者未尝不分，则知分者实未尝不合"。[①]此一论述可用于观宋儒之学与刘沅学问的差别。宋儒过于强调与释氏之别，以至于因不屑于佛，终究不知佛之真假。最后竟致受世风影响之佛学观念深入于心而不自知，最终成了看似界限分明，实则禅学已融于其理论之中；而刘沅主动融三教而为人伦日用，因其以儒为宗，融合二教，深谙释老之道，而三教之分判、同异，反而更能明了，最终对儒之不可替代处比宋儒更为晓然。可以说，刘沅在经解中对诸概念的统合，正是建立在对这些概念透彻辨析的基础之上的。

第三节　存养省察之功——存心养性即存神养气

前文通过对刘沅运用"先天后天说"解释经文中有关性命、理气等概念范畴的分析，见其在性理层面对程朱理学进行纠补。鉴于刘沅经学思想诠释以"先天后天说"为核心思想，统贯其所有经解，或已可算作一个思想体系。如果说《周易恒解》为其经学与理学思想的理论源头，那么《四书恒解》则充分体现其思想理论在修养工夫层面的

---

① 刘沅：《周易恒解·周易恒解卷五下·说卦传》，《十三经恒解（笺解本）》卷之五，第240页。

第六章
对宋明理学的反思与纠补——刘沅经解中的儒家义理与三教融通论

实践。而他存养工夫的独特性，也体现在试图将三教之修养工夫论进行理论与方法上的融合，尤其是对儒道二家的"存心养性"与"存神养气"理论的合一，以下详论之。

一、刘沅存养工夫的心性论基础

关于刘沅的修养论散见于各部经解中，而《孟子恒解·尽心上》"尽心知性知天"一节的"附解"部分，凝练了刘沅存养论的思想精华。《孟子》本章字少义精，尤为宋儒所重。刘沅在"附解"开篇直点出《孟子》此章概括了孟子心性论精义以及《学》《庸》所传圣人心法。对这一章的诠释不仅体现出他对孟子存养工夫论的理解，更是自身会通儒道修养论的心性基础，其重要性不言而喻。故先录其"附解"全文如下：

> 此章为当时言心性者直揭其表里，语简而义该。全部《大学》《中庸》，历代圣人心法，皆具于此，直是浑成雪亮。而犹有谓孟子之文不简密者，何哉？通章皆指点之词，人皆知心为一身之主，而不知心有先天后天之分。未生以前，秉天地理气之正，而后为人物则偏驳矣。故人心之量，原是粹然。在先天则浑然无名象，如天地太极之浑含。此时心即是性。迨既生以后，则气质之心足以梏其浩然之气，而心之本体非旧矣。故孟子言人知

心为身主，不知自来。尽其心之量而无所不通者，皆由知其性也。性即天理，而人得之以为心。心蔽于欲则先天浑然之性不全，人遂日与天远。能知其性，则天之理体备无遗，而洞然于人之所以为人，即天之所以为天，则知天矣。舍性言心，而以为天命之本然，可乎？惟性为心之质，而后天之心常足以扰其先天之性，故圣人教人存其知觉之灵，不使逐物而纷。养其本然之性，不使为心所役，久久则后天有觉之心，皆纯乎义理而为先天浑然之性。天之所以与我者始全。所以事天也，舍存心养性而别求事天，可乎？夫天者，理气之宰也。人生受气于天，秉理为性，天原以可大可久者付之于我而不能存养，于是神为欲错，气为欲耗。见天寿之不齐而疑天之不可恃矣，念吾身之不久，而或懈其修存矣。我之得于天而主宰乎吾身者，尚能立乎？惟一心存养，确然有见，卓然有主，知吾身有与天地并寿者，而死天寿不齐，不足惑之。兢兢焉，惟恐吾性有未纯，心有未安，一息尚存不敢怠其修身之学，以此俟天命。而自乐其性分，则心通乎造物之始而识超乎天下之先，不似他人囿于气化，虚生徒死。所以立命也，自古圣人尽性之功可以参赞，由此其选。独奈何舍心性而不务，自外于天也哉？语意如此，心、性、命三字道得十分了然。而人无

第六章
对宋明理学的反思与纠补——刘沅经解中的儒家义理与三教融通论

实功,徒以臆测。分首节为知,次节为行,至末节疑为另是一意,然是谬妄。明者当必知之。或曰:先儒皆言心为身主,性即心之理。虞廷亦但言心。子何云先天之心为性,后天之心不足为性也?曰:虞廷言心,而分人心、道心,是明明有二心也。性本纯一不杂,安得有二人心之发?气质之累为之,而非天之本然也。五官百骸,必待血气而存,而血气之灵,多于天命之性。故非养浩然之气至于不动心,则先天纯一之性不敌情识之扰。所以存养之功必造其极,始为事天立命。而为仁不熟,亦不如荑稗也。况纵其有觉之心,有不丧其粹然之性者乎?儒者知人心之危,防闲之静,存之而不得养浩然之学,则血气之灵如树心蟫蟓,终无术以去之。而文王之德之纯,孔子江汉、秋阳之喻,皆莫得其所以然。故愚尝反复而明辨之也。究竟心性之实如何?姑即易见者以譬之。天与人以理气之全,此浑然粹然之在吾身者,如金在沙中,心固未尝无性,而亦甚仅矣。上智之圣,心无私欲则犹是先天之本来,然此旷世一逢矣。其次则心皆涸于气质,而非性之本体,故圣人教人复性之功,而夫子则曰克己复礼为仁,孟子则曰存心养性所以事天。若心即性矣,而又何复之有乎?即心即性矣,而又何存与养乎?惟先天之心即性,而后天之心多欲,故存其义理之心，乃以养其本然之性。而人心悉听命于道心，则纯一矣。道言存神养气，即是存心养气，不曰心而曰神，以心之灵妙言之也。佛言元神、识神。元神即道心，性之本体，故曰元。识神即人心，知觉之灵，故曰识。而僧羽之徒，言存神养气者仅保其有觉之神、呼吸之气固宜。儒者斥之，然亦以有觉之心为性，犹是彼家说也。至命之一字，尤难辨识。以此生之修短为命，而不知天理之主宰为命。愚尝有说论之。而《论语》《言命》诸章亦详。兹不赘矣。夭寿不二，修身以俟二句，紧承说下，其义始全。程、张、朱三子，言心、性、天命，惟张子较纯。然言由太虚有天之名，亦非也。天，即理也。不虚而亦不实，以形言之曰天，以理言之曰道，以主宰言之曰命，至真无二曰诚，赋于人曰性，其灵变曰心。分而观之，合而一之，非尽心、知性、立命事天者，不能表里洞然。姑即二字形义言之。性字，从生，从立心。盖人所得于天之正理，以为心者也。心字从三点，从斜钩。盖人既生以后，囿于质、蔽于欲，而不能竖立之心也。昔人有言三点如星布，横钩似月斜披毛，从此起作圣也由他。盖后天之心不同于先天如此。故知觉运动之心，人所不能无，而必复性之后。然后心无非性诚，即此章实践而诣乎其极，则一切议论是非，无难以一言决

第六章
对宋明理学的反思与纠补——刘沅经解中的儒家义理与三教融通论

矣。存养之功，兼内外动静，须一一循序渐进，乃知孟子未言，以非可言尽也。①

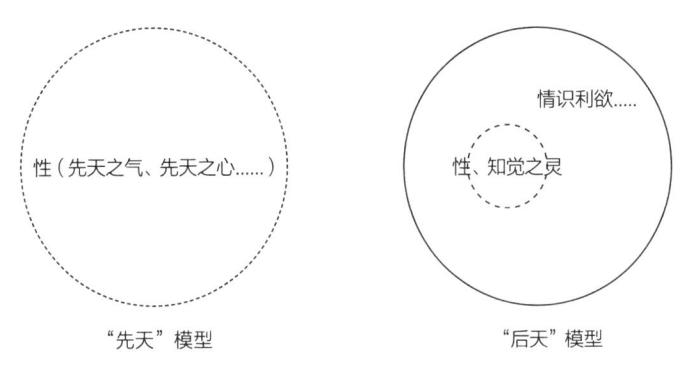

性（先天之气、先天之心……）

情识利欲……
性、知觉之灵

"先天"模型　　　　　　"后天"模型

图1　刘沅"先天后天说"简图

（一）对朱子心性关系论的纠补

刘沅将自己的"先天后天说"作为诠释孟子"存心养性"论的理论框架，提出"心"有先后天之分，先天之心如"天地太极之浑含"，此时心便是性。后天之心则非与性合而蔽于欲，并不纯全。故人要尽心之量即是"知性"，知性即是全性，是由后天之心返于先天之心与性浑然一体的状态，这显然是针对朱子"穷理才能尽心之量"②的说法提出的。刘沅说"性即天理，人得之以为心"，这里的"心"指先天之心，是孟子在性善论中确立

---
① 刘沅：《孟子恒解·孟子恒解卷七·尽心上》，《十三经恒解（笺解本）》卷之二，第373—375页。
② 朱子原文为："然不穷理，则有所蔽而无以尽乎此心之量。"参见朱熹《尽心章句上》，《四书章句集注·孟子集注》卷十三，第349页。

人的道德主体性的本体。而"尽心"是对后天之心中蕴含的"知觉之灵"（孟子所谓"四端"）的存养，并推扩，最终合于先天之心，即性，而能知天人之所以为天人。因此，尽心、知性、知天在逻辑上是一时俱达的。

朱子的心性论认为"性便是心之所有之理，心便是理之所会之地"，[①]"心以性为体，心将性做馅子模样。盖心之所以具是理者，以有性故也"。[②]这一心性关系论是朱子承继张载"心统性情"的说法并结合程子的性理说而加以创发和完善的。粗看之，刘沅与朱子在对心性的认识上较为接近，但是朱子本身对心与性的关系有囫囵处，所以才有"大抵心与性，似一而二，似二而一"[③]的方便说法。钱穆先生将朱子心性关系分成宇宙界与人生界的不同解释，[④]但这种解释法也不免支离朱子的意思。而刘沅将心分为先天后天，先天之心与性无二，浑然粹然；后天之心，含有情识气质等，不是性之全。这就把朱子未能解析透彻的心性关系从另一种视角作了更详尽的补足。

（二）"存心养性"向"存心养气"的转化

朱子的修养工夫论是建立在心、性、情之间的关系上。他认为"性是未动，情是已动，心包已动未动"，（《朱子语类》卷五）心"管摄性情"，为性情主宰。既然

---

① 黎靖德编《性理二·性情心意等名义》，《朱子语类》卷五，第88页。
② 同上，第89页。
③ 同上，第89页。
④ 钱穆：《朱子学提纲》，生活·读书·新知三联书店，2014，第48页。

第六章
对宋明理学的反思与纠补——刘沅经解中的儒家义理与三教融通论

性静而纯善，而欲恶生于情，害于天理，所以需要作"居敬穷理""存理灭欲"的工夫。刘沅则认为存理灭欲靠居敬是行不通的。搅扰或桎梏后天之心返于先天之性的固然是情识利欲，但人既生，先天澄明之性寓于后天知觉之心而不可离。张载提出"合性与知觉，有心之名"，①在刘沅看来这是专指后天之心。②因此，他认为程朱之"主敬""穷理"是作静坐工夫，是守后天之心。若与气质分开，便只是养其空空之心，无异于禅学与告子之"不动心"。朱子又将"存心养性"之"存"释为"操而不舍"，"养"释为"顺而不害"。虽然在注《孟子·告子上》章中朱子引程子话说"操之之道，敬以直内而已"，③但仍未说清"操"如何能存而不失？"顺"又到底是顺善端自然流布，还是强调有一理统贯而不违？于是心与性的界限仍是模糊，无怪刘沅认为朱子存养工夫有以心为性的嫌疑。

针对这一问题，刘沅提出了自己对"存心养性"的理解，即"存知觉之灵……养本然之性"。这里的"知觉之灵"就是朱子讲的"气之灵"（《朱子语类》卷五），就是寓于后天之心中的先天性体。但要葆此心不受物诱而纷

---
① 引自朱熹《尽心章句上》，《四书章句集注·孟子集注》卷十三，第349页。
② "程子曰：'心也、性也、天也，一理也。自理而言谓之天，自禀受而言谓之性，自存诸人而言谓之心。'"出自朱熹《尽心章句上》，《四书章句集注·孟子集注》卷十三，第349页。
③ 朱熹：《告子章句上》，《四书章句集注·孟子集注》卷十一，第331页。

乱的关键不在空养其先天之性，而是养气。①因为性无声无臭，养性何从下手？人既有此身，便属后天之气，存养工夫也必然要在后天之气上用力。在刘沅看来，孟子所谓"浩然之气"是先天之气（即与性合之元气），但"此气寄于后天形质之中，如金在沙"，②少而微，故不可离沙而取金。所以若要使其寓于后天之气的先天之心体不受搅扰和遮蔽，需得通过养后天气质之身，披其沙、拣其金。③念念事事，久久存养，静存动察，内外交修，最终后天之心乃可复归于纯然粹然，与先天浑然之性合。这样，刘沅就把孟子的"存心养性"转换成了"存心养气"，以体现其内外交养的主张。接着，刘沅又在《孟子恒解·告子上》"性无善无不善"章提出"灯笼之喻"：

> 性如光明宝烛，质如灯笼。上智之人，水晶琉璃为灯笼者；中智之人，纱绢纸帛为灯笼者；下智之人，则木为灯笼者也。究之，其内有烛则不异。圣人教人养气存心，化其气质之拘，是去灯笼之蔽也。扩充克治，去其物欲之蔽，是增益光明之烛也。④

---

① 刘沅：《孟子恒解·孟子恒解卷七·尽心上》，《十三经恒解（笺解本）》卷之二，第343页。
② 同上。
③ 刘沅：《论语恒解·论语恒解下论下册·阳货十七》，《十三经恒解（笺解本）》卷之二，第105页。
④ 刘沅：《孟子恒解·孟子恒解卷六·告子上》，《十三经恒解》卷之二，第340页。

第六章
对宋明理学的反思与纠补——刘沅经解中的儒家义理与三教融通论

按刘沅"心非气不养,气非心不存"①的理论,只有通过养浩然之气乃能真正做到存心。刘沅在本章"附解"后半段为"存心养气说"引了佛道两家的观念为佐证。他说道教所谓"存神养气",就是存心养气,不言心而言神,是为了体现心之灵妙,这与朱子说"神便在心里……发出光彩为神"②可相发明。又说佛教所谓"元神"就是虞廷心传之"道心","识神"就是"人心"。但同时又批评后世和尚与道士只知养后天之气、葆有觉之神,与儒门以有觉之心为性是犯了同一类错误。这里所谓"元神"与"识神",曾为佛道二教通用。在佛教语境中,按清人黄宗炎的说法:"无者心之体",这是"元神",而"内有萌动,即为识神。"③这是关乎"体用"观念的。而道教将这一对概念发扬光大,尤其在内丹修养论中较常见。清代著名道士黄元吉主张儒道融通,曾在著作中多次引用刘沅经解,其《乐育堂语录》可与刘沅思想相发明,按其说法:"夫元神者,先天之元气,天地人物一样,都藏于太虚中,一到人身,则隐伏于人身虚无窟子之内,此是天所赋者。……至若识神,乃人身精灵之鬼,劫劫轮回

---

① 刘沅:《孟子恒解·孟子恒解卷七·尽心上》,《十三经恒解》卷之二,第344页。
② 黎靖德编《程子之书一》,《朱子语类》卷九十五,第2422页。
③ 黄宗炎:《周易寻门余论》卷上,郑万耕点校,中华书局,2010,第353页。

种子。必要五官具备，百骸毓成，将降生落地时，然后这精灵之魂魄方有依附。……要之，无思无虑而出者，元神也；有作为见解，自色身而生者，识神也。"[1]内丹术修炼工夫讲究从后天转入先天。简而言之，后天为识神，先天为元神。不得不说，刘沅融合三教之修养论，有其自洽之依据，与一般妄为附会者不同。"存神养气"尤为道教钟吕内丹派所倡，吕纯阳《存神养气真经》已将孟子所谓"浩然之气"与道教内丹派"存神养气"之"气"相通，但并未予以发挥。而刘沅曾获静一道人所赠《吕祖道德经解》，颇受书中内容触动，后倍加推崇。嘉庆十年为之作序，道光二十年又重镌此书并作序，可以说钟吕丹道的儒道修养思想是刘沅"存神养气即存心养气"的理论来源之一。

二、"太极含三"——殊途同归的儒道身心修养论

（一）金沙之喻

道教内丹学本就以人身为鼎炉，而刘沅也认为"身谓气质，人必先有气而后有此质"。人本是气所化生，既生以后，就是气所成之质。后天之心一方面为气质所拘，另一方面又为身之主宰。所以辨析清楚身心问题关系到心之存养的具体方法。刘沅常以"金沙之喻"来比喻身心关

---

[1] 黄元吉：《道德经注释》第七十二章，第311—312页。

第六章
对宋明理学的反思与纠补——刘沅经解中的儒家义理与三教融通论

系，他说：

> 夫金生于沙，而沙实非金；玉生于石，而石岂为玉？然非沙石何以有金玉，金玉成则不复贵沙石。物则且然矣，人则有异，姑喻其相附丽之意。人之灵者心，而非身何以有心？心为身主，知觉运动之心，以役身而应万事也，而为心累者亦身。心宅于身，如金玉之在沙石。沙石生金玉，金玉成质而沙石可弃。心宰乎身不然，养大体者必使身之渣滓全无，与心合而为一，如水晶灯笼，表里皆彻。①

首先，刘沅认为，金含于沙，玉藏于石，这是客观事实，但这并不意味着可以完全类比于身心关系。因为金玉虽在沙石中，而非沙石，故得金玉而可弃沙石。但身心本不相离，心更不能离身而存养之。所以必由养身而养气，最终使身心合一，这一过程也是孟子所谓"践形"。刘沅表达了对"心为身主"与"心宅于身"两种说法的担忧。若说"心为身主"，似乎是强调心的"役身"功能，却容易忽视身对心的桎梏、烦累，因为这里的"心"本属后天之心；若讲"心宅于身"，乃指心寄寓于身，这是完全将心与身比喻为金玉与沙石的关系，不仅将身心截然分作二事，而且导向一

---
① 刘沅：《大学古本质言》，《十三经恒解（笺解本）》卷之一，第59页。

种养尊弃卑的误区。刘沅则认为"心宰乎身"的说法较为妥当，心为身之主宰是就功用而言，孟子讲的"养大体"即是养义理之心，而心之存养必自养身始。

（二）"太极含三"的儒道工夫论及其逻辑

在养身的工夫论方面，由于宋儒向内转而求诸心性，程朱等大儒也主张静坐之法；而世俗羽流则将"气"或"身"视作外在于心，所以多求诸丹法仙术，以长生不老为终极。这两种方法都为刘沅所不取。在刘沅看来，存养工夫一定是内外交养、静存动察。静坐之法虽然有其可取之处，但若未在伦常实践中作身心实功，便只是坐禅，是强制其心不动而已，所以无论宋儒或世俗羽流都有陷入身心二分之嫌。刘沅则主张身心不二，认为养身是通过养孟子所谓"浩然之气"，并于形著变化上实践其功乃可得。于是，刘沅引入属于道教概念范畴的"精""气""神"，提出了"太极含三"的观念：

> 圣学之养心养性也，则先天之神气凝聚者为精，先天之精气神合之则为太极，故曰太极含三。[①]

又言：

[①] 刘沅：《大学古本质言》，《十三经恒解（笺解本）》卷之一，第53页。

第六章
对宋明理学的反思与纠补——刘沅经解中的儒家义理与三教融通论

> 元精、元气、元神,天之所以为天,函于太极者也。凡精、凡气、凡神,物之所以为物,成于气质者也。①

> 养其元精、元气、元神,使复还受中之本,然则后天悉为先天,所谓太极含三者也。②

刘沅认为精、气、神分先天、后天。在先天称为元精、元气、元神,此三者乃是太极所蕴含的质素,是万物运化、生成的极则,也是太极之所以为太极的本质特征。正如程颐所说"冲漠无朕,万象森然已具"。这个"万象森然"所包涵的生成与秩序的先验性存有在刘沅那里正是"元精、元气、元神",其效用可"通乎天地";③物生以后(后天)则为凡精、凡气、凡神。为气质所拘扰,其效用则仅能"保其形骸"。④这一理论看似驳杂,但为长久以来思想史上涉及的"静如何生动"这一难题提供了一条可行的解决思路。程朱沿着周敦颐《太极图说》中"太极"与"阴阳动静"关系的讨论在"体用""理气"的框架

---

① 刘沅:《附录一·拾余四种·恒言·心性类》,《十三经恒解(笺解本)》卷之十,第27页。
② 刘沅:《孟子恒解·孟子恒解卷七·尽心下》,《十三经恒解(笺解本)》卷之二,第423页。
③ 刘沅:《附录一·拾余四种·杂问》,《十三经恒解笺解本》卷之十,第80页。
④ 同上。

下来回应和解释，但始终隔了一层，似乎动静互生是天生成万物的默认设定，且二者一阳一阴，相互作用，虽出一体，仍分两面。而刘沅将"精、气、神"的观念纳入到先天、后天的框架，以"太极含三"来呈现静中含动几，动中含静体，如要复还先天之澄明性体，则要"汇三归一"，就是从后天的凡精、凡气、凡神返先天的元精、元气、元神，以至与太极同体而一，这就在儒家复性工夫论中融入了内丹道修炼的理念。动静交养或后天返先天之所以可能，正是刘沅在太极与万物之间用"精、气、神"贯串了起来。如阳明所说："流行为气，凝聚为精，妙用为神。"（《传习录》卷上）人与物的生成运化都不脱离此三者，所以身心之修养不可偏废。

（三）"存心养性即存神养气"的理论内涵

以"太极含三"的理论为基，刘沅开辟了儒道两条殊途同归的径路来诠释"存心养性即存神养气"。其一便是将《大学》"知止"的修养工夫与《孟子》"持志"的存养论相结合。在《大学古本质言》"定而后能静，静而后能安"一节，刘沅具体地谈到存养之法：

> 知行必本于心。而人心多私妄，安能不欺、不怠、不肆？惟知止则能收已放之心，入虚灵之舍，持其志，无暴其气，至虚至静，一念不生，则为知止矣。心本浮动，强制之而愈纷乱。知止非用力强

第六章
对宋明理学的反思与纠补——刘沅经解中的儒家义理与三教融通论

持也;存神养气,守中不动,使心凝然浑然,虚无清净之至,则为有定。不曰能定而曰有定者,心善动,如子午定盘铁,即至静亦有动意,惟圣人性定而心不动,乃能常定。初学方知止时,只好一息神凝有一息之定,两息神凝有两息之定。譬如静坐,一时共八刻,十二分有一二分定时即为妙境。志,气之帅;气,体之充。神为气主,神凝即持志,非用力持之。志,心之动,即神也,存神养气便是存心养气。不言心而言神,以其灵妙言耳。神凝气聚,入于虚静,曰虚无。①

"知止"在刘沅看来就是存心的先决条件,因为后天知觉心善动,必须先收心。但知止的具体方法并非强制其止。而是"存神养气,守中不动。"这相当于《孟子》中的"持其志,无暴其气"。什么是"持志"?在刘沅看来,"神凝即持志"。"志"是气之主宰,体之充盈皆气。"志"也是心之动,即"神"。"志"属心的范畴,为何持志就是凝神呢?这就涉及刘沅将《孟子》的"存心养性"理论与道教内丹学理论作融通的问题。丹道典籍《玉清金笥青华秘文金宝内炼丹诀》中说:"心者,神之

---
① 刘沅:《大学古本质言》,《十三经恒解(笺解本)》卷之一,第53页。

舍也。"①先天之心为元神寄寓之所。所以持志就是神凝气聚，使心有定而不浮动纷乱，最终入于虚静，达致圣人性定而心不动的常定状态。值得注意的是，刘沅认为心若是"虚无清净之至"的状态就是"有定"，这似乎并不符合正统儒家的解释，且掺杂了佛道言语。但若我们仔细考察刘沅语境下的"虚无清净"，其具有非常浓厚的儒家色彩。比如在《拾余四种》一书中，刘沅对"虚无"和"清净"都有清楚的表述：

> 虚无者，性之本体，所谓上天之载也。养性以静，静极而中致焉，其象虚无，其理则至诚也。清净者，纯一之意，以为蔑弃伦常，岂知其为静存之要乎？
>
> 民受天地之中以生，精气神所会，止其所而不迁，非虚无不能存心，非清净则心不归性。②

又《俗言》曰：

> 虚无养静者，致中之功。清净者，天理纯粹，一私不杂之意。③

---

① 张伯端：《玉清金笥青华秘文金宝内炼丹诀·心为君论》，《悟真篇浅解》，王沐浅解，中华书局，1990，第228页。
② 刘沅：《附录一·拾余四种·恒言·心性类》，《十三经恒解（笺解本）》卷之十，第27页。
③ 刘沅：《附录一·俗言》，《十三经恒解（笺解本）》卷之十，第228页。

第六章
对宋明理学的反思与纠补——刘沅经解中的儒家义理与三教融通论

可以看到，刘沅所谓的"虚无"是指性体，"静极"虽然看似虚无，但至诚之理也由此达致。这显然不是靠强制其心就能做到的。而"清净"是刘沅对先天之心，即性之澄明的描述。其所谓"纯一"就是"人欲净尽"[①]之光明本体。所以在刘沅那里，《大学》中所谓"定""静""安"正是心入于虚无清净而得以存养来实现的。因此他在《大学古本质言》中说：

> 此知止之实而定静安所由来，浩然之气生焉。浩然之气，《易》所谓乾元统天之气，非有形象可求。气即是理也。上天之载，无声无臭，故名为虚无。元气，孟子曰浩然，浩然以其功用言，虚无以其本体而言，岂有二哉？[②]

刘沅直言《孟子》"浩然之气"即是先天虚无清净之气，也就是"元气"，意图将大学的"知止"一段与孟子养气的工夫通过"元气即理即性"的理论统合修身与修心二者，所以"存其心"是存其先天之心，即元神；"养其

[①]《中庸恒解》附解原文："清净即人欲净尽。"出自刘沅中庸恒解·中庸恒解卷上·第十二章》附解，《十三经恒解（笺解本）》卷之一，第104页。
[②] 刘沅：《大学古本质言》，《十三经恒解（笺解本）》卷之一，第53—54页。

性"这就是养其先天之气，即元气，这便是"存心养性即存神养气"的理论内涵。

三、道教内丹筑基阶段与孟子存养境界的对应

从以上所做理论分析并结合刘沅的经历来看，他的修养工夫论借助道教"精、气、神"之观念而加以转化、融摄。所以道教内丹修炼工夫也是刘沅存养论的重要来源之一。宋代道士张伯端《悟真篇》中有"取将坎位心中实，点化离宫腹内阴"[1]一句，此"取坎填离"之术为钟吕内丹各门派所宗，其对刘沅以后天返还先天的修养工夫论产生了重要影响。[2]在《孟子恒解·尽心下》"乐正子何人也"一节的附解部分，刘沅更将道教内丹修炼次第与孟子所谓"美大圣神"境界比类，并道出了具体的修炼之法：

> 后世道家有炼精化气，炼气化神，炼神还虚，炼虚合道之语。人多斥之，不知其言学圣之功，始终本末，确有至理也。……如炼字生出许多邪妄，今略言之。炼者，以火烧金之名。神即先天真火，气为先天大药，以先天真神养先天真气，如以火炼药也。精乃二五之精，即乾元之气寄于人身者。有生以后，其机在坎，

---

[1] 张伯端：《悟真篇集注》，第149页。
[2] 刘沅曾将"取坎填离"视为儒家克己复礼之工夫："取坎中之真阳，点化离中之真阴，返还乾坤本体，所谓复性、复礼也。"参看刘沅《附录一·拾余四种·杂问》，《十三经恒解笺解本》卷之十，第87页。

第六章
对宋明理学的反思与纠补——刘沅经解中的儒家义理与三教融通论

炼二五之精以生乾元之气，即有诸己之意也。由是涵养扩充，至于美也、大也。是从先天真气中化出先天元神。不言性而言神，以其虚灵之妙用言之。性体已全，即所谓乾元面目已得。由是以虚无浑穆之意，安其空明朗照之神，养之久，而心无所为，气无所动依然。乾之静专，坤之静翕，而动直动辟，殊非有心。此则还虚之说，圣人之称也。德至于虚，则心无一毫私我，气无一毫垢浊。虽犹是日用，而神明意量，盖包罗万物而有余矣。然且不离饮食，依然酬应，恐形气嗜好不免滞于迹，而难与天合，故又有炼虚之名。虚本无形，尚从何炼？因不外乎神气，故仍以炼名，非真有炼也。其意极于至虚、至灵，其功惟在不息、不贰。纯一之至，而神明志虑若太空之无为，血气之累有若亡焉。时中之极，而言动事为，有精微之妙用，自然之应常，亦妙焉。《诗》曰帝谓文王，夫子曰知我其天。天地与我是二是一，而著为事业，发为文章。至平、至常、至奇，不离乎形骸而超乎形骸，不遗乎日用而妙于日用。道包天地而无终始，神贯古今而无消息，故曰炼虚合道。[①]

刘沅用内丹术筑基四个阶段：炼精化气、炼气化神、炼神化虚、炼虚合道，对应孟子"信""美""大""圣""神"

[①] 刘沅：《孟子恒解·孟子恒解卷七·尽心下》，《十三经恒解（笺解本）》卷之二，第423—424页。

的境界，以明其渐次深造之功。按"太极含三"说，"精"是"乾元之气寄于人身者"，也即是神气之凝结。而"神"是"先天真火"，"气"是"先天大药"，而有生以后，存神养气便是以火炼药。刘沅将之与孟子存养境界一一对应，其对应关系如下：

表6.1 内丹筑基阶段与孟子存养境界对应表

内丹术筑基阶段	《孟子·尽心下》原文	刘沅"附解"对应原文
炼精化气	有诸己之谓信	炼二五之精以生乾元之气。
炼气化神	充实之谓美，充实而有光辉之谓大	从先天真气中化出先天元神。
炼神还虚	大而化之之谓圣	以虚无浑穆之意，安其空明朗照之神，养之之久，而心无所为，气无所动。
炼虚合道	圣而不可知之之谓神	纯一之至，而神明志虑若太空之无为，血气之累有若亡焉。时中之极，而言动事为，有精微之妙用，自然之应常，亦妙焉。

这样的对应何以成立？刘沅在《孟子恒解·滕文公上》对此有进一步解释：

世传炼精化气、炼气化神、炼神还虚、炼虚合道之说，只是存心养气，本末之功用而特异其名

第六章
对宋明理学的反思与纠补——刘沅经解中的儒家义理与三教融通论

耳。本二五之精生先天之元气，积浩然之气，养先天之道心。道心纯熟，无意必固我之私有，随时处中之妙，此即气化神，神还虚之大概。而始终皆以神为主心者，即大之神明。神即火也。以神养气，如以火炼药，故曰炼丹。持其志，无暴其气，养气之始功也。静而一理浑然，动而随时处中，化神之究竟也，而岂教人清净自全，妄想长生哉？①

在刘沅看来，孟子的"信、美、大、圣、神"就是其"存心养性"工夫所达的境界次第。"炼精化气"的"精"是阴阳五行之精，按其"先天后天说"，就是寄寓人身之太极，即先天元气，也是孟子"浩然之气"所生发处。养浩然之气，就是养先天之心（先天之心即先天之气），此由人心生出，故为"有诸己"。当代道教学者胡孚琛认为：对内丹家而言，后天识神就是意念，后天之气就是呼吸。以意念调整呼吸，凝神专一，"心息相依"，从后天的气息转为先天元神显露时的胎息，"以一线神光护住一缕真炁（按：炁，即先天真气）"，就是炼精化炁阶段的完成。②刘沅的先天后天说吸收了内丹道的这一修养理论，但并不认同所谓后天之气只在呼吸，而仍要包含

---

① 刘沅：《孟子恒解·孟子恒解卷三·滕文公上》附解，《十三经恒解（笺解本）》卷之二，第238页。
② 参见胡孚琛、吕锡琛《道学通论》，社会科学文献出版社，1999，第538页。

身心，否则就不是"有诸己"。

在人生之后，乾坤变为坎离。离即火，心主火，神又为心主。而孟子"充实"工夫关窍即在"持其志，无暴其气"。"夫志，气之帅也；气，体之充也。"所谓"持"就是持养，"志"既是"气之帅"又是"心之动也，神之纵也"。[1]那么，"持其志"就不是使心不动，而是持养先天之心，神凝气聚，"久久充实而渐化神"，[2]使得内心澄明无私，彻上彻下，洞照千古之心。此一境界，正与程明道之"万物静观皆自得，四时佳兴与人同"（程颢《秋日》），陆象山之"宇宙便是吾心，吾心即是宇宙"（《陆九渊集·卷三十六·年谱》），以及"胸中洒落如光风霁月"（黄庭坚语）之周茂叔等同气象。

而"炼神还虚"即是由后天有形之神气，返于先天太极虚静之体。此时先天性体朗现无碍。当持养浩然之气，以致仁熟义精，则"由实入虚"进入朱熹所谓"使其大者泯然无复可见之迹，则不思不勉、从容中道"（《孟子集注·尽心下》）。迹自"有"而"无"，大人自"有为"入乎"从容"，可见其心有安顿处。故"大而化之之谓圣"也就是"以虚化实"的境界。

但是，对于修道之人，"入虚化神"并非其极境。

---

[1] 刘沅：《大学古本质言·第二章》，《十三经恒解笺解本（笺解本）》卷之一，第72页。
[2] 刘沅：《附录一·俗言》，《十三经恒解笺解本》卷之十，第227页。

第六章
对宋明理学的反思与纠补——刘沅经解中的儒家义理与三教融通论

所谓"炼虚合道"便是要最终达致人与天的冥契，也就是"天人合一"。正如刘沅所说"虚本无形"，所以"炼虚"已不是停留在"有"的世界中。其言"纯一之至，而神明志虑若太空之无为，血气之累有若亡焉"，已近似庄周"齐物我"之论。故刘沅常言："仁者寿，大德必寿"，"至神至奇即在至平至常之中。"这在世俗的逻辑与表象中，无疑是荒谬的，但这也正是儒家思想中极为高妙的地方。所谓"虚"似乎是飘渺的，高高在上而不可理喻的。但如果不是通由人道伦常，天道是无法窥测的；而人若不效法天道，行健不息、通一不二，如何能尽心知性知天。正所谓"不离乎形骸而超乎形骸，不遗乎日用而妙于日用。道包天地而无终始，神贯古今而无消息"。①

另外，"神人"之境乃是儒道两家共同追求修养所达致的最高境界，但刘沅并不认同程颐所说"非圣人之上，又有一等神人"，②而认为神人与圣人在精微处还是有分别的。其所谓"德造其极之谓圣，圣极其妙之谓神"。他在论述这种境界时说：

> 人道尽而天犹与我不相通，则终有形骸之累，其身心之清明广大，未能与天似也。由其化者而熟

---

① 刘沅：《孟子恒解·孟子恒解卷七·尽心下》附解，《十三经恒解（笺解本）》卷之二，第424页。
② 朱熹：《尽心章句下》，《四书章句集注·孟子集注》卷十四，第370页。

之，其道不外乎致中和，但不似前此之有意着力。内而浑然粹然，性体之无声无臭者，文王之纯，一天之于穆也；外而肫然秩然，功用之时中周遍者，精义入神，一天之生成也。同一理也，而神人之理独析于至精；同一事，而神人之事独极于至远以言乎？彰往察来，则千古而上、千古而下，无不悉知其始终也。以言乎应酬万端，则智虑所穷，见闻所阻，无不处置之咸宜也。日月起居，无异常人，而光明洞照之体，无一息不与造化同游；粹然无我之怀，无一时不以生民为念。《易》称：天地合德，日月合明，鬼神合其吉凶。先天弗违，后天奉时者，其斯人欤？其斯人欤？夫其形神精气，备极于虚灵洞察，天心即己心也，天气即我气也。造化无穷，己之性量亦与为无穷。①

刘沅对神人境界的推崇，是对人本身所有之神性②充分展开与彰显的笃定与憧憬，亦是其"先天后天说"在人身修养境界论的体现。在刘沅那里，圣人境界是人由后天通过不断克复，念念天理，返还先天而成全人之性与天理浑然粹然的纯善，以致从容中道，是德之至，也是人之至；而

---

① 刘沅：《孟子恒解·盟子恒解卷七·尽心下》，《十三经恒解（笺解本）》卷之二，第422—423页。
② 王博师在其所著《庄子哲学》中将庄子所谓"神人"视为"能充分体现其人的神性一面的人"，以明庄子更注重人区别于动物性的一面。参看王博《庄子哲学》，北京大学出版社，2004，第169页。

第六章
对宋明理学的反思与纠补——刘沅经解中的儒家义理与三教融通论

神人则是进一步模糊了天人之分,超越人之至而与天地精神往来无碍的境界,含有庄子中"神人"意味。但是,刘沅将神人与圣人进行辨析,正是为了说明《孟子》此章中的"神"与"圣"两种价值或境界融通的可能性。从起居到伦常,刘沅始终强调"神人"的神性离不开人,它必然首先包含儒家圣人向内性体澄明、向外功用周遍的特质。所以这里的"神人"的"无我"乃是虚己体民,指向"随时以生民为念",而非如庄子以虚入虚,追求逍遥无待的遗世独立。这也正是刘沅融通儒道的精神在修养境界上的体现。值得一提的是,吕纯阳《养气存神经》中亦有这样一段:"炼形为气,名曰真人;炼气成神,名曰神人;炼神还虚,名曰仙人;炼虚合道,名曰至人。"[1]虽不知刘沅对此是否有所参照,但也可由此窥见刘沅修养工夫中儒道会通的精神以及在修身工夫的层面上打破儒道门户的尝试。这样的尝试并非一时臆想的附会,而是通过对孟子存养工夫论的切实体证,提出了一套详尽而成体系的儒道会通理论与方案。

---

[1] 吕洞宾:《养气存神经》,《吕洞宾全集》卷十九,华夏出版社,2009,第366页。

第四节　返归圣经，纠补理学

综上所述，刘沅的经学诠释仍是基于理学概念的解释框架与基本内涵，因而其虽然反对"理学"之名，但其诠释思想体现的更多是对程朱理学批判的继承。所以与其说其反理学，毋宁说是对程朱理学的纠补。而这种纠补是将象数易学与道教内丹思想融入其思想中从而分别形成其本体论、心性论与修养工夫论，具有面向教化实践的鲜明特征。刘沅对理学的态度正如阳明对朱子学问的态度。阳明曾对摘议朱子者说："吾说与晦庵时有不同者，为入门下手处有毫厘千里之分，不得不辩。然吾之心与晦庵之心，未尝异也。"[1]刘沅对朱子亦多有非难，但只是就学问上的分歧而言，都为平心之论，未尝以私心毁谤之。刘沅以亲历磨难之省思以及亲身体证之修养功夫，反验于圣人经文义理，从而对其形成颇接地气的经学思想产生了重大影响。理学"居敬"工夫理论的模糊性导致离事而求理，而刘沅"理气合而为太极"的理论意欲将"理本论"所衍生出的对天理成为唯一社会道德与价值评判标准进而产生的人心中的教条打破。其"先天后天说"，既从天人一体的

---

[1]　王阳明：《传习录集评》，梁启超点校，九州出版社，2015，第69页。

第六章
对宋明理学的反思与纠补——刘沅经解中的儒家义理与三教融通论

层面肯定人人皆可成圣，皆能成圣。又将人后天之主观能动性充分调动，强调人独得天地之正的一面，"命"不再是无可奈何，而是随身修而可掌控。而且，刘沅结合佛道将儒学经书所传的修身理论与实践在其经解中加以细化与精简，具有可操作性。因此，亲族乡民，执弟子礼者纷至沓来，刘沅学说得以在当时广泛流行，其教化之功亦随之而彰。

附　论
刘沅经解中的"亲民"与"师儒"

无论是批判传统理学之身心性命之理，还是体悟个人存养省察之功，刘沅的学问都指向伦常实践。其多言先天，正在于对世人执着于后天形迹的警惕和担忧。他又强调力行，在伦常实践中检验与磨砺。他所谓"知"，不仅仅是智慧与知识，而是包含仁、礼、义、信的伦常实践之知。况且又作为师儒，面向民间。在这样的学问背景和环境下，刘沅对经文的诠释也包含了更多面向社会教化与民间习俗的讨论，这也是其经解的特点之一。由于内容繁杂，笔者选取刘沅经解中对"亲民"与"师儒"两个概念的理解和认知加以论述。以便一窥清代师儒与民间教化的关系以及当时中下层儒学者对民间时俗的思考。

朱熹在《大学章句》中释"在亲民"一句时，从程颐

附　论
刘沅经解中的"亲民"与"师儒"

说，改"亲"为"新"，言"革其旧之谓"，乃是含改造之意。清代学者大多不满程朱改大学原文，尤其反对朱子改"亲民"为"新民"。刘沅也在其著作中多次批评这一改动，注经时恢复了"亲民"一说。但与前人或只引经据典非难朱子，或从治国平天下的角度来说明不同，刘沅将"亲民"的道理说得极为详明切近：

> 事物不可胜穷，以五伦为大，民生日用之事为切。明明德者，性已尽、身已修，自可以措诸天下无不宜矣。然而五方风气异齐，民生其间异俗，非可以一概而施，必与民相亲，人情物理细心体察，即一隅以反三隅，久之然后随时随地随人随事斟酌，而合乎时中。……故明德必须亲民。亲非但亲近亲爱，此中有许多功夫。在愚夫愚妇，一能胜予，无鳏寡、无小大、无敢慢，察言观色，虑以下人，一切取善之法皆在其中。圣人明于庶物、察于人伦，亦由乎此。……后世理学与事功殊途，高言义理而鲜经纶，即有勋名，未臻纯粹。至著书立说，尤多偏驳，降而愈下词章记问之学，至老不能尽工。人伦日用之理，或反视为寻常矣。六合之遥、民生之众、古今时势不同，弗观其会通而衷于

> 至是,曰未大行也,无知己也。①

刘沅从"民"的角度去看"亲民"。各地民风民俗不同,故无论与人相接或是治理一方。都须以"人情物理细心体察",并举一反三,反求诸己,克除私见。进一步,刘沅说亲民作为明德的必要条件,不仅仅是懂亲近亲爱的道理。与民相亲,更重要的是敬民、体民。自身亦可以从中学习体悟,得到锤炼。比如养成勤劳、谦卑等等品质。圣人正是在这样的实践中获得明通的智慧。接着,刘沅批评理学家多高谈义理而鄙弃事功,但又少通经书,道理未能得究竟。后来那些词章记问之学,耗费光阴,却离人伦日用更远,不重人伦日用更甚。于此可见刘沅从自身经历出发,站在"民"的立场去理解亲民,与民相亲而教化之,当是刘沅之乐也。相对那些稳坐书斋,常言心忧天下,而对身边之民不闻不问者更为深刻、贴切;相对"以君临民"或"以官临民"的教化姿态,更为民众所喜。

由对"亲民"的深刻理解,刘沅认识到师儒应居于教化中心地位,以代替君相之儒在教化中扮演的主要角色。《礼记·文王世家》说:"师也者,教之以事,而喻诸德者也。""师"意味着已具备善教之法,"儒"在刘沅看来就是"有道者"。②阮元说孔子是:"道与艺合,兼备

---

① 刘沅:《大学古本质言》,《十三经恒解(笺解本)》卷之一,第51页。
② 刘沅:《周官恒解》,《十三经恒解(笺解本)》卷之八,第15页。

附 论
刘沅经解中的"亲民"与"师儒"

师儒。"①刘沅也认同郑玄的说法,认为师儒为"乡里教以道艺者"。②可见在清代中期的学者眼中,"师儒"本身是指有道而善教之人。专为科举制义而以讲章授徒者,不能称为师儒。师儒遍布乡城闾里,通经明道而又了解当地风俗,便能因地因时制宜。平时教化,也无官职权势,体民、敬民,比之君相之儒更易做到与民相亲。另一面,刘沅也在《周官恒解》中通过论邪教兴起表达了对君相之儒与官吏能施行教化的质疑,他说:

> (民)聪明者既失之狂肆;愚昧者又误入于邪僻。虽师儒之教不明,亦在上者有以使之。若秦皇、汉武侈妄想于神仙,梁武、道宗专求福于斋醮。彼既不知正心、修身、仁育、义正为天人相孚之本,而历代愚民,为闻香,为白莲,种种邪教,煽惑为奸。上之人既知其为非矣,而不知其原由,于《大学》之道不明也。孟子曰:"经正则庶民兴,庶民兴,斯无邪慝。"夫经者,岂非三纲五常、敦伦尽性之实乎?五伦本于五性,五性原止一性,尽其性而尽人物之性,礼乐刑赏悉在其中矣。为民牧者,何不深思之而力行之?至近世官吏,素

---

① 徐世昌等编纂《仪征学案上·阮先生元·拟国史儒林传》序,《清儒学案》卷一百二十一,沈芝盈、梁运华点校,中华书局,2008,第4811页。
② 刘沅:《周官恒解》,《十三经恒解(笺解本)》卷之八,第54页。

257

> 不能体上意以安民，及民怨畔滋事，则加以邪教之
> 名，期于免罪。当宁或不察之，亦以为果邪教矣。
> 觉民性无常，平日教化，皆不能为功，岂不惑欤？[1]

刘沅激烈批评历来牧民者与近世官吏，不仅无法对民施之教化，还为了遂一己私心而误导民众。君主既不能做好表率，官吏又推责于民，激化官民对立。指望圣君贤相、显官干吏教化百姓，与民相亲，不仅无效，反而降低了官方所推崇之儒学在百姓心目中的地位，于是百姓投向异教寻求精神慰藉与依归。而当民怨积久，滋生事端时，官吏又扣以邪教的帽子打压，甚至剿灭之。由此，刘沅认为，"三代以前，道在君相；三代以后，道在师儒"。孔孟皆为师儒，而载道之经文应当更多面向百姓进行教化，使圣学昌行，而不只是尊崇。经学也应宗承孔孟之道，于经文中反复涵咏，于伦常中践行体证，优裕渐渍而进道，终以经世为用，这便是刘沅"道在师儒，面向教化"的志之所在吧。

---

[1] 刘沅：《周官恒解》，《十三经恒解（笺解本）》卷之八，第137页。

结　论

　　明清之际，学者多斥王学流弊而倡实学。有清一代，程朱理学作为国家意识形态，贯穿始终；乾嘉时期经古文学兴盛，学者多从事考据之学。而后经今文学复起，理学抬头，影响从经书展开而终涉政治。纵观清代二百余年，敢于批评朱子者不少。但如刘沅这般系统地批评与质疑朱子，又时刻保持实事求是，秉持"敬朱而不唯朱"态度的则罕有。谭继和先生说刘沅学术思想的贡献之一是"解（汉学）纠结，破（宋学）迷误"，虽言语浅近，但确实一针见血。在经学史中，刘沅也许算不上特别突出的一位学者，甚至就传统意义而言，他的经学阐释以平实为主，没有太多石破天惊的论调。但正如他自己所说"至神至奇即在至平至常之中"。①于平实而稳健的经解文字中，其思想内涵力透纸背，也能见刘沅对功利的世道学风的忧患，能见其纠正先儒曲解经文的迫切。就刘沅在儒学史上的定位而言，其躬行教化不下宋初三先生，圣学功底较晚明王门诸子为实，批驳程朱之力不输颜习斋、戴东原；为学气象几可与程明道、焦弱侯比肩。

总的来看，刘沅面向教化的经学，其本质内涵与最终目标就是"回归孔孟"。其表现为（1）立德立言，践行师道。学、教皆以孔孟为依归，身亲教化，注经以重振儒学教化传统与精神，彰显经学的民间性与社会性；（2）反对儒家知识精英与统治阶层对经典解释权的垄断和对经学教化的扭曲和利用；（3）强调师儒身份的重要性。既反对经学的精英化和职业专业化，又警惕经解的庸俗化与教条化。

分而言之，刘沅面向教化的经学思想呈现出以下几个特点。

刘沅经学诠释所展现的逻辑径路，可以总结为由经学返圣学、由圣学衡理学、明经义以传圣道。"由经学返圣学"，即是以一己之力重解包括"四书"在内的十二部儒经，通过对经文的重新诠释，既不蹈汉学支离的弊病，又冲破理学在意识形态上的桎梏，回归孔孟，从根本上探求圣人本旨；"由圣学衡理学"是指谨遵圣人教诲，在书斋

---

① 刘沅：《中庸恒解·中庸恒解卷上》，《十三经恒解（笺解本）》卷之一，第91页。

结　论

立言的同时，通过授徒讲学，慈惠乡里等社会活动，在教学相长、亲亲、亲民等伦常实践中不断深化对经义的理解和感悟，明圣人之真而见理学家解经之谬；"明经义以传圣道"则是通过详实而透彻的经解说明经文要旨，并将之精简成适于流传的简编本教化下层士人和百姓，弘圣人之道，以化民成俗。三条路径相辅相成，相互促进。共同构成了刘沅经学诠释的特色。

刘沅经学思想的实质是对经学教化性的强调和转型，更准确地说是面向下层士人与平民的经典教化思想。从儒学本身的历史脉络与文化内涵来看，先秦儒学相对政治的独立，孔孟皆以教化实践关联社会，师儒传统由此而显。经学的教化功能从汉代以来，主要体现在自上而下的政治教化一途，这种儒学教化与君权统治的政教合一形态，因为皇权的不断集中而在中国历史上始终未能取得良好的动态平衡。尤其是宋以后，程朱理学受统治阶层青睐而成为国家意识形态，加上科举制的催化作用，理学"立人极"的精神追求在民间被阉割、沦为教条，并不断庸俗化。理学笼罩下的儒学民间教化功能逐步弱化，经学解释话语权也为上层知识分子和统治阶层所垄断。明清民间三教合流的趋势以及民间宗教的兴盛也反映出正统儒学在民间教化的缺位。而刘沅的解经无论是其对理学思想的纠补，抑或对前人经学诠释的不满，都是以社会教化为出发点的。以前谈及宋代儒学的复兴原因，往往说儒者是受佛老的刺激或是对当时学术风气的反动。但若从儒学的内在理路或内生机制看，教化精神的复归可以说是其再度复兴的重要原因。刘沅经解所谓"回归孔孟"其实质就是对儒学教养本原与教化精神的复归与重建。

刘沅经解抨击理学者有二，一是理学家把学圣说得太难、太高，让人望而生畏；二是以尊奉程朱为主的上层儒家知识精英即君相之儒，以理学道统为权威垄断了对经书的解释权。所以刘沅经解及其所倡之师儒教化不是面向君相，而是面向处于更广泛的社会中下层平民，也因此他阐释圣人本旨，条分缕析，期于人人可知。他以复归孔孟的方式驳斥理学之道统，意欲解放民间受理学思想桎梏而死守教条者，使得下层士人、民众摆脱应试的功利想法而复学圣求道之真。同时刘沅也抱着化民成俗的想法，对民间陋俗与道学教条结合而形成的顽固的习性进行批判。故而在其经解中，有大量对时俗的针砭，其经学的教化性也体现了出来。比如刘沅在《周易恒解》中提出阴阳不偏胜，因而反对男尊女卑的价值观。在《诗经恒解》中随处可见其为妇女提升身份地位的伸张，并认为女人在家庭中扮演着举足轻重的角色，尤其是对子女的教育方面。在《大学古本质言》中提倡夫妻平等、兄弟平等。另外，在《周官恒解》对师儒的阐释中，明确了经学教化的主导权应由君相之儒转向师儒，从小范围的政治教化转向大范围的民间教化。

结 论

围绕"十三经恒解"构建的以孔孟为依归，兼援佛道二教，批判继承和吸收宋明理学而形成的义理化的经学诠释是刘沅经学诠释思想的总特点。对于程朱经学义理的批判，都是建立在对经文本身、经学史以及理学概念范畴都很熟习的基础上进行的，故而当他说理时，能够引经据典，信手拈来。其立足于经文本身，用"先天后天说"的理论框架去分析理学的概念范畴，有理有据，并且兼援佛老。他对理学的批评和纠补，既是受清代前中期批判程朱理学潮流的影响，更是就自身从经书返归孔孟，又通过审视社会风俗、躬身教化实践的省思而来，并非为了反对而反对。所以他虽直言前贤之谬，也常常肯定其学问功绩，并强调自己不是有意非难先儒。"实事求是"的精神可以说贯穿于刘沅整个经解，虽然亦不乏牵强附会之处，但也不强经就己。毕竟在他看来，若不从身体力行反求诸经，投身伦常实践，只是枯坐书斋、墨守先儒教条是无法领会圣贤之道的。

另外，在蜀学相对独立的时期，刘沅作为传统蜀学的一位突出代表，他的经学诠释以会通易学三派（图书、象数、义理）为基，以"先天后天说"为骨，以"三教同源"为翼，以四子七经《恒解》为肌体，完整体现了蜀地经学"融会博通"的特色与气象，可谓是清代传统蜀学集大成者。

最后，通过对刘沅经学思想的研究，我们需要反思当代儒学的复兴路径以及经学在当代的自我定位。王博师曾定义经典时说："经典之所以为经典，乃是因为它们体现并承载最根本的意义和价值，以为人们思考和生活的根据。"①就这一意义而言，儒家经书与关于儒经的学问即经学短期内不会成为历史，因为它们仍然为现代人与社会提供根本价值和意义，所以其仍具有生命力。但正如费孝通先生所说："文化是流动和扩大的，有变化也有创新，……经个人进入集体创造成为了社会的共识，使文化有了社会性。文化如果不为社会所接受就很难保留下来。"②经学的教化在当代没有作为意识形态的儒学为土壤，其文化生命的延续与复兴需要从精英与政治转向民间与社会，而更多呈现为"教化"的形态。可以说，自孔孟伊始，经学与教化就相辅相成。对"经"的删述、整理、解释等作为教化的根基与内容，而教化则作为经学的目的和动机。两千年来大抵如此，这是儒学本身所具有的教化属性所决定的。提出"教化儒学论"的李景林先生认为：

"教化的本质是社会性与民间性的。教化的内涵和意义，是人格的陶成，价值信念的确立，价值系统的建构。"③

---

① 王博：《中国儒学史·先秦卷》，汤一介、李中华主编，北京大学出版社，2011，第38页。
② 费孝通：《对文化的历史性和社会性的思考》，《思想战线》2004年第2期，第1页。
③ 李景林：《教化的民间性》，《下学集腋：李景林学思小集》，北京联合出版公司，2021，第237页。

对刘沅经学诠释及其思想的研究，是我们当今社会探索儒学复兴途径的重要线索；是为现代经学由学术精英层面的研究转而面向教育与民间的应用实践提供重要参照和借鉴，也对恢复经学在现代社会的活力与生机具有重要启发意义。

附录一
清处士刘止唐先生墓志铭[①]

道统理学之名立而教以庞，儒林文学之传分而道以裂。后之君子，弗能洞其本源，徒为影响疑似之论，使学者有志希圣而无所向方，未始非学术不精之过也。老子言道之祖，佛亦言性之宗，流传数千年，而天心不斩其允。昧焉不察，概而辟之，究于其中义蕴，毫未有闻，徒曰：辟二氏者即可以嗣尼山也。吁，何其陋欤！

止唐先生生而颖悟，沉潜嗜学。年十七，冠军入邑庠，弱冠选拔明经，壬子举于乡，屡荐春闱不售。其同怀兄芳皋成进士，选庶常，屡书召之。先生曰："显扬之事，兄任之。犬马之养，非贱子莫属也。"乃决意留籍奉

[①] 刘沅先生墓碑原题为"清国子监典簿　乾隆己酉科拔贡　壬子科举人刘讳沅　字止唐号清阳先生之墓"。

甘旨。邂逅果圆老人，授以心性之学，研究终身。遂汇通三教，有如镜烛犀剖，八面莹澈。

先生姓刘，讳沅，字止唐，一字讷如，蜀西双流县人。先世自楚迁蜀，居眉山。始祖后菴，移居于温，徙于双。父敬五，精《易》学，倜傥不羁，好善而不吝于赀。母向淑慎恭贤，声著里党。

先生韶龄善病，体极羸，日者姑布均卜其不寿也，先生以中庸之道愚必明，柔必强，又仁者寿，大德必寿，圣人无欺世语，乃益潜心奋励，内外交修，久而神明焕发，睟然盎然，思所以成就嘉惠来学，撰述《四书》《易》《书》《诗》《春秋》《三礼》恒解，《孝经直解》《古本大学质言》《史存》《槐轩约言》《杂著》《拾余四种》《子问》《又问》《俗言》《正讹》诸书传后，其义皆前人所未发，云破天开，诵者靡不欣然启悟。顾先生解经，必以孔孟为宗，而于诸儒，未尝不存其是而正其非。间及二氏，尤必指后世僧羽之误，而明佛老之真不越乎是，实为后世妄希仙佛者断截横流也。

道光丙戌，行取知县，不就，改授国子监典簿。旋回籍，隐居教授，生徒日以众，成进士、登贤书者百余人，明经进士三百余人，食廪饩、游胶庠者几千人，其他薰沐善良，得为孝子悌弟，贤名播乡间者，尤指不胜屈。先生奖藉多方，有来学者，辄勉以圣贤，谓人皆可为尧舜。讲论最为精确，凡前人之穿凿支离者，胥扩而清之，故服习成材者众。至于义浆仁粟，润枯嘘生，则又先生之残膏余沥，不足为先生纪也。

先生元配彭，继室袁，箧室陈，皆有德性，能内助，故先生脱然于家政，而钻研训诲，不厌不倦。子八人，长壬子举人，次太学生，三邑增生，四太学生，皆习举子业。先生得子最晚，年六十始庆生男，今则八龙挺异，年终大耋，天之所以报先生欤！先生之所以动天鉴者，盖可知矣。

先生生乾隆戊子年正月十三日卯时，卒咸丰乙卯十二月十九日子时，寿终八十有八。以次年十月初二日葬于云栖里墓祠之右。铭曰：

图书之粹，天地之精。赫赫肃肃，万物同仁。
名论杰然，一扫浮云。式侔往圣，邹鲁同伦。
旃檀被风，历久愈芬。后有作者，不没斯文。
山川白虹，云栖归神。奕世而下，俎豆维馨。

受业蜀州刘芬拜撰并书丹

附录二
槐轩部分师友、后学的介绍与相关记载

刘沅浸润典籍、授徒讲学皆数十载，其发明经义，透彻切实，简明易晓。其又承孔子"有教无类"之旨，履师儒传道授业之责，无论男女长幼、贤愚贵贱，皆一视同仁以教化之。故从学而服膺者不绝如缕，其学流传益广，后人编撰《槐轩弟子记》一书，桃李芬芳，慨然可见，惜已不传。今从各书志辑录部分有关其师友、弟子及信奉其说者的生平事迹，以见其教化对民间影响之深远。

刘芬（？—1894），字芸圃，崇州人，咸丰年举人，内阁中书，从七品阶。刘沅先生去世时，八个儿子学业尚未有成，故从学刘芬。在此期间，刘芬代理刘门事务，为槐轩学派的实际负责人。设教于纯化街延庆寺,又主双流景贤书院(原棠湖小学前身)讲席。后来传与刘沅长子刘松文(字子乔)。刘松文在任时间不久,由刘沅第六子刘梫文接任。刘氏家谱里有刘芬撰述的《后菴公墓志铭》,但不以著述自见。福建林鸿年为其弟子。①

林鸿年(1805—1885)字勿村,侯官人。清道光十六年状元,官至云南巡抚。道光十八年被任册封琉球国之正使。同治五年,革职回里,受聘于时任闽浙总督左宗棠所设之福州正谊书院山长(现福州第一中学前身),其中人才辈出,如陈宝琛、林纾、陈衍等皆出其门。有《松风仙馆诗抄》《使琉球录》传世。

李思栋(1814—1884),字松山,华阳人,在川北传槐轩之学,有《槐云语录》传世。精医术,沉疴危疾,治之辄起;通地理,常常为人所请。逝世后,葬于金堂县怀口镇之阳。其弟子数百人,皆以实体伦常、研究心性为训,有成就者很多。其中大弟子曾德治(字伯和),中江人,云南候补道台,回乡后,继承槐轩学说,有弟子数千人,发展很

---

① 自刘芬及以下六人事迹引自双流县社会科学界联合会,双流传统文化研习会编撰《槐轩概述——川西夫子刘沅与槐轩学说》,第78—80页。

大，影响愈广。

孙廷槐（生卒年不详），字海山，新津人，亲炙门墙十余年，以潜心明道为己任。在新津、蒲江、邛崃传槐轩之学，以医济世，生徒日众，教诲不倦，榜所居曰研经精舍。初，止唐先生问所志，曰："刊行槐轩著述。"卒如其志，倡集巨赀，校刊全书，署乐善堂藏板。其学由孙子孙绍纬（字星五）继承。

刘鸿典(1809—1884)，一名恒典，字宝臣，眉山人，为沅族曾孙，与刘芬为同年好友。在川南传槐轩之学，清道咸间为眉典型。先代业农，幼失怙恃，几于废学。既乃愤志读书，补州庠，游学至省，师事家止唐、李西沤两先生，文章、性道具得其传。道光己酉，登拔萃科，辛亥举于乡，主讲眉山书院三年，从游者众，学舍至不能容足，后设帐富顺、自流井、威远吕仙岩。壬戌大挑借补顺庆府西充县训导，文风士习多所培成，六年俸满，保升知县，加同知衔，选授广东雷州府徐闻县知县。履任后，廉明果断，卓有政声，学使章采南先生观风至境，嘉其绩。后办土豪强奸案，执法无所徇，以此忤触当权之意解任，离去之日，士林赋诗饯送，深为抱屈，殊处之夷然。居羊城一年，归。由是颐养林泉下，足不履尘市，乃日与门人讲学不倦。寿七十五，终于威远之吕仙岩，归窆于彭山仙女山。著有《思诚堂古文》二卷、《思诚堂古诗》二卷、《庄子约解》四卷、《楞严经赘解》四卷、《村学究语》一卷、《醒迷录》一卷、《训蒙草》一卷、《指月录评》十卷、《稗钞》二卷、《女戒》一篇（《眉山县志》）。

郑寿全(1804—1901)，字钦安，东路白马庙人，恩贡郑守重之孙也。游学成都，十六岁问医道于刘止唐，学成著医书三种：一曰《医学真传》四卷，多论乾坤、坎离、五行、阴阳之理，一承师说；一曰《医法圆通》四卷，多论杂症，辨明内外，叙事经方时方之要；一曰《伤寒恒解》十卷，发明仲景原文主方说法（《邛崃县志》），他一生注重医德，诊病不分贫富，一视同仁，又常向贫苦百姓送医施药，济困扶厄，深受百姓爱戴。病殁于成都，其众门徒和感恩苍生自愿集资购一穴地，葬于成都南门外红牌楼钟家坎，墓前立一石碑"临邛医士郑钦安之墓"。时至今日，扶阳医学勃兴，造福生黎，为世人所重。

附录二
槐轩部分师友、后学的介绍与相关记载

陶会元，字晋廷。弱冠举武闱，好读书，从刘止唐先生游，学益进。咸丰改元，诏举孝廉方正，邑人公举会元以应，其笃行可想见矣。

余俊元，字焕堂，恩贡生。少从刘止唐先生，得其传。精研性道，垂老不倦。事母至孝，尝语门人曰："以富贵养亲，养有尽时；以至道养亲，养无止境。虽先意承志，犹未足为事亲之至耳。"著有《养正法言》，教人先德行而后文艺。主讲景贤书院有年，成就甚众又好善乐施，平生义举尤多，后从游者共筑讲舍于牧马山中，没即建为合学词以祀之。

杨钰，一名贯中，字子坚，邑庠生。父清梧以孝友闻，与刘止唐先生友善，槐轩诗集有《白鸟行》为清梧作也。贯中性恬退，不汲汲于功名，读书以圣贤为心，务求其大，觥觥躬行，介然不苟。从游槐轩最久，得一贯之传。止唐先生没后，同门友孙廷槐、李成玉辈，师事之，教授生徒，多所成就。年八十四卒，著有《医说》一卷，孙光宗，字希祖，能继其业。

周维新，父士元，为人正直刚方，从事刘止唐先生，与余焕堂、杨贯中、蒋增兰诸人为莫逆友。

好善乐施，多倡义举。维新师事余焕堂，克承父志。后兄维一经商，负债数千金。士元愤为兄弟析产，不以债累维新也。维新乃阴与其兄分偿之。撙节用度，复示有余，以博父欢。犹子四人率皆分之以财、教之以善。生平不入公门，与人无争。课徒数十年，成就者众。迄今，子孙犹能世其家云。

贾万钊，字孟坚，牧马山人。从学刘止唐先生，读书知大义，性孝友。遭家多难，能以忍让曲全。咸同间，蓝逆窜扰，土匪亦起。万钊毁家纾难，筑堡练团，捍卫桑梓，以工代赈，借释地方隐患。故远近多获保全，且见义勇为，乡人推重，诚一乡之善士也。

樊志陞，字复元，少读书通大义。隐于农，读《参同契》恍然有悟，乃从野云老人，受养心之学。卒年八十二岁，刘止唐先生为之志墓。①

刘泰械，字树堂。性孝友慈爱，器宇轩昂。少随父岁贡玉汝游刘止唐门，识身心性命学，绝意科举，终身好善，凡赈济布施，如医药钱谷与修津

---

① 以上6条均出自刘佶修，刘咸荥纂《（民国）双流县志》卷三，民国十年修二十六年重刊本。

附录二
槐轩部分师友、后学的介绍与相关记载

梁道涂,无吝同沺。汉中乱后,亲去检葬遗骨以泽枯。群季争财产不与较,甲辰七载旱,数同父老祷雨,感应如神。年七十余,复举一子。耄期犹健步如少壮,无疾终,人以为力善之报云。①

杨义宣,子昭,少从龙溪钟孝廉游,得刘止唐子心法。既籍县庠设教止善斋,衍师传以教弟子,颇有成就。生平简言寡欲,平易近人,不立崖岸。好吟咏,有《云栈诗草》。年九十,无疾卒。②

吕永通,本潍县人。父母殁后,厌尘嚣,出家入崂山为道士,后住省南关玉皇宫。日托钵募食,不费庙中香火钱。惟读纯阳所注《道德金刚经》《寿山堂易说》及《三注参同悟真》等书,又得双江刘沅书,参透元奥。弟子请业者数十,常以敬忍诚信教人,谓中庸之外别无奇异。③

袁景堂,字璞山,天性孝友,家素裕以宿望总理醝务入资候选直隶州知州。既从刘沅学,遂无

---

① 摘自余震续纂《(民国)巴中县志》第二编,《人民志上》,民国十六年石印本。
② 摘自伍彝章修,曾世礼纂《(民国)蓬溪县近志》卷四之一,民国二十四年刻本。
③ 摘自毛承霖纂修《(民国)续修历城县志》卷四十五,民国十五年铅印本。

意仕进。生平善举费以万计，邑令刘文蔚雅重之。尝微服过其家，坐顷，适有横逆在门肆，詈声达户内，令惊问景堂饰他故解之其人深感不复至。尤喜读书，家藏数千卷以教子孙，卒年九十六。

杨光裕，字特峰，少失怙恃，从陈天柱业醝商，长师刘沅，为善益力。道光末，邑□□□改建学宫。光裕倡首捐银五百两为经纪其事，后居省，自奉甚薄而最急公义，为成都守杨重雅所知，凡有大工役，必倚任之。咸丰末年，李永和、蓝朝鼎之乱，省城戒严。大府檄光裕办城防，日夜勤劬，虽子病不归。练勇索饷哗噪，光裕出，慷慨晓以大义，众皆帖然。事平，以功保蓝翎盐提举衔，经修贡院考棚，工坚且整，士林利之。生平好济人急，致家窘，常以不偏及困穷为歉。年七十一时，同人醵金为光裕寿，光裕用所遗金制棉衣百什袭，还送诸相寿者。俟隆冬，救寒赤曰："吾以广君惠也。"按察司黄云鹄为之序。光裕与人和而不同，喜导人为善，苦口诚心，智愚化之。年八十三，无病而终。子荫霄、荫钟均廪生。[①]

唐喆，字静斋，生有异禀，貌清奇，目光炯

[①] 以上两条均摘自张骥修，曾学传纂《（民国）温江县志》卷八，民国九年刻本。

附录二
槐轩部分师友、后学的介绍与相关记载

炯，读书颖悟。年十五，补诸生，为文别有高逸之致，书法亦横恣无俗态。喜谈兵，王再咸奇其才，好与之游。喆闻骆制军入蜀，驻兵潼川山中，题壁云："奇兵密布似连云，此老胸中百万军；昨夜我从参井过，天狼渐已失妖氛。"喆所为诗皆迥，非凡响，信奇才也。后家居传刘沅学。①

李正圻，字甸侯，南里人。隐居鹿堂山十年，凡言动念虑之微必详于笔记。辛亥，盗聚山林，归家讲学，门人益进。丁巳三月，安县巨匪陈红苕、陈天澡率股匪千余，围攻县城。正圻门人陈权爵间道进省请兵，走告正圻，问前途如何，曰："行矣义也。"是年冬，正圻年七十一，病革，诫其子曰："吾生平日记，卒即焚之。"子如命，门人急拾诸灰烬，订为《槐荫拾语》二卷。予受而读之，有曰："公怨不报，则义不立。私怨若报，则量不充。义理之怒，当扩充；血气之怒，当销融。人伦庶物道流□为累心，君子以之尽心。外之工夫日进，斯内之工夫日进，内外所以一原也。"旨哉！言乎昔孔子弟子，以有若似圣人，而与微虎宵攻吴王夫差舍，以樊迟之弱为左师右，三刻踰沟。冉有

---

① 摘自张骥修，曾学传纂《（民国）温江县志》卷九，民国九年刻本。

用矛于齐师，故能入其军。孔子曰："义也。"正圻勖权爵之行，非所谓"公怨必报""义理之怒，当扩充者乎？"是役也，黄尚毅与吴知事决策守城，自分必死。及匪溃退始闻，请师之，行必甚壮之。权爵归，复述正圻激励之语，乃知师道立则善人多，此书之必传无疑也。又有《槐荫克己录》一卷。"槐荫"云者，正圻私淑双江刘沅，识其渊源所自也。予观正圻胸次豁达，类刘沅而谨严，不杂二氏，其讲学深有合于孔门之旨。世有任情喜怒，忘公益报私怨者，读正圻之书，其亦自反省哉。[1]

蔡德仪，字敬庵，简东禾丰场人。祖正柏另有传，父维朴，清监生。德仪幼颖慧，长从举人杨凌洲、廪生丁梦松、增生邱履谦诸先生游，颇有文名，兼工书画。屡应童试未售嗣，因父卒，弃书业耕。清光绪初，德仪充任本场保正。扶弱抑强，解纷排难，事无论巨细，人无问亲疏，一以情理为断，靡不悦服。壬寅岁旱，拳匪啸起。德仪奉檄督办团防，捍卫桑梓，率勇平氛，不避艰险，地方因之安靖。平日矜恤孤寡，赈济贫乏，尤属余事。德仪晚年深藏涵养，晨夕课诸孙，读暇则取刘止唐先

---

[1] 摘自王佐修，黄尚毅纂《(民国)绵竹县志·人物志》，民国九年刻本。

生《四书恒解》等书及《感应篇》琅琅讽诵以自娱乐。卒年八十有三。①

古淳，字鹤峰，以岁贡官天全州训导。工书，耽吟咏，著有《鹤峰诗集》，卒年九十岁。墓在牧马山，岁久将湮。民国四年，里人醵金重修贾策，为之碑记。（刘沅就学时之文昌宫训导）

徐文贲，字十樵，以选拔官甘肃阶州州判。性乐易，出语辄解人颐，著述甚夥，《十樵诗集》其最著也。②（刘沅塾师）

颜山，字小苏，一名轼，又字晓苏，威远人，清嘉定府学附生，晚侨居富顺三多寨，故或称为富顺人。少颖慧，从堂叔紫澜郎中游，得闻性道文章，十余年时习不厌。既而紫澜归道山，山又游堂兄述槐学博之门，计二十年。博通经典伦常心性。知之既真行之益力。无何述槐下世际，火继薪传之日，同学咸以经师人师微山莫属，繇是假馆受业者有人，归而求之者亦有人。山虽贯彻三教源流，独喜双江刘止唐

---

① 摘自林志茂修，汪金相纂《（民国）简阳县志》卷十一，民国十六年铅印本。
② 以上两条均摘自刘佶修，刘咸荣纂《（民国）双流县志》，民国十年修，二十六年重刊本，第182—183页。

《恒解》确能发挥孔孟微言，默识三复，每谓反身而求，靡不符合。民国丁巳春，偶游至简，寓禾丰场数月，与门人论精一危微之旨，悉以《恒解》为宗。门人反复问难，山终日讲画，未尝稍倦，一时邑中名士来请业者甚众。数戒门人毋欲速、勿助长，且引孔子"欲速则不达"，孟子"助之长者，揠苗者也，非徒无益而又害之"以为证。又言告子谓：勿求于气。凡气也，故孟子以为可，孟子所谓"志一则动气"，元气也，即浩然之气。若不分明，以凡气为元气，至于声闻过情，犹不知觉，是自误也。学者谨守孔孟，以《恒解》为宗。修己治人，不必稽参佛老，而佛老不能出其范围也。尝题刘止唐祠联以寄意，云：大道至中庸，本天理良心溯人生而静之始；传薪昭万古，据六经四子阐羲皇未画以前。见者谓非止唐之深造不足当是语，非由之深知亦不能作是语也。由返里后，不复至简。门人往请教者终岁络绎不绝，因裁成而改过迁善，得为孝子悌弟、义夫节妇者尤不可胜数。由以乙丑七月卒，享年六十有二。高足弟子颜域，山堂弟也，亦能传其学云。[①]

蒋道宝，简东禾丰场人。本生父明伦，母陈

[①] 林志茂修，汪金相纂《（民国）简阳县志》卷六，民国十六年铅印本。

氏。道宝出继伯父明志为子，母氏傅，天性纯孝，每遇两母患病，医必慎，用药必亲尝。娶周氏，孝养尤谨，乡里称之。从双江刘止唐游，笃信谨守，遂为止唐入室弟子，吾简及金堂、中江人士多师事之。教人以《感应篇》《功过格》为主，晚年身益健，虽隆冬未尝衣裘，寿八十一终。子德诚，字仁山，能继其业，尤精地理。尝曰："葬地者，葬地生生之气也。气之所以为气，则生生之理主之。世之求地者，不求诸吾心之天理本已先废，又安足语地理也？"时以为名言。①

王藩，简州西乡人，祖克员，事详孝友。藩少入邑庠，后从刘止唐、李西沤两先生游，经学、词章大进，两先生均器重之。道光己酉，由廪生中本省乡试，嗣春闱会试，以额满见遗。藩与黔抚曾璧光、御史赵树吉、吴鸿恩等相友善，事无巨细，尝以书寄藩，咨询条程。藩拟获，靡弗中肯。蜀中李逆之乱，藩率乡人创筑堡寨、整顿团练，一乡赖之以安。尤喜栽培寒士、孝廉。田昌稳初，受业门下不索修金，兼厚助膏火。藩晚任峨眉训导，著有《江津草》《峨眉集》《程途纪事》等书，卒年

---

① 林志茂修，汪金相纂《（民国）简阳县志》卷九，民国十六年铅印本。

六十。……①

汪鼎元，字菊田，派名景周，简西三岔坝人，……父瑞图，生子七，鼎元其六也。弱冠，补博士弟子员。从刘止唐先生游，得闻性命之学，兼工诗、古文辞，为宫庶侯刺史所器，购书数千卷，枕葄其中，手钞目览，昕夕无倦，登道光甲辰副贡。咸丰末，蓝李构乱，鼎元奉檄练团。时贼兵由乐至侵入州境，鼎元命子克莹及武生巫祯祥率团勇，至龙泉寺堵御，防守最严，贼不敢渡，窜去，州境以安。未几，有溃兵焚掠白鹤寺，将由太平场扰及本场，探其有备而退。兵燹后，流离过境，豪猾每藉名诘暴，图掠赀财。鼎元严禁数四乃止，嗣州牧叶公录其功入保案。鼎元谢曰：'志在科名，不愿以保举出身也。既而铨选巴县教谕，辞不就职，本境公益，率多鼎元倡办。如本场赴省之道，向由郭家沟踰丹景山，路既纡曲，两辄泥泞。鼎元改由鸡公□（疑为"坝"）募修石路三十余里，迄今称便。又以丰歉不时，备荒宜亟，请会底六百金，仿朱子常平法以其嬴余，赈救旱潦，名曰"义济仓"。至积谷数百石，置产数千金，救灾不下二三十次，皆其力也。鼎元又以本

---

① 林志茂修，汪金相纂《（民国）简阳县志》卷十一，民国十六年铅印本。

场子弟失学者众，筹款剏兴蒙泉书院，聘明师，加意培植后，人文蔚起，入胶庠者颇多。鼎元性尤纯孝，事继母氏晏，无稍违忤，析爨后与母所居，相隔十里，间日必省，新得蔬果，躬亲奉之，必俟母尝而后食。光绪乙亥恩科，首场出闱，闻母病，号泣命驾。有劝其终场者，鼎元曰："方寸乱矣！何暇复作功名想耶？"归家犹得送终。含殓，旋闻房考刘铣以其文荐主司，击节称赏，拟中经魁，因调二三场不到，摈去。至己卯，复登贤书，年已六十四矣。辛巳卒于家，著有《漱石山房全集》《经史析疑》等书，事互见茔域。子克莹，事详忠义，治庠生，克承先志，不慕势利，勇于读书为善，尤尊师重道，暇辄与塾师吟咏为乐。诗才俊逸，及病笃时嘱其子曰："末世群趋新法髦，视旧学吾不愿，汝曹效之，努力渔经猎史，存古圣贤一线可也。"遂卒，享年五十，著有《爱日轩诗钞》。孙可权，民国任旅长。①

王崇朴，字直庵，邑岁贡也。饶②文学，博览群书，旁通释道，为双流刘止唐高足弟子。遗著有《续悟真篇》《西游真诠选》《择觅源示程》等书。③

---

① 林志茂修，汪金相纂《（民国）简阳县志》卷十三，民国十六年铅印本。
② 疑为"晓"字之讹。
③ 《（民国）重修什邡县志》卷九，民国十八年铅印本。

方王稚，香白庙场方发林妇，王崇朴妹也。幼娴内训，长，随兄受业于刘止唐，得河洛苞符之精蕴，及周子先天太极，与圣圣相传、人心道心一贯之旨。文学淹博，尤其余事，以巾帼故，仅授徒终身。有著述，惜无存者。①

钟永定止菴，乡贤薇垣先生叔子。弱冠，游庠食饩，旋登同治癸酉科，选拔朝考不第，留成均六载，肆力诗、古文、骈体，深得吴祭酒縠人法。李眉生者，中江人，开藩吴会。以乡谊招留幕中，诗文日精。能归，主中江、三台、蓬溪诸书院，又训导广安州学。子弟皆知砥学砺行，弋甲乙科去者亦时有其人。生平为学，务抉经心，不事标末，于新吾、二曲、愧菴、西沤诸先儒遗书服膺尤至。盖其父薇垣，故双流刘止唐氏高弟子。永定承家学，又受业刘氏之子子维、子桥，学养深纯充沛，有以自乐。六十后杜门著述，兢兢念世道人心，而百孝百忠两集尤关名教大防。其他懿行甚夥，论者谓为近数十年名德巨儒，非仅乡邑善士云。年八十有八卒于家。②

---

① 《（民国）重修什邡县志》卷九，民国十八年铅印本。
② 《（民国）蓬溪县近志》卷四，民国二十四年刻本。

参考文献

古籍：

［1］刘沅：《十三经恒解笺解本》卷一至卷十，谭继和、祁和晖笺解，成都：巴蜀书社，2016。

［2］刘沅：《槐轩全书》卷一至卷十，成都：巴蜀书社，2006。

［3］章钰等编《清史稿艺文志及补编》，北京：中华书局，1982。

［4］中国科学院图书馆整理《续修四库全书总目提要·经部》，北京：中华书局，1993。

［5］戴震：《孟子字义疏证》，北京：中华书局，1982。

［6］朱熹：《四书章句集注》，北京：中华书局，1983。

［7］张甄陶：《四书翼注论文》，台北：经学文化事业有

限公司，2015。

［8］王步青：《四书本义汇参》，四库本。

［9］黄宗羲：《明儒学案》，北京：中华书局，2013。

［10］王阳明：《传习录集评》，北京：九州出版社，2015。

专著：

［1］刘毓庆、张小敏编著《日本藏先秦两汉文献研究汉籍书目》，太原：三晋出版社，2012。

［2］贾晋华主编《香港所藏古籍书目》，上海：上海古籍出版社，2003。

［3］刘咸炘：《推十书增补全书甲辑——壬癸合辑》，上海：上海科学技术文献出版社，2009。

［4］钱穆：《朱子学提纲》，北京：生活·读书·新知三联书店，2002。

［5］钱穆：《中国近三百年学术史（一）》，九州出版社，2011。

［6］梁启超：《中国近三百年学术史》，北京：中国和平出版社，2014。

［7］冯友兰：《中国哲学史》，北京：生活·读书·新知三联书店，2009。

［8］周予同：《周予同经学史论著选集》，上海：上海人民出版社，1983。

［9］姜广辉主编《中国经学思想史》第1卷，北京：中国

社会科学出版社，2003。

［10］蒙培元：《理学范畴系统》，北京：人民出版社，1989。

［11］曾军：《义理与考据清中期〈礼记〉诠释的两种策略》，长沙：岳麓书社，2009。

［12］尚秉和:《易说评议》,北京:光明日报出版社,2006。

［13］杨树郁、许宏伟：《国风诗旨辩略》，南宁：广西人民出版社，2014。

［14］李玉良：《〈诗经〉英译研究》，济南：齐鲁书社，2007。

［15］冯浩菲：《历代诗经论说述评》，北京：中华书局，2003。

［16］舒大刚主编《儒藏论坛》，成都：四川大学出版社，2007。

［17］王晓波：《清代蜀人著述总目》，成都：四川大学出版社，2009。

［18］莫德惠：《双城莫德惠自订年谱》，（台湾）商务印书馆，1968。

［19］庾潍诚：《胡煦易学研究》，南大教育与研究基金会，2007。

［20］周建刚：《周敦颐研究著作述要》，长沙：湖南大学出版社，2009。

［21］李纪祥：《两宋以来大学改本之研究》，台北：学

生书局，1988。

[22] 陈居渊：《汉学更新运动研究清代学术新论》，南京：凤凰出版社，2013

[23] 余英时：《历史与思想》，台北：联经出版事业股份有限公司，1976。

[24] 彭林编《清代经学与文化》，北京：北京大学出版社，2005。

[25] 汪学群编著《清代学问的门径》，北京：中华书局，2009。

[26] 蒙文通、萧萐文、庞朴等：《〈推十书〉导读20世纪罕见的天才巨著》，上海：上海科学技术文献出版社，2010。

[27] 张岱年：《张岱年全集》第4卷，石家庄：河北人民出版社，1996。

[28] 余英时：《中国思想传统的现代诠释》，台北：联经出版事业股份有限公司，1987。

[29] 杨向奎：《清儒学案新编》，济南：齐鲁书社，1985。

[30] 李文泽主编，四川大学古籍整理研究所编《儒藏史部：儒林史传》第79册，成都：四川大学出版社，2009。

[31] 李景林：《教化的哲学儒家思想的一种新诠释》，哈尔滨：黑龙江人民出版社，2006。

[32]叶纯芳：《中国经学史大纲》，北京：北京大学出版社，2016。

[33]王博：《中国儒学史先秦卷》，汤一介、李中华主编，北京大学出版社，2011。

[34]双流县社会科学界联合会、双流传统文化研习会编撰《槐轩概述川西夫子刘沅与槐轩学说》，上海：上海科学技术文献出版社，2015。

[35]赵敏：《由人而圣而希天——清儒刘沅学术思想研究》，北京：社会科学文献出版社，2018。

论文：

[1]吴晓欣：《刘沅的"〈易〉教人修德"说》，《绵阳师范学院学报》第35卷第12期，2016，第41—45页。

[2]陈赟：《朱熹与中国思想的道统论问题》，《齐鲁学刊》第227卷第2期，2012，第5—13页。

[3]傅振宏：《周敦颐〈太极图说〉儒道佛渊源论》，《淮阴师范学院学报（哲学社会科学版）》2006年第1期，第19—23页。

[4]盖建民：《道在养生高峰论坛暨道教研究学术前沿国际会议论文集第四届中国（成都）道教文化节》，成都：巴蜀书社，2015。

[5]林彦廷：《"道德学社出于刘门"：论段正元对刘沅思想之承继》，《云汉学刊》2013年第27期，第

19—44页。

[6] 范旭艳：《和会三教：刘沅与晚清儒学的转变》（*Integrating the three teachings: Liu Yuan and the transition of Confucianism in late Qing period*），香港浸会大学博士论文，2017。

[7] 范旭艳：《身心实功——刘沅的生命体验与经学诠释》，《经学研究论丛》2018年第24期，第39—70页。

[8] 朱汉民：《历史还原与意义创生的统一——宋儒关于言、意、理的解经方法探析》，《天津社会科学》2004年第5期，第8—12页。

[9] 黄俊杰：《论经典诠释与哲学建构之关系——以朱子对〈四书〉的解释为中心》，《南京大学学报（哲学、人文科学、社会科学版）》2007年第2期，第103—112页。

[10] 周怀文：《文化史视域下清代以经解经经学研究方法探微》，《芜湖职业技术学院学报》第20卷第4期，2018，第35—37页。

[11] 黄忠天：《刘沅〈周易恒解〉述要》，《经学研究集刊》2006年第2期，第1—17页。

[12] 陈文采：《晚清四川地区〈诗经〉学述略》，《儒藏论坛》，2007，第105—142页。

[13] 赵均强：《〈易〉贵中正：刘沅〈周易恒解〉研究》，《历史教学（高校版）》第573卷第4期，

2009，第22—25页。

[14] 潘斌：《清代〈大学〉诠释的内容及特色》，《社会科学研究》2018年第1期，第151—159页。

[15] 段渝：《一代大儒刘沅及其〈槐轩全书〉》，《社会科学战线》2007年第2期，第142—145页。

[16] 马旭：《家族文化对刘咸炘的影响》，《内江师范学院学报》2017年第5期，第79—83页。

[17] 尉利工：《朱子经典诠释思想研究》，华东师范大学博士论文，2007。

[18] 蔡方鹿：《朱熹与刘沅》，《哲学与时代——朱子学国际学术研讨会论文集》，2014，第225页。

[19] 刘平中：《刘沅经学诠释的特点》，《北方文学》2017年第32期，第200页。

[20] 李豫川：《槐轩书院与锦江礼堂》，《龙门阵》2007年第9期，第95—96页。

[21] 杨世文：《清代四川经学考述》，《西华大学学报（哲学社会科学版）》第29卷第2期，2010，第41—47页。

[22] 蔡方鹿：《刘沅对理学的批评》，《中国哲学史》2011年第4期，第66—72页。

[23] 黄宣民、陈寒鸣：《古史学家崔述的疑古儒学思想》，《燕山大学学报（哲学社会科学版）》第11卷第1期，2010，第11—12页。

[24]王博：《哲学与经学之间——朱伯崑先生〈易学哲学史〉的贡献》，《邯郸学院学报》2005年第1期，第8—12页。

[25]钟肇鹏：《双江刘氏学术述赞》，《中华文化论坛》2003年第4期，第25—28页。

[26]方磊：《成都早期国学杂志〈尚友书塾季报〉试评》，《蜀学》2008年第1期，第45—50页。

[27]高西阳：《刘沅史学著述研究》，西华师范大学硕士论文，2015。

[28]陈海恋：《刘沅先后天视域下的易学思想研究》，山东大学硕士论文，2015。

[29]赵均强：《〈刘门教与济幽救阳〉正误三则——兼与马西沙、韩秉方先生商榷》，《宗教学研究》第83卷第2期，2009，第179—183页。

[30]姜广辉、唐陈鹏：《论理学家的经学著作成功的根本原因——以二程、朱熹的相关著作为范例》，《哲学研究》2019年第8期，第65—74页。

[31]徐菲：《〈法言会纂〉的版本、结构及与"刘门"的关系》，《中华文化论坛》2016年第4期，第78—82页。

[32]赵均强：《清儒刘沅著作整理及其槐轩学述要》，《蜀学》2008年第1期，第184—195页。

[33]卢鸣东：《刘沅礼学中的儒道关系》，《经学研究集刊》2006年第2期，第51—80页。

[34] 舒大刚、申圣超：《道德仁义礼："蜀学"核心价值观论》，《社会科学研究》2017年第2期，第120—127页。

[35] 柴方召：《刘沅〈诗经恒解〉文献学研究》，广西大学硕士论文，2015。

[36] 申淑华：《〈大学〉研究现状及未来研究旨向》，《人民论坛·学术前沿》第166卷第6期，2019，第96—99页。

[37] 李科：《刘沅〈周官恒解〉研究》，《儒藏论坛》2017年第1期，第160—195页。

[38] 李禹阶：《论朱熹的解经思想》，《重庆师院学报（哲学社会科学版）》1998年第2期，第3—9页。

[39] 罗志田：《巴蜀文化的一些特色——第一届两岸历史文化研习营结束致辞》，《社会科学研究》第197卷第6期，2011，第185—189页。

[40] 谭继和：《〈十三经恒解〉——清代儒学转型时期新心学的标志性文献》，《国学（第1集）》，2014，第143—158页。

[41] 于潇怡、汪启明：《槐轩易学发微——写于〈十三经恒解·周易恒解〉刊后》，《周易研究》2017年第1期，第27—31页。

[42] 涂耀威：《从〈四书〉之学到〈礼记〉之学——清代〈大学〉诠释的另一种向度》，《中国哲学史》

2009年第4期，第100—105页。

[43] 丁为祥：《从"以经解经"到"以意逆志"——张载经典诠释的原则及其意义》，《复旦学报（社会科学版）》2010年第6期，第58—66页。

[44] 康宇：《论儒家"以心释经"方法的确立与变迁——以孟子、象山、阳明之学为中心》，《华侨大学学报（哲学社会科学版）》2016年第4期，第23—32页。

[45] 景海峰：《论"以传解经"与"以经解经"——现代诠释学视域下的儒家解经方法》，《学术月刊》第48卷第6期，2016，第5—12、36页。

[46] 景海峰：《从经学到经学史——儒家经典诠释展开的一个视角》，《学术月刊》第51卷第11期，2019，第5—14页。

[47] 景海峰：《经学与哲学：儒学诠释的两种形态》，《哲学动态》2014年第4期，第11—17页。

[48] 景海峰：《经典解释与"学统"观念之建构》，《哲学研究》2016年第4期，第30—38、128页。

[49] 景海峰：《经典的原义及其扩展性——以儒家经典诠释为例》，《湖南大学学报（社会科学版）》第30卷第3期，2016，第11—16页。

[50] 蔡方鹿：《来知德对理学的疑辨及其易学的特点》，《福建论坛（人文社会科学版）》第236卷第1期，

2012，第68—72页。

[51] 李朝正：《对清末民初四川学术崛起的思考》，《天府新论》1988年第2期，第72—78页。

[52] 刘平中：《官·师·生：锦江书院与清代蜀学复兴的三种力量》，《中华文化论坛》第157卷第5期，2019，第23—29、155—156页。

[53] 刘平中：《锦江书院山长考》，四川大学硕士论文，2007。

[54] 杨世文：《清代四川经学著述简目》，《儒藏论坛》2007年第1期，第439—470页。

[55] 舒大刚：《晚清"蜀学"的影响与地位》，《社会科学研究》第170卷第3期，2007，第165—170页。

[56] 郑月梅：《晚清四川地区〈四书〉学述略》，《儒藏论坛》2007年第1期，第210—241页。

[57] 蒋秋华：《晚清四川学者的〈尚书〉研究》，《儒藏论坛》2007年第1期，第60—90页。

[58] 杜阳光、刘雅萍：《荐先济幽 祈福禳灾——刘门法言坛研究》，《地方文化研究辑刊》2019年第1期，第298—307页。

[59] 邹晓东：《学庸哲学史关系研究：七家批判与方法论反思》，《哲学动态》2013年第6期，第23—36页。

[60] 费孝通：《对文化的历史性和社会性的思考》，《思想战线》2004年第2期，第1—6页。

［61］张寿安：《打破道统 重建学统 清代学术思想史的一个新观察》，《中国文化》第32卷第2期，2010，第4—33页。

［62］焦国成：《孔子"仁者寿"发微》，《中州学刊》2022年第6期，第77—84页。

外文：

［1］Olles V. Das *Dao* des Herrn von der Schnurbaumgalerie. Die konfuzianisch-daoistische *Liumen*-Bewegung im China des 19. und 20. Jahrhunderts. *Zeitschrift der Deutschen Morgenländischen Gesellschaft*, 2009, Vol. 159, no 1, PP. 129-140.

［2］Allen C F R. *The Book of Chinese Poetry: Being the Collection of Ballads, Sagas, Hymns, and other Pieces Known as the Shih Ching; or, Classic of Poetry*. Kegan Paul, Trench, Trubner & Co., Ltd. 1891.

后　记

　　这部书稿是在我的博士论文基础上修改而来，从撰写到修订成现稿历时六年。这篇小文就当是自己写作的心路历程和一些随想，致谢也并附于后。

　　选题之初，我本来颇为纠结，得恩师指点，准备写王夫之。阅读持续了一两个月，觉得船山真是思想巨擘，其论理说事细密而精微，见解宏深而博通。虽然当时读得津津有味，但不得不考虑没有船山研究基础的自己，在不到三年的时间里，能否写出一篇关于船山思想的高质量博士论文出来，我有点举棋不定。2017年年末的一天，我刷到一条信息，其标题内容大概为："《十三经恒解》被评为2016年'中国好书'。"我心中登时产生了好奇：谁注解了十三经？书名我竟未听过。细究之下，才知道作者是一个叫"刘沅"的人,还和我是同乡。再看其经注,颇有统绪又不同流俗,遂产生了研究其经学的想法。后来我将这个想法告知王博师,老师虽有些担忧,但他毕竟"因任自然",就让我试试。

动笔前,我想将刘沅经学思想全面系统地进行梳理和研究。但在实际整理文献、阅读文献及写作过程中,发现因为前人研究过少,资料缺乏,加之刘沅经解的体量足够大,光是阅读加整理文献就耗时不少,更别说除体量外,还需纵贯群经、兼通佛老。所以,我最终确立以"先立乎其大"为原则,遍览四子七经《恒解》,提炼出刘沅总体的经学思想主旨,再通过抽丝剥茧的方法,细分主题,贯串各经。以这种方式展开研究,才算是对刘沅经学思想及其学术要旨有了较深入和较全面的分析和把握。但也有不尽如人意的地方,比如对于刘沅学说与阳明思想的对比、对佛道思想的借鉴与融合以及经学教化在经解中的体现等,都未充分地展开讨论。

在本书的撰写过程中,我深切体会到刘沅作为一名师儒,对深耕教化的热忱与执着,以及对教化之首要不在君相而在师儒的使命感;同时,也钦服于其博通于文而能返修身心,践行伦常而能不囿门户,躬亲教化、沂水舞雩的师者风范,"川西夫子"之称,实是当之无愧。

笔者在研读刘沅经学著作过程中,深感其体大思精。无奈时间有限,未能就每一部经解展开详细论述,举例等也难免挂一漏万。刘沅经学这一座宝藏仍有待学者的进一步挖掘。

总之，本书从经学入手，对刘沅学术思想作了深入细致的研究和探讨，希冀能对当前散乱而无系统的刘沅研究有所助益，为槐轩学派、清代蜀学等相关领域带来更多关注。

最后，本书能够顺利撰写完成并得到认可，只靠我个人是决然不能的，首先需要感谢的就是我的恩师王博老师。2016年是我第二次欲进北大读博，承蒙老师不弃，得忝列门墙，时常惴惴，唯恐有负师恩。尽管老师在我攻博的四年间学术与行政等事务繁忙，但当我因论文或其他事情陷于迷茫和困难的时候，总是能得到老师及时的指点和解惑。王老师对我的论文也是非常上心。我的论文初稿交予老师修改，小到标点符号，大到值得商榷的论述，老师都一一标出，并提出具体修改意见。这对我的遣词造句和进一步完善观点表述，以及对细节的考量都极有帮助。

在我写作本文初稿时，大部分时间身处异国他乡，难免会有彷徨、颓废的心绪。因此要特别感谢我的家人给我鼓励、关怀和理解，让我心中时刻充满温暖持续写作。

同时，也很感慨在日本的访学岁月，不仅让我在这个与本国文化充满近而不似的张力所产生的奇妙魔幻的异域文化中不断感受冲击与震撼，还使得我的文章构思与思想认识更加深刻，视野更加广阔。尤其感谢日本关西大学的吾妻重二先生给予我在日本学习与生活上的悉心关照，以及给予我论文发表与报告的机会。在日期间，吾妻先生也对我的博士论文提了许多有用的意见和建议。同时，感谢在日本结识的中日学友，让我这个日语并不算好的中国学生能在日本生活学习一切顺利，帮助我找到很多与论文相关但难得的文献资料。

  当然，也特别感谢北大哲学系、儒藏中心、儒学院的师友。感谢李中华老师、魏常海老师、陈来老师、张广保老师、干春松老师等名家前辈对我的博士论文，从开题报告到预答辩提出的宝贵意见和建议，为我指点迷津，让我在一些纠结处豁然开朗。前辈学者对学术的诚敬、严谨以及对后辈的殷切希望，让我由衷感佩、深受鼓舞。在以后的学术道路上，我将以他们为榜样。我相信北大给予我的将使我受用终生。

  而本书从两年前开始修订到今天能付梓，也离不开四川大学哲学系各位领导的耳提面命，离不开哲学系师生的关怀与厚望，使得我在教学相长、切磋琢磨中进一步加深了对本书内容的理解，不断修正之前的观点。另外，我也借此机会感谢封龙兄以及四川人民出版社的领导与编辑同志对本书的信任与出版支持。尤其令我印象深刻的是在后期的校改沟通中编辑们一丝不苟的负责任态度。

  从文章写作伊始到完稿，这期间需要感谢的人太多，如成都文殊院宗性大和尚在交谈中给予笔者很多启发；再如刘门门人后学协助查证材料的真实性等，这些帮助都让笔者铭记于心,但由于篇幅所限,不足为谢,惟愿拙著的出版能稍补此憾。

　　　　　　癸卯年三月廿二日(5月11日)
　　　　　　作于四川大学望江校区文科楼

壹卷
YE BOOK

洞 见 人 和 时 代

官 方 微 博：@壹卷YeBook
官 方 豆 瓣：壹卷YeBook
微信公众号：壹卷YeBook
媒 体 联 系：yebook2019@163.com

壹卷工作室
微信公众号